Viṣṇu Pūjā,
First Edition, Copyright © 2002, 2015
by Devi Mandir Publications
5950 Highway 128
Napa, CA 94558 USA
Communications: Phone and Fax 1-707-966-2802
E-Mail swamiji@shreemaa.org
Please visit us on the World Wide Web at
http://www.shreemaa.org/

 ISBN 1-877795-51-8
Library of Congress Control Number: 2001119914

Viṣṇu Pūjā,
Swami Satyananda Saraswati
1. Hindu Religion. 2. Worship. 3. Spirituality.
4. Philosophy. I. Saraswati, Swami Satyananda;
Saraswati, Swami Vittalananda

Saṁskṛta and Computer Layout
by Swami Vittalananda Saraswati; Swami Adaityananda Saraswati

Table of Contents

Introduction	1
devatā praṇām	5
viṣṇu dhyānam	7
ācamana	15
saṅkalpa	19
gaṇeśa pūjā	24
puṇyā havācana, svasti vācana	30
sāmānyārghya	38
puṣpa śuddhi	41
worship of viṣṇu	41
kalaśa sthāpana	45
prāṇa pratiṣṭhā	62
viśeṣārghya	70
śrīviṣṇoraṣṭanāmastotram	73
śrīviṣṇusahasranāmastotram	75
viṣṇusahasranāmāvalyāḥ	96
bhīṣmastavarājaḥ	223
anusmṛtiḥ	254
gajendra mokṣa	280
satyanārāyaṇa vratakathā	308
jaya jagadīśa Hare	354
praṇām	358
The Pronunciation of Saṁskṛta Transliteration	451

Introduction

Viṣ means the universe and ṇu means who pervades or embodies. Viṣṇu is He who pervades the universe or embodies the universe. He is everywhere. There is nowhere He is not. That is why we worship Him: the all-pervading, omnipresent, Supreme Divinity of creation.

We worship Him by paying attention. We focus our attention to the exclusion of the wandering mind, and therefore attain to efficiency in our every thought and action. The meaning of sādhu is one who is efficient. Sādhus practice sādhana, a spiritual discipline designed to bring them to evergrowing states of efficiency, paying attention to what it is we are doing. The greater the attentiveness, the greater the competence, the less the opportunities for error, the less the unnecessary depletion of energy and resources - the optimum balance between Too Much and Too Little.

That is our pūjā, the attainment of complete absorption, complete surrender, complete efficiency in every action that we perform for God. Because God lives everywhere and in everything, there is no action that we can perform that is not for God, in one form or another. That remembrance is our pūjā.

Viṣṇu is everywhere and in everything. Thus every name for everything is but another name for Viṣṇu. In this book we have included a thousand names. They are a thousand special names. They came from the Mahābhārat when Bhiṣma told these names to Yudhiṣṭhira.

It is impossible for anyone in any language to list all the names that exist for God. Everything is divine. Every name for everything is a name of God. Any form we worship is the worship of God.

In Chapter 4 of the Bhagavad Gītā Lord Kṛṣṇa said:

- 11 -

ये यथा मां प्रपद्यन्ते तांस्तथैव भजाम्यहम् । मम
वर्त्मानुवर्तन्ते मनुष्याः पार्थ सर्वशः ॥ ११

ye yathā māṁ prapadyante tāṁstathaiva bhajāmyaham
mama vartmānuvartante manuṣyāḥ pārtha sarvaśaḥ

Son of She Who Excels (Arjuna), in every way that men seek Me, in that same way I come to them, for every way that men follow is My path.

- 12 -

काङ्क्षन्तः कर्मणां सिद्धिं यजन्त इह देवताः ।
क्षिप्रं हि मानुषे लोके सिद्धिर्भवति कर्मजा ॥ १२

kāṅkṣantaḥ karmaṇāṁ siddhiṁ yajanta iha devatāḥ
kṣipraṁ hi mānuṣe loke siddhirbhavati karmajā

In any action in which men seek the attainment of perfection, they worship the Gods. In the world of men, attainment of perfection is quickly born from action.

By performing pūjā and remembering God, we reach out towards perfection, becoming a sādhu, a ṛṣi, a being of illumination, inspiring divinity wherever we go.

The third section of this book is called the Satya Nārāyana Vrat Kathā, the story of the vow to speak and act in truth. The story of this worship comes from the Skanda Purāṇa. It tells how people were blessed with the knowledge that living with Truth grants every blessing and makes one divine. Those who observed this vow, and actually practiced living with Truth, were blessed with the fulfillment of all worldly needs and spiritual attainment, while those who ignored this simple fact were beset with difficulties. It seems that one lie required another lie to keep from being discovered, and the complexity of life continued to grow until the confusion became intolerable. Śrī Satya Nārāyaṇa Bhagavān ki jai!

The story of the worship of Satya Nārāyana is meant to be told as a story. Therefore, we grouped all the verses into one or two stories for each chapter, which can be read and shared, rather than translating line by line, or verse by verse, as we normally do.

Shree Maa often reminds us of Rāmakṛṣṇa's advice that truth is the most important of all spiritual practices for this modern age. As we endeavor to make more Saṁskṛta literature available to spiritual seekers around the world, it is important that we share this understanding as well. Pūjā is not something that is only performed in the temple. If it is true worship, it must pertain to all of life. The worship with the vow to speak and act in truth is not merely a ceremony. It is an attitude towards life, a way of being in the world, and it is our most sincere aspiration that devotees who study these texts find more and more of God's truth taking over their being, and their ceremonies of worship transforming into a life of worship.

Shree Maa joins me in sharing our blessings that you remember the Viṣṇu within us all, all of the time.

Swami Satyananda Saraswati
Devi Mandir 2002

Preface to the Second Edition

After thirteen years we are privileged to present a second edition of this Viṣṇu Pūjā Book. Modern times have called upon us to upgrade our delivery mechanisms from ink on paper to digital methods, and the upgrading process has allowed us the opportunity to expand our work with more material and an even greater understanding!

We added the Bhīṣmastavarājaḥ, Anusmṛti, and Gajendra Mokṣa to this Viṣṇu Pūjā, three pieces which are considered the jewels of the Gītā. The question was asked, "What do we wish to contemplate at the time of death?" In answer to that question we have been directed to focus all our love and attention, all our energy on God. These Stotrams tell us how to do that.

When we first became empowered to publish our Saṁskṛt translations, we were writing for a limited number of devotees in India and the West. You can imagine our joy that today our website is receiving regular visits from 142 countries, and our universal philosophy and translations from Saṁskṛt are being used for study and worship around the world.

We send you all blessings for the highest attainment of the ideals of perfection in your every activity.

Shree Maa and Swami Satayananda Saraswati, Napa, 2015

देवता प्रणाम्
devatā praṇām

श्रीमन्महागणाधिपतये नमः

śrīmanmahāgaṇādhipataye namaḥ
We bow to the Respected Great Lord of Wisdom.

लक्ष्मीनारायणाभ्यां नमः

lakṣmīnārāyaṇābhyāṁ namaḥ
We bow to Lakṣmī and Nārāyaṇa, The Goal of all Existence and the Perceiver of all.

उमामहेश्वराभ्यां नमः

umāmaheśvarābhyāṁ namaḥ
We bow to Umā and Maheśvara, She who protects existence, and the Great Consciousness or Seer of all.

वाणीहिरण्यगर्भाभ्यां नमः

vāṇīhiraṇyagarbhābhyāṁ namaḥ
We bow to Vāṇī and Hiraṇyagarbha, Sarasvatī and Brahmā, who create the cosmic existence.

शचीपुरन्दराभ्यां नमः

śacīpurandarābhyāṁ namaḥ
We bow to Śacī and Purandara, Indra and his wife, who preside over all that is divine.

मातापितृभ्यां नमः

mātāpitṛbhyāṁ namaḥ
We bow to the Mothers and Fathers.

इष्टदेवताभ्यो नमः

iṣṭadevatābhyo namaḥ
We bow to the chosen deity of worship.

कुलदेवताभ्यो नमः
kuladevatābhyo namaḥ
We bow to the family deity of worship.

ग्रामदेवताभ्यो नमः
grāmadevatābhyo namaḥ
We bow to the village deity of worship.

वास्तुदेवताभ्यो नमः
vāstudevatābhyo namaḥ
We bow to the particular household deity of worship.

स्थानदेवताभ्यो नमः
sthānadevatābhyo namaḥ
We bow to the established deity of worship.

सर्वेभ्यो देवेभ्यो नमः
sarvebhyo devebhyo namaḥ
We bow to all the Gods.

सर्वेभ्यो ब्राह्मणेभ्यो नमः
sarvebhyo brāhmaṇebhyo namaḥ
We bow to all the Knowers of divinity.

विष्णु ध्यानम्
viṣṇu dhyānam

ॐ नारायणाय विद्महे वासुदेवाय धीमहे ।
तन्नो विष्णुः प्रचोदयात् ॥

oṁ nārāyaṇāya vidmahe vaśudevāya dhīmahe
tanno viṣṇu pracodayāt

Oṁ We meditate on the manifestation of Consciousness, we contemplate the Lord of the Earth. May that Viṣṇu grant us increase.

शान्ताकारं भुजग-शयनं पद्मनाभं सुरेशम् ।
विश्वाधारं गगन-सदृशं मेघवर्णं शुभाङ्गम् ॥

śāntākāraṁ bhujaga-śayanaṁ padmanābhaṁ sureśam
viśvādhāraṁ gagana-sadṛśaṁ meghavarṇaṁ śubhāṅgam

The Cause of Peace is lying on a snake, from whose navel sprang the lotus. He is the Lord of Gods, who supports the universe, appearing as the sky, and is dark as a cloud, with a beautiful body.

लक्ष्मीकान्तं कमलनयनं योगिभिर्ध्यान-गम्यम् ।
वन्दे विष्णुं भव-भय-हरं सर्वलोकैकनाथम् ॥

lakṣmīkāntaṁ kamalanayanaṁ yogibhirdhyāna-gamyam
vande viṣṇuṁ bhava-bhaya-haraṁ sarvalokaikanātham

The Lord of Lakṣmī, with lotus eyes, is realized by Yogis in meditation. We worship Viṣṇu, who removes the fear of existence and who is Master of the all of the worlds.

ॐ अग्निर्ज्योतिर्ज्योतिरग्निः स्वाहा ।
सूर्यो ज्योतिर्ज्योतिः सूर्यः स्वाहा ।
अग्निर्वर्चो ज्योतिर्वर्चः स्वाहा ।
सूर्यो वर्चो ज्योतिर्वर्चः स्वाहा ।
ज्योतिः सूर्यः सूर्यो ज्योतिः स्वाहा ॥

oṁ agnir jyotir jyotir agniḥ svāhā
sūryo jyotir jyotiḥ sūryaḥ svāhā
agnir varco jyotir varcaḥ svāhā
sūryo varco jyotir varcaḥ svāhā
jyotiḥ sūryaḥ sūryo jyotiḥ svāhā

oṁ The Divine Fire is the Light, and the Light is the Divine Fire; I am One with God! The Light of Wisdom is the Light, and the Light is the Light of Wisdom; I am One with God! The Divine Fire is the offering, and the Light is the Offering; I am One with God! The Light of Wisdom is the Offering, and the Light is the Light of Wisdom; I am One with God!

(Wave light)

ॐ अग्निर्ज्योती रविर्ज्योतिश्चन्द्रो ज्योतिस्तथैव च ।
ज्योतिषामुत्तमो देव दीपोऽयं प्रतिगृह्यताम् ॥
एष दीपः ॐ क्लीं विष्णवे नमः ॥

oṁ agnirjyotī ravirjyotiścandro jyotistathaiva ca
jyotiṣāmuttamo deva dīpo-yaṁ pratigṛhyatām
eṣa dīpaḥ oṁ klīṁ viṣṇave namaḥ

oṁ The Divine Fire is the Light, the Light of Wisdom is the Light, the Light of Devotion is the Light as well. The Light of the Highest Bliss, Oh God, is in the Light which we offer, the Light which we request you to accept. With the offering of Light oṁ klīṁ I bow to Viṣṇu.

(Wave incense)

ॐ वनस्पतिरसोत्पन्नो गन्धात्ययी गन्ध उत्तमः ।
आघ्रेयः सर्वदेवानां धूपोऽयं प्रतिगृह्यताम् ॥
एष धूपः ॐ क्लीं विष्णवे नमः ॥

oṁ vanaspatirasotpanno gandhātyayī gandha uttamaḥ
āghreyaḥ sarvadevānāṁ dhūpo-yaṁ pratigṛhyatām
eṣa dhūpaḥ oṁ klīṁ viṣṇave namaḥ

oṁ Spirit of the Forest, from you is produced the most excellent of scents. The scent most pleasing to all the Gods, that scent we request you to accept. With the offering of fragrant scent oṁ klīṁ I bow to Viṣṇu.

ārātrikam

ॐ चन्द्रादित्यौ च धरणी विद्युदग्निस्तथैव च ।
त्वमेव सर्वज्योतीषिं आरात्रिकं प्रतिगृह्यताम् ॥
ॐ क्लीं विष्णवे नमः आरात्रिकं समर्पयामि

oṁ candrādityau ca dharaṇī vidyudagnistathaiva ca
tvameva sarvajyotīṣiṁ ārātrikaṁ pratigṛhyatām
oṁ klīṁ viṣṇave namaḥ ārātrikaṁ samarpayāmi

All knowing as the Moon, the Sun and the Divine Fire, you alone are all light, and this light we request you to accept. With the offering of light oṁ klīṁ I bow to Viṣṇu.

ॐ पयः पृथिव्यां पय ओषधीषु
पयो दिव्यन्तरिक्षे पयो धाः ।
पयःस्वतीः प्रदिशः सन्तु मह्यम् ॥

oṁ payaḥ pṛthivyāṁ paya oṣadhīṣu
payo divyantarikṣe payo dhāḥ
payaḥsvatīḥ pradiśaḥ santu mahyam

oṁ Earth is a reservoir of nectar, all vegetation is a reservoir of nectar, the divine atmosphere is a reservoir of nectar, and also above. May all perceptions shine forth with the sweet taste of nectar for us.

ॐ अग्निर्देवता वातो देवता सूर्यो देवता चन्द्रमा देवता
वसवो देवता रुद्रो देवता ऽदित्या देवता मरुतो देवता विश्वे
देवा देवता बृहस्पतिर्देवतेन्द्रो देवता वरुणो देवता ॥

oṁ agnirdevatā vāto devatā sūryo devatā candramā devatā vasavo devatā rudro devatā-dityā devatā maruto devatā viśve devā devatā bṛhaspatirdevatendro devatā varuṇo devatā

oṁ The Divine Fire (Light of Purity) is the shining God, the Wind is the shining God, the Sun (Light of Wisdom) is the shining God, the Moon (Lord of Devotion) is the shining God, the Protectors of the Wealth are the shining Gods, the Relievers of Sufferings are the shining Gods, the Sons of the Light are the shining Gods; the Emancipated seers (Maruts) are the shining Gods, the Universal Shining Gods are the shining Gods, the Guru of the Gods is the shining God, the Ruler of the Gods is the shining God, the Lord of Waters is the shining God.

ॐ भूर्भुवः स्वः ।
तत् सवितुर्वरेण्यम् भर्गो देवस्य धीमहि ।
धियो यो नः प्रचोदयात् ॥

oṁ bhūr bhuvaḥ svaḥ
tat savitur vareṇyam bhargo devasya dhīmahi
dhiyo yo naḥ pracodayāt

oṁ the Infinite Beyond Conception, the gross body, the subtle body and the causal body; we meditate upon that Light of Wisdom which is the Supreme Wealth of the Gods. May it grant to us increase in our meditations.

ॐ भूः

oṁ bhūḥ
oṁ the gross body

ॐ भुवः

oṁ bhuvaḥ
oṁ the subtle body

ॐ स्वः

oṁ svaḥ
oṁ the causal body

ॐ महः

oṁ mahaḥ
oṁ the great body of existence

ॐ जनः

oṁ janaḥ
oṁ the body of knowledge

ॐ तपः

oṁ tapaḥ
oṁ the body of light

ॐ सत्यं

oṁ satyaṁ
oṁ the body of Truth

ॐ तत् सवितुर्वरेण्यम् भर्गो देवस्य धीमहि ।
धियो यो नः प्रचोदयात् ॥

oṁ tat savitur vareṇyam bhargo devasya dhīmahi
dhiyo yo naḥ pracodayāt

oṁ we meditate upon that Light of Wisdom which is the Supreme Wealth of the Gods. May it grant to us increase in our meditations.

ॐ आपो ज्योतीरसोमृतं ब्रह्म भूर्भुवस्स्वरोम् ॥

oṁ āpo jyotīrasomṛtaṁ brahma bhūrbhuvassvarom
May the divine waters luminous with the nectar of immortality of Supreme Divinity fill the earth, the atmosphere and the heavens.

ॐ मां माले महामाये सर्वशक्तिस्वरूपिणि ।
चतुर्वर्गस्त्वयि न्यस्तस्तस्मान्मे सिद्धिदा भव ॥

oṁ māṁ māle mahāmāye sarvaśaktisvarūpiṇi
catur vargas tvayi nyastas tasmān me siddhidā bhava
oṁ My Rosary, The Great Measurement of Consciousness, containing all energy within as your intrinsic nature, give to me the attainment of your Perfection, fulfilling the four objectives of life.

ॐ अविघ्नं कुरु माले त्वं गृह्णामि दक्षिणे करे ।
जपकाले च सिद्ध्यर्थं प्रसीद मम सिद्धये ॥

oṁ avighnaṁ kuru māle tvaṁ gṛhṇāmi dakṣiṇe kare
japakāle ca siddhyarthaṁ prasīda mama siddhaye
oṁ Rosary, You please remove all obstacles. I hold you in my right hand. At the time of recitation be pleased with me. Allow me to attain the Highest Perfection.

ॐ अक्षमालाधिपतये सुसिद्धिं देहि देहि
सर्वमन्त्रार्थसाधिनि साधय साधय सर्वसिद्धिं परिकल्पय
परिकल्पय मे स्वाहा ॥

oṁ akṣa mālā dhipataye susiddhiṁ dehi dehi sarva mantrārtha sādhini sādhaya sādhaya sarva siddhiṁ parikalpaya parikalpaya me svāhā
oṁ Rosary of rudrākṣa seeds, my Lord, give to me excellent attainment. Give to me, give to me. Illuminate the meanings of all mantras, illuminate, illuminate! Fashion me with all excellent attainments, fashion me! I am One with God!

एते गन्धपुष्पे ॐ गं गणपतये नमः

ete gandhapuṣpe oṁ gaṁ gaṇapataye namaḥ

With these scented flowers oṁ we bow to the Lord of Wisdom, Lord of the Multitudes.

एते गन्धपुष्पे ॐ आदित्यादिनवग्रहेभ्यो नमः

ete gandhapuṣpe oṁ ādityādi navagrahebhyo namaḥ

With these scented flowers oṁ we bow to the Sun, the Light of Wisdom, along with the nine planets.

एते गन्धपुष्पे ॐ शिवादिपञ्चदेवताभ्यो नमः

ete gandhapuṣpe oṁ śivādipañcadevatābhyo namaḥ

With these scented flowers oṁ we bow to Śiva, the Consciousness of Infinite Goodness, along with the five primary deities (Śiva, Śakti, Viṣṇu, Gaṇeśa, Sūrya).

एते गन्धपुष्पे ॐ इन्द्रादिदशदिक्पालेभ्यो नमः

ete gandhapuṣpe oṁ indrādi daśadikpālebhyo namaḥ

With these scented flowers oṁ we bow to Indra, the Ruler of the Pure, along with the Ten Protectors of the ten directions.

एते गन्धपुष्पे ॐ मत्स्यादिदशावतारेभ्यो नमः

ete gandhapuṣpe oṁ matsyādi daśāvatārebhyo namaḥ

With these scented flowers oṁ we bow to Viṣṇu, the Fish, along with the Ten Incarnations which He assumed.

एते गन्धपुष्पे ॐ प्रजापतये नमः

ete gandhapuṣpe oṁ prajāpataye namaḥ

With these scented flowers oṁ we bow to the Lord of All Created Beings.

एते गन्धपुष्पे ॐ नमो नारायणाय नमः

ete gandhapuṣpe oṁ namo nārāyaṇāya namaḥ
With these scented flowers oṁ we bow to the Perfect Perception of Consciousness.

एते गन्धपुष्पे ॐ सर्वेभ्यो देवेभ्यो नमः

ete gandhapuṣpe oṁ sarvebhyo devebhyo namaḥ
With these scented flowers oṁ we bow to All the Gods.

एते गन्धपुष्पे ॐ सर्वाभ्यो देवीभ्यो नमः

ete gandhapuṣpe oṁ sarvābhyo devībhyo namaḥ
With these scented flowers oṁ we bow to All the Goddesses.

एते गन्धपुष्पे ॐ श्री गुरवे नमः

ete gandhapuṣpe oṁ śrī gurave namaḥ
With these scented flowers oṁ we bow to the Guru.

एते गन्धपुष्पे ॐ ब्राह्मणेभ्यो नमः

ete gandhapuṣpe oṁ brāhmaṇebhyo namaḥ
With these scented flowers oṁ we bow to All Knowers of Wisdom.

Tie a piece of string around right middle finger or wrist.

ॐ कुशासने स्थितो ब्रह्मा कुशे चैव जनार्दनः ।
कुशे ह्याकाशवद् विष्णुः कुशासन नमोऽस्तु ते ॥

oṁ kuśāsane sthito brahmā kuśe caiva janārdanaḥ
kuśe hyākāśavad viṣṇuḥ kuśāsana namo-stu te
Brahmā is in the shining light (or kuśa grass), in the shining light resides Janārdana, the Lord of Beings. The Supreme all-pervading Consciousness, Viṣṇu, resides in the shining light. Oh Repository of the shining light, we bow down to you, the seat of kuśa grass.

आचमन

ācamana

ॐ केशवाय नमः स्वाहा

oṁ keśavāya namaḥ svāhā
We bow to the one of beautiful hair.

ॐ माधवाय नमः स्वाहा

oṁ mādhavāya namaḥ svāhā
We bow to the one who is always sweet.

ॐ गोविन्दाय नमः स्वाहा

oṁ govindāya namaḥ svāhā
We bow to He who is one-pointed light.

ॐ विष्णुः ॐ विष्णुः ॐ विष्णुः

oṁ viṣṇuḥ oṁ viṣṇuḥ oṁ viṣṇuḥ
oṁ Consciousness, oṁ Consciousness, oṁ Consciousness.

ॐ तत् विष्णोः परमं पदम् सदा पश्यन्ति सूरयः ।
दिवीव चक्षुराततम् ॥

oṁ tat viṣṇoḥ paramaṁ padam sadā paśyanti sūrayaḥ
divīva cakṣurā tatam
oṁ That Consciousness of the highest station, who always sees the Light of Wisdom, give us Divine Eyes.

ॐ तद् विप्र स पिपानोव जुविग्रन्सो सोमिन्द्रते ।
विष्णुः तत् परमं पदम् ॥

oṁ tad vipra sa pipānova juvigranso somindrate
viṣṇuḥ tat paramaṁ padam
oṁ That twice-born teacher who is always thirsty for accepting the nectar of devotion, Oh Consciousness, you are in that highest station.

ॐ अपवित्रः पवित्रो वा सर्वावस्थां गतोऽपि वा ।
यः स्मरेत् पुण्डरीकाक्षं स बाह्याभ्यन्तरः शुचिः ॥

oṁ apavitraḥ pavitro vā sarvāvasthāṁ gato-pi vā
yaḥ smaret puṇḍarīkākṣaṁ sa bāhyābhyantaraḥ śuciḥ
oṁ The Impure and the Pure reside within all objects. Who remembers the lotus-eyed Consciousness is conveyed to radiant beauty.

ॐ सर्वमङ्गलमाङ्गल्यम् वरेण्यम् वरदं शुभं ।
नारायणं नमस्कृत्य सर्वकर्माणि कारयेत् ॥

oṁ sarva maṅgala māṅgalyam
vareṇyam varadaṁ śubhaṁ
nārāyaṇaṁ namaskṛtya sarvakarmāṇi kārayet
All the Welfare of all Welfare, the highest blessing of Purity and Illumination, with the offering of respect we bow down to the Supreme Consciousness who is the actual performer of all action.

ॐ सूर्य्यश्चमेति मन्त्रस्य ब्रह्मा ऋषिः प्रकृतिश्छन्दः आपो
देवता आचमने विनियोगः ॥

oṁ sūryyaścameti mantrasya brahmā ṛṣiḥ
prakṛtiśchandaḥ āpo devatā ācamane viniyogaḥ
oṁ these are the mantras of the Light of Wisdom, the Creative Capacity is the Seer, Nature is the meter, the divine flow of waters is the deity, being applied in washing the hands and rinsing the mouth.

Draw the asana yantra with some drops of water and/or sandal paste at the front of your seat. Place a flower on the bindu in the middle.

ॐ आसनस्य मन्त्रस्य मेरुपृष्ठ ऋषिः सुतलं छन्दः कूर्म्मो
देवता आसनोपवेशने विनियोगः ॥

oṁ āsanasya mantrasya merupṛṣṭha ṛṣiḥ sutalaṁ
chandaḥ kūrmmo devatā āsanopaveśane viniyogaḥ

Introducing the mantras of the Purification of the seat. The Seer is He whose back is Straight, the meter is of very beautiful form, the tortoise who supports the earth is the deity. These mantras are applied to make the seat free from obstructions.

एते गन्धपुष्पे ॐ ह्रीं आधारशक्तये कमलासनाय नमः ॥

ete gandhapuṣpe oṁ hrīṁ ādhāraśaktaye kamalāsanāya namaḥ

With these scented flowers oṁ hrīṁ we bow to the Primal Energy situated in this lotus seat.

ॐ पृथ्वि त्वया धृता लोका देवि त्वं विष्णुना धृता ।

त्वञ्च धारय मां नित्यं पवित्रं कुरु चासनम् ॥

oṁ pṛthvi tvayā dhṛtā lokā devi tvaṁ viṣṇunā dhṛtā
tvañca dhāraya māṁ nityaṁ pavitraṁ kuru cāsanam

oṁ Earth! You support the realms of the Goddess. You are supported by the Supreme Consciousness. Also bear me eternally and make pure this seat.

ॐ गुरुभ्यो नमः

oṁ gurubhyo namaḥ

oṁ I bow to the Guru.

ॐ परमगुरुभ्यो नमः

oṁ paramagurubhyo namaḥ

oṁ I bow to the Guru's Guru.

ॐ परापरगुरुभ्यो नमः

oṁ parāparagurubhyo namaḥ

oṁ I bow to the Gurus of the lineage.

ॐ परमेष्ठिगुरुभ्यो नमः

oṁ parameṣṭhigurubhyo namaḥ

oṁ I bow to the Supreme Gurus.

ॐ गं गणेशाय नमः

oṁ gaṁ gaṇeśāya namaḥ
oṁ I bow to the Lord of Wisdom.

ॐ अनन्ताय नमः

oṁ anantāya namaḥ
oṁ I bow to the Infinite One.

ॐ ऐं ह्रीं क्लीं चामुण्डायै विच्चे

oṁ aiṁ hrīṁ klīṁ cāmuṇḍāyai vicce
oṁ Creation, Circumstance, Transformation are known by Consciousness.

ॐ नमः शिवाय

oṁ namaḥ śivāya
oṁ I bow to the Consciousness of Infinite Goodness.

Clap hands 3 times and snap fingers in the ten directions (N S E W NE SW NW SE UP DOWN) repeating
ॐ क्लीं विष्णवे नमः

oṁ klīṁ viṣṇave namaḥ
oṁ klīṁ I bow to Viṣṇu.

सङ्कल्प
saṅkalpa

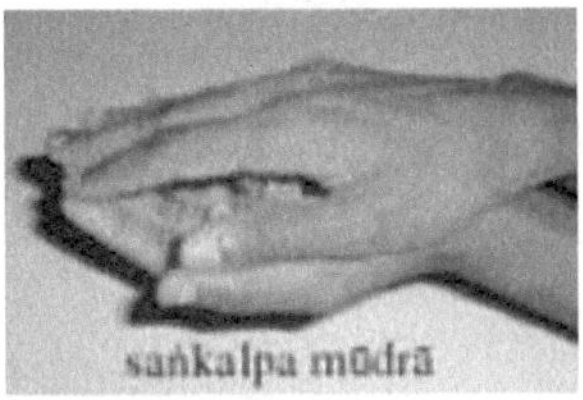

विष्णुः ॐ तत् सत् । ॐ अद्य जम्बूद्वीपे ( ) देशे ( ) प्रदेशे ( ) नगरे ( ) मन्दिरे ( ) मासे ( ) पक्षे ( ) तिथौ ( ) गोत्र श्री ( ) कृतैतत् श्रीविष्णुकामः पूजाकर्माहं श्रीविष्णुपूजां करिष्ये ॥

viṣṇuḥ oṁ tat sat oṁ adya jambūdvīpe (Country) deśe (State) pradeśe (City) nagare (Name of house or temple) mandire (month) māse (śukla or kṛṣṇa) pakṣe (name of day) tithau (name of) gotra śrī (your name) kṛtaitat śrī viṣṇu kāmaḥ pūjā karmāhaṁ śrī viṣṇu pūjāṁ kariṣye

The Consciousness Which Pervades All, oṁ That is Truth. Presently, on the Planet Earth, Country of (Name), State of (Name), City of (Name), in the Temple of (Name), (Name of Month) Month, (Bright or Dark) fortnight, (Name of Day) Day, (Name of Sādhu Family), Śrī (Your Name) is performing the worship for the satisfaction of the Respected Viṣṇu by reciting the Viṣṇu Worship.

ॐ यज्जाग्रतो दूरमुदेति दैवं तदु सुप्तस्य तथैवैति ।
दूरङ्गमं ज्योतिषां ज्योतिरेकं तन्मे मनः शिवसङ्कल्पमस्तु ॥

oṁ yajjāgrato dūramudeti
daivaṁ tadu suptasya tathaivaiti
dūraṅgamaṁ jyotiṣāṁ jyotirekaṁ
tanme manaḥ śiva saṅkalpamastu

May our waking consciousness replace pain and suffering with divinity as also our awareness when asleep. Far extending be our radiant aura of light, filling our minds with light. May that be the firm determination of the Consciousness of Infinite Goodness.

या गुङ्गूर्या सिनीवाली या राका या सरस्वती ।
इन्द्राणीमह्व ऊतये वरुणानीं स्वस्तये ॥

yā guṅgūryā sinīvālī yā rākā yā sarasvatī
īndrāṇīmahva ūtaye varuṇānīṁ svastaye

May that Goddess who wears the Moon of Devotion protect the children of Devotion. May that Goddess of All-Pervading Knowledge protect us. May the Energy of the Rule of the Pure rise up. Oh Energy of Equilibrium grant us the highest prosperity.

ॐ स्वस्ति न इन्द्रो वृद्धश्रवाः स्वस्ति नः पूषा विश्ववेदाः ।
स्वस्ति नस्ताक्ष्र्यो अरिष्टनेमिः स्वस्ति नो बृहस्पतिर्दधातु ॥

oṁ svasti na indro vṛddhaśravāḥ
svasti naḥ pūṣā viśvavedāḥ
svasti nastārkṣyo ariṣṭanemiḥ
svasti no bṛhaspatirdadhātu

The Ultimate Prosperity to us, Oh Rule of the Pure, who perceives all that changes; the Ultimate Prosperity to us, Searchers for Truth, Knowers of the Universe; the Ultimate Prosperity to us, Oh Divine Being of Light, keep us safe; the Ultimate Prosperity to us, Oh Spirit of All-Pervading Delight, grant that to us.

ॐ गणानां त्वा गणपति꣡ हवामहे
प्रियाणां त्वा प्रियपति꣡ हवामहे
निधीनां त्वा निधिपति꣡ हवामहे वसो मम ।
आहमजानि गर्ब्भधमा त्वमजासि गर्ब्भधम् ॥

oṁ gaṇānāṁ tvā gaṇapati guṁ havāmahe
priyāṇāṁ tvā priyapati guṁ havāmahe
nidhīnāṁ tvā nidhipati guṁ havāmahe vaso mama
āhamajāni garbbhadhamā tvamajāsi garbbhadham

We invoke you with offerings, Oh Lord of the Multitudes; we invoke you with offerings, Oh Lord of Love; we invoke you with offerings, Oh Guardian of the Treasure. Sit within me, giving birth to the realm of the Gods within me; yes, giving birth to the realm of the Gods within me.

ॐ गणानां त्वा गणपतिꣳ हवामहे
कविं कवीनामुपमश्रवस्तमम् ।
ज्येष्ठराजं ब्रह्मणां ब्रह्मणस्पत
आ नः शृण्वन्नूतिभिः सीद सादनम् ॥

oṁ gaṇānāṁ tvā gaṇapati guṁ havāmahe
kaviṁ kavīnāmupamaśravastamam
jyeṣṭharājaṁ brahmaṇāṁ brahmaṇaspata
ā naḥ śṛnvannūtibhiḥ sīda sādanam

We invoke you with offerings, Oh Lord of the Multitudes, Seer among Seers, of unspeakable grandeur. Oh Glorious King, Lord of the Knowers of Wisdom, come speedily hearing our supplications and graciously take your seat amidst our assembly.

ॐ अदितिर्द्यौरदितिरन्तरिक्षमदितिर्माता स पिता स
पुत्रः । विश्वे देवा अदितिः पञ्च जना
अदितिर्जातमदितिर्जनित्वम् ॥

oṁ aditir dyauraditirantarikṣamaditirmātā
sa pitā sa putraḥ
viśve devā aditiḥ pañca janā
aditirjātamaditirjanitvam

The Mother of Enlightenment pervades the heavens; the Mother of Enlightenment pervades the atmosphere; the Mother of Enlightenment pervades Mother and Father and child. All Gods of the Universe are pervaded by the Mother, the five forms of living beings, all Life. The Mother of Enlightenment, She is to be known.

ॐ त्वं स्त्रीस्त्वं पुमानसि त्वं कुमार अत वा कुमारी ।
त्वं जिर्नो वन्देन वञ्चसि त्वं जातो भवसि विश्वतोमुखः ॥

oṁ tvaṁ strīstvaṁ pumānasi
tvaṁ kumāra ata vā kumarī
tvaṁ jirno vandena vañcasi
tvaṁ jāto bhavasi viśvatomukhaḥ

You are Female, you are Male; you are a young boy, you are a young girl. You are the word of praise by which we are singing; you are all creation existing as the mouth of the universe.

ॐ अम्बेऽम्बिकेऽम्बालिके न मा नयति कश्चन ।
ससस्त्यश्वकः सुभद्रिकां काम्पीलवासिनीम् ॥

oṁ ambe-ambike-mbālike na mā nayati kaścana
sasastyaśvakaḥ subhadrikāṁ kāmpīlavāsinīm

Mother of the Perceivable Universe, Mother of the Conceivable Universe, Mother of the Universe of Intuitive Vision, lead me to that True Existence. As excellent crops (or grains) are harvested, so may I be taken to reside with the Infinite Consciousness.

ॐ शान्ता द्यौः शान्तापृथिवी शान्तमिदमुर्वन्तरिक्षम् ।
शान्ता उदन्वतिरापः शान्ताः नः शान्त्वोषधीः ॥

oṁ śāntā dyauḥ śāntā pṛthivī śāntam idamurvantarikṣam
śāntā udanvatirāpaḥ śāntāḥ naḥ śāntvoṣadhīḥ

Peace in the heavens, Peace on the earth, Peace upwards and permeating the atmosphere; Peace upwards, over, on all sides and further; Peace to us, Peace to all vegetation;

ॐ शान्तानि पूर्वरूपाणि शान्तं नोऽस्तु कृताकृतम् ।
शान्तं भूतं च भव्यं च सर्वमेव शमस्तु नः ॥

oṁ śāntāni pūrva rūpāṇi śāntaṁ no-stu kṛtākṛtam
śāntaṁ bhūtaṁ ca bhavyaṁ ca sarvameva śamastu naḥ

Peace to all that has form, Peace to all causes and effects; Peace to all existence, and to all intensities of reality including all and everything; Peace be to us.

ॐ पृथिवी शान्तिरन्तरिक्षं शान्तिर्द्यौः
शान्तिरापः शान्तिरोषधयः शान्तिः वनस्पतयः शान्तिर्विश्वे मे
देवाः शान्तिः सर्वे मे देवाः शान्तिर्ब्रह्म शान्तिरापः शान्तिः
सर्वं शान्तिरेधि शान्तिः शान्तिः सर्व शान्तिः सा मा शान्तिः
शान्तिभिः ॥

oṁ pṛthivī śāntir antarikṣaṁ śāntir dyauḥ
śāntir āpaḥ śāntir oṣadhayaḥ śāntiḥ vanaspatayaḥ śāntir
viśve me devāḥ śāntiḥ sarve me devāḥ śāntir brahma
śāntirāpaḥ śāntiḥ sarvaṁ śāntiredhi śāntiḥ śāntiḥ sarva
śāntiḥ sā mā śāntiḥ śāntibhiḥ

Let the earth be at Peace, the atmosphere be at Peace, the heavens be filled with Peace. Even further may Peace extend, Peace be to waters, Peace to all vegetation, Peace to All Gods of the Universe, Peace to All Gods within us, Peace to Creative Consciousness, Peace be to Brilliant Light, Peace to All, Peace to Everything, Peace, Peace, altogether Peace, equally Peace, by means of Peace.

ताभिः शान्तिभिः सर्वशान्तिभिः समया मोहं यदिह घोरं
यदिह क्रूरं यदिह पापं तच्छान्तं
तच्छिवं सर्वमेव समस्तु नः ॥

tābhiḥ śāntibhiḥ sarva śāntibhiḥ samayā mohaṁ yadiha
ghoraṁ yadiha krūraṁ yadiha pāpaṁ tacchāntaṁ
tacchivaṁ sarvameva samastu naḥ

Thus by means of Peace, altogether one with the means of Peace, Ignorance is eliminated, Violence is eradicated, Improper Conduct is eradicated, Confusion (sin) is eradicated, all that is, is at Peace, all that is perceived, each and everything, altogether for us,

ॐ शान्तिः शान्तिः शान्तिः ॥

oṁ śāntiḥ śāntiḥ śāntiḥ

oṁ Peace, Peace, Peace

गणेश पूजा

gaṇeśa pūjā

worship of gaṇeśa

gaṇeśa gāyatrī

ॐ तत् पुरुषाय विद्महे वक्रतुण्डाय धीमहि ।
तन्नो दन्ती प्रचोदयात् ॥

oṁ tat puruṣāya vidmahe vakratuṇḍāya dhīmahi
tanno dantī pracodayāt

oṁ we meditate upon that Perfect Consciousness, contemplate the One with a broken tooth. May that One with the Great Tusk grant us increase.

एते गन्धपुष्पे ॐ गं गणपतये नमः

ete gandhapuṣpe oṁ gaṁ gaṇapataye namaḥ

With these scented flowers oṁ we bow to the Lord of Wisdom, Lord of the Multitudes.

gaṇeśa dhyānam

meditation

ॐ खर्वं स्थूलतनुं गजेन्द्रवदनं लम्बोदरं सुन्दरं
प्रस्यन्दन्मदगन्धलुब्धमधुपव्यालोलगण्डस्थलम् ।
दन्ताघातविदारितारिरुधिरैः सिन्दूरशोभाकरं
वन्दे शैलसुतासुतं गणपतिं सिद्धिप्रदं कामदं ॥

oṁ kharvaṁ sthūlatanuṁ gajendra
vadanaṁ lambodaraṁ sundaraṁ
prasyandanmadagandhalubdha
madhupavyālolagaṇḍasthalam
dantāghātavidāritārirudhiraiḥ sindūraśobhākaraṁ
vande śailasutāsutaṁ
gaṇapatiṁ siddhipradaṁ kāmadaṁ

oṁ Gaṇeśa, the Lord of Wisdom, is short, of stout body, with the face of the king of elephants and a big belly and is extremely beautiful. From whom pours forth an etherial fluid, the sweet fragrance of which has captivated with love the bees who are swarming about his cheeks. With the blows of his tusks he pierces all enemies, and he is beautified by red vermillion. We bow with praise to the son of the daughter of the Mountains, Pārvatī, the daughter of Himalayas, the Lord of the Multitudes, the Giver of Perfection of all desires.

ॐ गं गणेशाय नमः

oṁ gaṁ gaṇeśāya namaḥ
oṁ We bow to Gaṇeśa, the Lord of Wisdom, Lord of the Multitudes.

kara nyāsa
establishment in the hands

ॐ गां अंगुष्ठाभ्यां नमः

oṁ gāṁ aṁguṣṭhābhyāṁ namaḥ thumb forefinger
oṁ Gaṁ in the thumb I bow.

ॐ गीं तर्जनीभ्यां स्वाहा

oṁ gīṁ tarjanībhyāṁ svāhā thumb forefinger
oṁ Gīṁ in the forefinger, I am One with God!

ॐ गूं मद्यमाभ्यां वषट्

oṁ gūṁ madyamābhyāṁ vaṣaṭ thumb middlefinger
oṁ Gūṁ in the middle finger, Purify!

ॐ गैं अनामिकाभ्यां हुं

oṁ gaiṁ anāmikābhyāṁ huṁ thumb ringfinger
oṁ Gaiṁ in the ring finger, Cut the Ego!

ॐ गौं कनिष्ठिकाभ्यां वौषट्

oṁ gauṁ kaniṣṭhikābyāṁ vauṣaṭ thumb littlefinger
oṁ Gauṁ in the little finger, Ultimate Purity!

Roll hand over hand forwards while reciting karatala kara and backwards while chanting pṛṣṭhābhyāṁ, then clap hands when chanting astrāya phaṭ.

ॐ गः करतल कर पृष्ठाभ्यां अस्त्राय फट्

oṁ gaḥ karatala kara pṛṣṭhābhyāṁ astrāya phaṭ
oṁ Gaḥ roll hand over hand front and back and clap with the weapon of Virtue.

ॐ गं गणेशाय नमः

oṁ gaṁ gaṇeśāya namaḥ
oṁ We bow to Gaṇeśa, the Lord of Wisdom, Lord of the Multitudes.

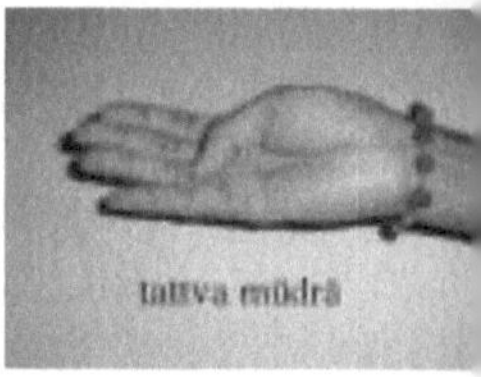

aṅga nyāsa
establishment in the body
Holding tattva mudrā, touch heart.

ॐ गां हृदयाय नमः

oṁ gāṁ hṛdayāya namaḥ touch heart
oṁ Gaṁ in the heart, I bow.

Holding tattva mudrā, touch top of head.

ॐ गीं शिरसे स्वाहा

oṁ gīṁ śirase svāhā top of head
oṁ Gīṁ on the top of the head, I am One with God!

With thumb extended, touch back of head.

ॐ गूं शिखायै वषट्

oṁ gūṁ śikhāyai vaṣaṭ back of head
oṁ Gūṁ on the back of the head, Purify!

Holding tattva mudrā, cross both arms.

ॐ गैं कवचाय हुं

oṁ gaiṁ kavacāya huṁ cross both arms
oṁ Gaiṁ crossing both arms, Cut the Ego!

Holding tattva mudrā, touch three eyes at once with three middle fingers.

ॐ गौं नेत्रत्रयाय वौषट्

oṁ gauṁ netratrayāya vauṣaṭ touch three eyes
oṁ Gauṁ in the three eyes, Ultimate Purity!

Roll hand over hand forwards while reciting karatala kara and backwards while chanting pṛṣṭhābhyāṁ, then clap hands when chanting astrāya phaṭ.

ॐ गः करतल कर पृष्ठाभ्यां अस्त्राय फट्

oṁ gaḥ karatala kara pṛṣṭhābhyāṁ astrāya phaṭ
oṁ Gaḥ roll hand over hand front and back and clap with the weapon of Virtue.

ॐ गं गणेशाय नमः

oṁ gaṁ gaṇeśāya namaḥ
oṁ We bow to Gaṇeśa, the Lord of Wisdom, Lord of the Multitudes.

ॐ सुमुखश्चैकदन्तश्च कपिलो गजकर्णकः ।
लम्बोदरश्च विकटो विघ्ननाशो विनायकः ॥

oṁ sumukhaścaika dantaśca kapilo gaja karṇakaḥ
lambodaraśca vikaṭo vighnanāśo vināyakaḥ
He has a beautiful face with only one tooth (or tusk), of red color with elephant ears; with a big belly and a great tooth he destroys all obstacles. He is the Remover of Obstacles.

धूम्रकेतुर्गणाध्यक्षो भालचन्द्रो गजाननः ।
द्वादशैतानि नामानि यः पठेच्छृणुयादपि ॥

dhūmraketurgaṇādhyakṣo bhāla candro gajānanaḥ
dvādaśaitāni nāmāni yaḥ paṭhecchṛṇu yādapi
With a grey banner, the living spirit of the multitudes, having the moon on his forehead, with an elephant's face; whoever will recite or listen to these twelve names

विद्यारम्भे विवाहे च प्रवेशे निर्गमे तथा ।
संग्रामे संकटे चैव विघ्नस्तस्य न जायते ॥

vidyārambhe vivāhe ca praveśe nirgame tathā
saṁgrāme saṁkate caiva vighnastasya na jāyate
at the time of commencing studies, getting married, or upon entering or leaving any place; on a battlefield of war, or in any difficulty, will overcome all obstacles.

शुक्लाम्बरधरं देवं शशिवर्णं चतुर्भुजम् ।
प्रसन्नवदनं ध्यायेत् सर्वविघ्नोपशान्तये ॥

śuklāmbaradharaṁ devaṁ śaśivarṇaṁ caturbhujam
prasannavadanaṁ dhyāyet sarvavighnopaśāntaye
Wearing a white cloth, the God has the color of the moon and four arms. That most pleasing countenance is meditated upon, who gives peace to all difficulties.

अभीप्सितार्थसिद्ध्यर्थं पूजितो यः सुरासुरैः ।
सर्वविघ्नहरस् तस्मै गणाधिपतये नमः ॥

abhīpsitārtha siddhyarthaṁ pūjito yaḥ surā suraiḥ
sarvavighna haras tasmai gaṇādhipataye namaḥ
For gaining the desired objective, or for the attainment of perfection, he is worshiped by the Forces of Union and the Forces of Division alike. He takes away all difficulties, and therefore, we bow down in reverance to the Lord of the Multitudes.

ॐ गं गणपतये नमः

oṁ gaṁ gaṇapataye namaḥ
oṁ we bow to the Lord of Wisdom, Lord of the Multitudes.

वक्रतुण्ड महाकाय सूर्यकोटिसमप्रभ ।
अविघ्नं कुरु मे देव सर्वकार्येषु सर्वदा ॥

vakratuṇḍa mahākāya sūrya koṭi samaprabha
avighnaṁ kuru me deva sarva kāryeṣu sarvadā

With a broken (or bent) tusk, a great body shining like a million suns, make us free from all obstacles, Oh God. Always remain (with us) in all actions.

एकदन्तं महाकायं लम्बोदरं गजाननम् ।
विघ्ननाशकरं देवं हेरम्बं प्रणामाम्यहम् ॥

ekadantaṁ mahākāyaṁ lambodaraṁ gajānanam
vighnanāśakaraṁ devaṁ herambaṁ praṇāmāmyaham

With one tooth, a great body, a big belly and an elephant's face, he is the God who destroys all obstacles to whom we are bowing down with devotion.

मल्लिकादि सुगन्धीनि मालित्यादीनि वै प्रभो ।
मयाऽहृतानि पूजार्थं पुष्पाणि प्रतिगृह्यताम् ॥

mallikādi sugandhīni mālityādīni vai prabho
mayā-hṛtāni pūjārthaṁ puṣpāṇi pratigṛhyatām

Various flowers such as mallikā and others of excellent scent, are being offered to you, Our Lord. All these flowers have come from the devotion of our hearts for your worship. Be pleased to accept them.

एते गन्धपुष्पे ॐ गं गणपतये नमः

ete gandhapuṣpe oṁ gaṁ gaṇapataye namaḥ

With these scented flowers oṁ we bow to the Lord of Wisdom, Lord of the Multitudes.

puṇyā havācana, svasti vācana
proclamation of merits and eternal blessings

ॐ शान्तिरस्तु

oṁ śāntirastu
oṁ Peace be unto you.

ॐ पुष्टिरस्तु

oṁ puṣṭirastu
oṁ Increase or Nourishment be unto you.

ॐ तुष्टिरस्तु

oṁ tuṣṭirastu
oṁ Satisfaction be unto you.

ॐ वृद्धिरस्तु

oṁ vṛddhirastu
oṁ Positive Change be unto you.

ॐ अविघ्नमस्तु

oṁ avighnamastu
oṁ Freedom from Obstacles be unto you.

ॐ आयुष्यमस्तु

oṁ āyuṣyamastu
oṁ Life be unto you.

ॐ आरोग्यमस्तु

oṁ ārogyamastu
oṁ Freedom from Disease be unto you.

ॐ शिवमस्तु

oṁ śivamastu
oṁ Consciousness of Infinite Goodness be unto you.

ॐ शिवकर्माऽस्तु

oṁ śivakarmā-stu
oṁ Consciousness of Infinite Goodness in all action be unto you.

ॐ कर्मसमृद्धिरस्तु

oṁ karmasamṛddhirastu
oṁ Progress or Increase in all action be unto you.

ॐ धर्मसमृद्धिरस्तु

oṁ dharmasamṛddhirastu
oṁ Progress and Increase in all Ways of Truth be unto you.

ॐ वेदसमृद्धिरस्तु

oṁ vedasamṛddhirastu
oṁ Progress or Increase in all Knowledge be unto you.

ॐ शास्त्रसमृद्धिरस्तु

oṁ śāstrasamṛddhirastu
oṁ Progress or Increase in Scriptures be unto you.

ॐ धन-धान्यसमृद्धिरस्तु

oṁ dhana-dhānyasamṛddhirastu
oṁ Progress or Increase in Wealth and Grains be unto you.

ॐ इष्टसम्पदस्तु

oṁ iṣṭasampadastu
oṁ May your beloved deity be your wealth.

ॐ अरिष्टनिरसनमस्तु

oṁ ariṣṭanirasanamastu
oṁ May you remain safe and secure, without any fear.

ॐ यत्पापं रोगमशुभमकल्याणं तद्दूरे प्रतिहतमस्तु

oṁ yatpāpaṁ rogamaśubhamakalyāṇaṁ taddūre pratihatamastu

oṁ May sin, sickness, impurity, and that which is not conducive unto welfare, leave from you.

ॐ ब्रह्म पुण्यमहर्यच्च सृष्ट्युत्पादनकारकम् ।
वेदवृक्षोद्भवं नित्यं तत्पुण्याहं ब्रुवन्तु नः ॥

oṁ brahma puṇyamaharyacca sṛṣṭyutpādanakārakam
vedavṛkṣodbhavaṁ nityaṁ tatpuṇyāhaṁ bruvantu naḥ

The Creative Capacity with the greatest merit, the Cause of the Birth of Creation, eternally has its being in the tree of Wisdom. May His blessing of merit be bestowed upon us.

भो ब्राह्मणाः ! मया क्रियमाणस्य विष्णुपूजनाख्यस्य कर्मणः पुण्याहं भवन्तो ब्रुवन्तु ॥

bho brāhmaṇāḥ! mayā kriyamāṇasya viṣṇupūjanākhyasya karmaṇaḥ puṇyāhaṁ bhavanto bruvantu

Oh Brahmiṇs! My sincere effort is to perform the worship of Viṣṇu. Let these activities yield merit.

ॐ पुण्याहं ॐ पुण्याहं ॐ पुण्याहं ॥

oṁ puṇyāhaṁ oṁ puṇyāhaṁ oṁ puṇyāhaṁ

oṁ Let these activities yield merit.

ॐ अस्य कर्मणः पुण्याहं भवन्तो ब्रुवन्तु ॥

oṁ asya karmaṇaḥ puṇyāhaṁ bhavanto bruvantu

oṁ Let these activities yield merit.

ॐ पुण्याहं ॐ पुण्याहं ॐ पुण्याहं ॥

oṁ puṇyāhaṁ oṁ puṇyāhaṁ oṁ puṇyāhaṁ

oṁ Let these activities yield merit (3 times).

पृथिव्यामुद्धृतायां तु यत्कल्याणं पुरा कृतम् ।
ऋषिभिः सिद्धगन्धर्वैस्तत्कल्याणं ब्रुवन्तु नः ॥

pṛthivyāmuddhṛtāyāṁ tu yatkalyāṇaṁ purā kṛtam
ṛṣibhiḥ siddha gandharvaistatkalyāṇaṁ bruvantu naḥ
With the solidity of the earth, let supreme welfare be. May the Ṛṣis, the attained ones and the celestial singers bestow welfare upon us.

भो ब्राह्मणाः ! मया क्रियमाणस्य विष्णुपूजनाख्यस्य कर्मणः
कल्याणं भवन्तो ब्रुवन्तु ॥

bho brāhmaṇāḥ! mayā kriyamāṇasya
viṣṇupūjanākhyasya karmaṇaḥ kalyāṇaṁ bhavanto bruvantu
Oh Brahmiṇs! My sincere effort is to perform the worship of Viṣṇu. Let these activities bestow welfare.

ॐ कल्याणं ॐ कल्याणं ॐ कल्याणं

oṁ kalyāṇaṁ oṁ kalyāṇaṁ oṁ kalyāṇaṁ
oṁ Let these activities bestow welfare (3 times).

सागरस्य तु या ऋद्धिर्महालक्ष्म्यादिभिः कृता ।
सम्पूर्णा सुप्रभावा च तामृद्धिं प्रब्रुवन्तु नः ॥

sāgarasya tu yā ṛddhirmahālakṣmyādibhiḥ kṛtā
sampūrṇā suprabhāvā ca tāmṛddhiṁ prabruvantu naḥ
May the ocean yield Prosperity, as it did when the Great Goddess of True Wealth and others were produced; fully and completely giving forth excellent lustre, may Prosperity be unto us.

भो ब्राह्मणाः ! मया क्रियमाणस्य विष्णुपूजनाख्यस्य कर्मणः
ऋद्धिं भवन्तो ब्रुवन्तु ॥

bho brāhmaṇāḥ! mayā kriyamāṇasya
viṣṇupūjanākhyasya karmaṇaḥ ṛddhiṁ bhavanto bruvantu

Oh Brahmiṇs! My sincere effort is to perform the worship of Viṣṇu. Let these activities bestow Prosperity.

ॐ कर्म ऋध्यताम् ॐ कर्म ऋध्यताम् ॐ कर्म ऋध्यताम्

oṁ karma ṛdhyatām oṁ karma ṛdhyatām oṁ karma ṛdhyatām

oṁ Let these activities bestow Prosperity (3 times).

स्वस्तिरस्तु याविनाशाख्या पुण्यकल्याणवृद्धिदा ।
विनायकप्रिया नित्यं तां च स्वस्तिं ब्रुवन्तु नः ॥

svastirastu yā vināśākhyā puṇya kalyāṇa vṛddhidā
vināyakapriyā nityaṁ tāṁ ca svastiṁ bruvantu naḥ

Let the Eternal Blessings which grant changes of indestructible merit and welfare be with us. May the Lord who removes all obstacles be pleased and grant to us Eternal Blessings.

भो ब्राह्मणाः ! मया क्रियमाणस्य विष्णुपूजनाख्यस्य कर्मणः स्वस्तिं भवन्तो ब्रुवन्तु ॥

bho brāhmaṇāḥ! mayā kriyamāṇasya viṣṇupūjanākhyasya karmaṇaḥ svastiṁ bhavanto bruvantu

Oh Brahmiṇs! My sincere effort is to perform the worship of Viṣṇu. Let these activities bestow Eternal Blessings.

ॐ आयुष्मते स्वस्ति ॐ आयुष्मते स्वस्ति ॐ आयुष्मते स्वस्ति

oṁ āyuṣmate svasti oṁ āyuṣmate svasti oṁ āyuṣmate svasti

oṁ May life be filled with Eternal Blessings (3 times).

ॐ स्वस्ति न इन्द्रो वृद्धश्रवाः स्वस्ति नः पूषा विश्ववेदाः ।
स्वस्ति नस्तार्क्ष्यो अरिष्टनेमिः स्वस्ति नो बृहस्पतिर्दधातु ॥

oṁ svasti na indro vṛddhaśravāḥ
svasti naḥ pūṣā viśvavedāḥ
svasti nastārkṣyo ariṣṭanemiḥ
svasti no bṛhaspatirdadhātu

The Eternal Blessings to us, Oh Rule of the Pure, who perceives all that changes; the Eternal Blessings to us, Searchers for Truth, Knowers of the Universe; the Eternal Blessings to us, Oh Divine Being of Light, keep us safe; the Eternal Blessings to us, Oh Spirit of All-Pervading Delight, grant that to us.

समुद्रमथनाज्ज्ञाता जगदानन्दकारिका ।
हरिप्रिया च माङ्गल्या तां श्रियं च ब्रुवन्तु नः ॥

samudramathnājjātā jagadānandakārikā
haripriyā ca māṅgalyā tāṁ śriyaṁ ca bruvantu naḥ

Who was born from the churning of the ocean, the cause of bliss to the worlds, the beloved of Viṣṇu and Welfare Herself, may Śrī, the Highest Respect, be unto us.

भो ब्राह्मणाः ! मया क्रियमाणस्य विष्णुपूजनाख्यस्य कर्मणः
श्रीरस्त्विति भवन्तो ब्रुवन्तु ॥

bho brāhmaṇāḥ! mayā kriyamāṇasya
viṣṇupūjanākhyasya karmaṇaḥ śrīrastviti bhavanto
bruvantu

Oh Brahmiṇs! My sincere effort is to perform the worship of Viṣṇu. Let these activities bestow the Highest Respect.

ॐ अस्तु श्रीः ॐ अस्तु श्रीः ॐ अस्तु श्रीः

oṁ astu śrīḥ oṁ astu śrīḥ oṁ astu śrīḥ

oṁ Let these activities bestow the Highest Respect (3 times).

ॐ श्रीश्च ते लक्ष्मीश्च पत्न्यावहोरात्रे पार्श्वे नक्षत्राणि
रूपमश्विनौ व्यात्तम् । इष्णन्निषाणामुं म इषाण सर्वलोकं
म इषाण ॥

oṁ śrīśca te lakṣmīśca patnyāvahorātre pārśve nakṣatrāṇi rūpamaśvinau vyāttam
iṣṇanniṣāṇāmuṁ ma iṣāṇa sarvalokaṁ ma iṣāṇa
oṁ the Highest Respect to you, Goal of all Existence, wife of the full and complete night (the Unknowable One), at whose sides are the stars, and who has the form of the relentless search for Truth. Oh Supreme Divinity, Supreme Divinity, my Supreme Divinity, all existence is my Supreme Divinity.

मृकण्डसूनोरायुर्यद्ध्रुवलोमशयोस्तथा ।
आयुषा तेन संयुक्ता जीवेम शरदः शतम् ॥

mṛkaṇḍasūnorāyuryaddhruvalomaśayostathā
āyuṣā tena saṁyuktā jīvema śaradaḥ śatam
As the son of Mṛkaṇḍa, Mārkaṇḍeya, found imperishable life, may we be united with life and blessed with a hundred autumns.

शतं जीवन्तु भवन्तः

śataṁ jīvantu bhavantaḥ
May a hundred autumns be unto you.

शिवगौरीविवाहे या या श्रीरामे नृपात्मजे ।
धनदस्य गृहे या श्रीरस्माकं साऽस्तु सद्मनि ॥

śiva gaurī vivāhe yā yā śrīrāme nṛpātmaje
dhanadasya gṛhe yā śrīrasmākaṁ sā-stu sadmani
As the imperishable union of Śiva and Gaurī, as the soul of kings manifested in the respected Rāma, so may the Goddess of Respect forever be united with us and always dwell in our house.

ॐ अस्तु श्रीः ॐ अस्तु श्रीः ॐ अस्तु श्रीः

oṁ astu śrīḥ oṁ astu śrīḥ oṁ astu śrīḥ
May Respect be unto you.

प्रजापतिर्लोकपालो धाता ब्रह्मा च देवराट् ।
भगवाञ्छाश्वतो नित्यं नो वै रक्षन्तु सर्वतः ॥

prajāpatirlokapālo dhātā brahmā ca devarāṭ
bhagavāñchāśvato nityaṁ no vai rakṣantu sarvataḥ
The Lord of all beings, Protector of the worlds, Creator, Brahmā, Support of the Gods; may the Supreme Lord be gracious eternally and always protect us.

ॐ भगवान् प्रजापतिः प्रियताम्

oṁ bhagavān prajāpatiḥ priyatām
May the Supreme Lord, Lord of all beings, be pleased.

आयुष्मते स्वस्तिमते यजमानाय दाशुषे ।
श्रिये दत्ताशिषः सन्तु ऋत्विग्भिर्वेदपारगैः ॥

āyuṣmate svastimate yajamānāya dāśuṣe
śriye dattāśiṣaḥ santu ṛtvigbhirvedapāragaiḥ
May life and eternal blessings be unto those who perform this worship and to those who assist. May respect be given to the priests who impart this wisdom.

ॐ स्वस्तिवाचनसमृद्धिरस्तु

oṁ svastivācanasamṛddhirastu
oṁ May this invocation for eternal blessings find excellent prosperity.

sāmānyārghya

purification of water

Draw the yantra on the plate or space for worship with sandal paste and/or water. Offer rice on the yantra for each of the four mantras.

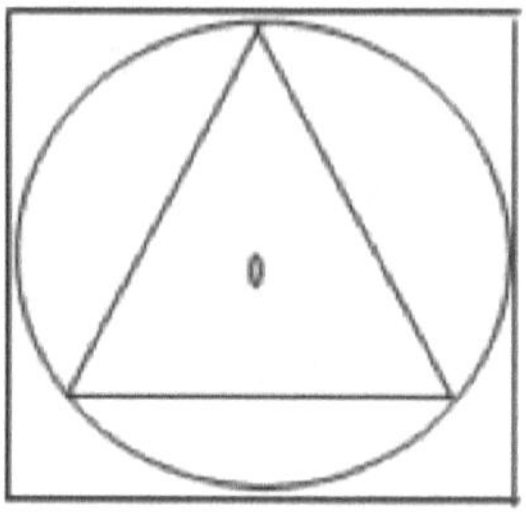

ॐ आधारशक्तये नमः

oṁ ādhāra śaktaye namaḥ

oṁ we bow to the Primal Energy

ॐ कूर्म्माय नमः

oṁ kūrmmāya namaḥ

oṁ we bow to the Support of the Earth

ॐ अनन्ताय नमः

oṁ anantāya namaḥ

oṁ we bow to Infinity

ॐ पृथिव्यै नमः

oṁ pṛthivyai namaḥ

oṁ we bow to the Earth

Place an empty water pot on the bindu in the center of the yantra when saying Phaṭ.

स्थां स्थीं स्थिरो भव फट्

sthāṁ sthīṁ sthiro bhava phaṭ

Be Still in the Gross Body! Be Still in the Subtle Body! Be Still in the Causal Body! Purify!

Fill the pot with water while chanting the mantra.

ॐ गङ्गे च जमुने चैव गोदावरि सरस्वति ।
नर्मदे सिन्धु कावेरि जलऽस्मिन् सन्निधिं कुरु ॥

oṁ gaṅge ca jamune caiva godāvari sarasvati
narmade sindhu kāveri jale-asmin sannidhiṁ kuru

oṁ the Ganges, Jamunā, Godāvarī, Sarasvatī, Narmadā, Sindhu, Kāverī, these waters are mingled together.

The Ganges is the Iḍā, Jamunā is the Piṅgalā, the other five rivers are the five senses. The land of the seven rivers is within the body as well as outside.

Offer Tulasī leaves into water

ॐ ऐं ह्रीं क्लीं श्रीं वृन्दावनवासिन्यै स्वाहा

oṁ aiṁ hrīṁ klīṁ śrīṁ vṛndāvanavāsinyai svāhā

oṁ Wisdom, Māyā, Increase, to She who resides in Vṛndāvana, I am One with God!

Offer 3 flowers into the water pot with the mantras

एते गन्धपुष्पे ॐ अं अर्कमण्डलाय द्वादशकलात्मने नमः

ete gandhapuṣpe oṁ aṁ arkamaṇḍalāya dvādaśakalātmane namaḥ

With these scented flowers oṁ "A" we bow to the twelve aspects of the realm of the sun. Tapinī, Tāpinī, Dhūmrā, Marīci, Jvālinī, Ruci, Sudhūmrā, Bhoga-dā, Viśvā, Bodhinī, Dhārinī, Kṣamā; Containing heat, Emanating heat, Smoky, Ray-producing, Burning, Lustrous, Purple or Smoky-red, Granting enjoyment, Universal, Which makes known, Productive of Consciousness, Which supports, Which forgives.

एते गन्धपुष्पे ॐ उं सोममण्डलाय षोडशकलात्मने नमः

ete gandhapuṣpe oṁ uṁ somamaṇḍalāya ṣoḍaśakalātmane namaḥ

With these scented flowers oṁ "U" we bow to the sixteen aspects of the realm of the moon. Amṛtā, Prāṇadā, Puṣā, Tuṣṭi, Puṣṭi, Rati, Dhṛti, Śaśinī, Candrikā, Kānti, Jyotsnā, Śrī, Prīti, Aṅgadā, Pūrṇā, Pūrṇāmṛtā; Nectar, Which sustains life, Which supports, Satisfying, Nourishing, Playful, Constancy, Unfailing, Producer of Joy, Beauty enhanced by love, Light, Grantor of Prosperity, Affectionate, Purifying the body, Complete, Full of Bliss.

एते गन्धपुष्पे ॐ मं वह्निमण्डलाय दशकलात्मने नमः

ete gandhapuṣpe oṁ maṁ vahnimaṇḍalāya daśakalātmane namaḥ

With these scented flowers oṁ "M" we bow to the ten aspects of the realm of fire: Dhūmrā, Arciḥ, Jvalinī, Śūkṣmā, Jvālinī, Visphuliṅginī, Suśrī, Surūpā, Kapilā, Havya-Kavya-Vahā; Smoky Red, Flaming, Shining, Subtle, Burning, Sparkling, Beautiful, Well-formed, Tawny, The Messenger to Gods and Ancestors.

Wave hands in matsyā, dhenu and aṅkuśa mudrās while chanting this mantra.

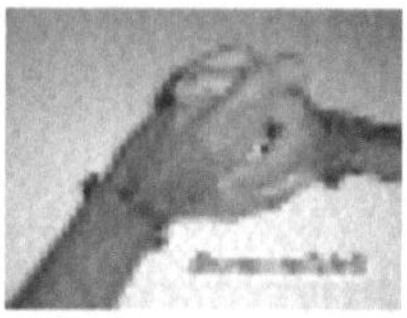

ॐ गङ्गे च जमुने चैव गोदावरि सरस्वति ।
नर्मदे सिन्धु कावेरि जलेऽस्मिन् सन्निधिं कुरु ॥

oṁ gaṅge ca jamune caiva godāvari sarasvati
narmade sindhu kāveri jale-asmin sannidhiṁ kuru

oṁ the Ganges, Jamunā, Godāvarī, Sarasvatī, Narmadā, Sindhu, Kāverī, these waters are mingled together.

ॐ क्लीं विष्णवे नमः

oṁ klīṁ viṣṇave namaḥ

oṁ klīṁ I bow to Viṣṇu.

Sprinkle water over all articles to be offered, then throw some drops of water over your shoulders while repeating the mantra.

अमृताम् कुरु स्वाहा

amṛtām kuru svāhā

Make this immortal nectar! I am One with God!

puṣpa śuddhi
purification of flowers

Wave hands over flowers with prārthanā mudrā while chanting first line, and with dhenu mudrā while chanting second line of this mantra.

ॐ पुष्प पुष्प महापुष्प सुपुष्प पुष्पसम्भवे ।
पुष्पचयावकीर्णे च हुं फट् स्वाहा ॥

oṁ puṣpa puṣpa mahāpuṣpa
supuṣpa puṣpa sambhave
puṣpa cayāvakīrṇe ca huṁ phaṭ svāhā

oṁ Flowers, flowers, Oh Great Flowers, excellent flowers; flowers in heaps and scattered about, cut the ego, purify, I am One with God!

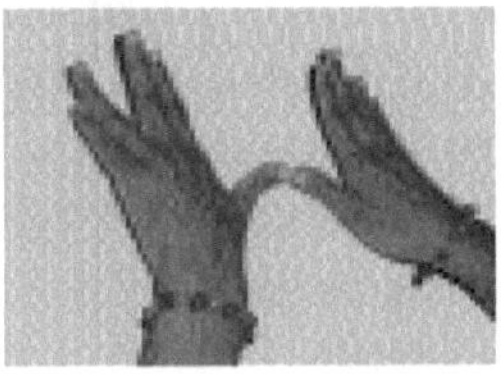

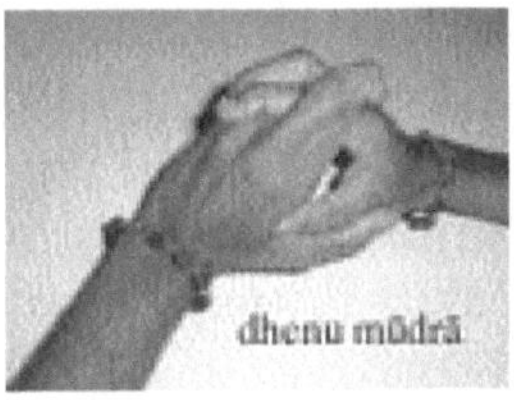

kara śuddhi
purification of hands

ॐ ऐं रं अस्त्राय फट्

oṁ aiṁ raṁ astrāya phaṭ

oṁ Wisdom, the divine fire, with the weapon, Purify !

Worship of Viṣṇu

शान्ताकारं भुजग-शयनं पद्मनाभं सुरेशम् ।
विश्वाधारं गगन-सदृशं मेघवर्णं शुभाङ्गम् ॥

śāntākāraṁ bhujaga-śayanaṁ
padmanābhaṁ sureśam
viśvādhāraṁ gagana-sadṛśaṁ
meghavarṇaṁ śubhāṅgam

The Cause of Peace is lying on a snake, from whose navel sprang the lotus. He is the Lord of Gods, who supports the universe, appearing as the sky, and is dark as a cloud, with a beautiful body.

लक्ष्मीकान्तं कमलनयनं योगिभिर्ध्यान-गम्यम् ।
वन्दे विष्णुं भव-भय-हरं सर्वलोकैकनाथम् ॥

lakṣmīkāntaṁ kamalanayanaṁ
yogibhirdhyāna-gamyam
vande viṣṇuṁ bhava-bhaya-haraṁ sarvalokaikanātham

The Lord of Lakṣmī, with lotus eyes, is realized by Yogis in meditation. We worship Viṣṇu, who removes the fear of existence and who is Master of the all of the worlds.

यदा यदा हि धर्मस्य ग्लानिर्भवति भारत ।
अभ्युत्थानमधर्मस्य तादात्मानं सृजाम्यहम् ॥

yadā yadā hi dharmasya glānirbhavati bhārata
abhyutthānamadharmasya tādātmānaṁ sṛjāmyaham

Whenever the forces of dharma become weak, oh Bhārat, you who manifest light, in order to put down the forces of unrighteousness, my soul takes birth in creation.

परित्राणाय साधूनां विनाशाय च दुष्कृताम् ।
धर्मसंस्थापनार्थाय संभवामि युगे युगे ॥

paritrāṇāya sādhūnāṁ vināśāya ca duṣkṛtām
dharmasaṁsthāpanārthāya saṁbhavāmi yuge yuge

To protect those who strive for spiritual life, to destroy the performance of evil, in order to establish the principles of dharma, from time to time I make My presence manifest.

नैनं छिन्दन्ति शस्त्राणि नैनं दहति पावकः ।
न चैनं क्लेदयन्त्यापो न शोषयति मारुतः ॥

nainaṁ chindanti śastrāṇi nainaṁ dahati pāvakaḥ
na cainaṁ kledayantyāpo na śoṣayati mārutaḥ

No weapons can pierce it, nor can fire burn it; water cannot make it wet, nor can the wind blow it.

नमो ब्रह्मण्य देवाय गोब्रह्मणहिताय च ।
जगद्धिताय कृष्णाय गोविन्दाय नमो नमः ॥

namo brahmaṇya devāya gobrahmaṇahitāya ca
jagaddhitāya kṛṣṇāya govindāya namo namaḥ
I bow to the Lord of Creation, and to the examples of radiant light, to the Creator of the world, to Kṛṣṇa, to Govinda, I bow, I bow.

नमस्ते त्रिषु लोकेषु नमस्ते परतस्त्रिषु ।
नमस्ते दिक्षु सर्वासु त्वं हि सर्वमयो निधिः ॥

namaste triṣu lokeṣu namaste paratastriṣu
namaste dikṣu sarvāsu tvaṁ hi sarvamayo nidhiḥ
I bow to He who is manifest in the three worlds. I bow to He who is beyond the three worlds. I bow to He who is in every direction, may my thoughts remain fixed on Him.

नमस्ते भगवन् विष्णो लोकानां प्रभवाप्याय ।
त्वं हि कर्त्ता हृषीकेश संहर्ता चापराजितः ॥

namaste bhagavan viṣṇo lokānāṁ prabhavāpyāya
tvaṁ hi karttā hṛṣīkeśa saṁhartā cāparājitaḥ
I bow to the Supreme Lord Viṣṇu, who is the essence of all the worlds. He is the Doer of all, Controller of the senses, Dissolver and is undefeatable.

यथा विष्णुमयं सत्यं यथा विष्णुमयं जगत् ।
यथा विष्णुमयं सर्वं पाप्मा मे नश्यतां तथा ॥

yathā viṣṇumayaṁ satyaṁ yathā viṣṇumayaṁ jagat
yathā viṣṇumayaṁ sarvaṁ pāpmā me naśyatāṁ tathā
It is this Viṣṇu that is my truth, and it is this Viṣṇu that is my world. It is this Viṣṇu that is my all. Please destroy all sin.

नारायणः परं ब्रह्म नारायणपरं तपः ।
नारायणपरो देवः सर्वं नारायणः सदा ॥

nārāyaṇaḥ paraṁ brahma nārāyaṇaparaṁ tapaḥ
nārāyaṇaparo devaḥ sarvaṁ nārāyaṇaḥ sadā
The manifestation of Consciousness is the Supreme Divinity, the manifestation of Consciousness is the highest austerity. The manifestation of Consciousness is the Supreme God. Everything is the manifestation of Consciousness.

ॐ क्लीं विष्णवे नमः

oṁ klīṁ viṣṇave namaḥ
oṁ klīṁ I bow to Viṣṇu.

kalaśa sthāpan
establishment of the pot
touch earth

ॐ भूरसि भूमिरस्यदितिरसि
विश्वधारा विश्वस्य भुवनस्य धर्त्री ।
पृथिवीं यच्छ पृथिवीं दृंह पृथिवीं मा हिंसीः ॥

oṁ bhūrasi bhūmirasyaditirasi viśvadhārā
viśvasya bhuvanasya dhartrī
pṛthivīṁ yaccha pṛthivīṁ dṛṁha pṛthivīṁ mā hiṁsīḥ

You are the object of sensory perception; you are the Goddess who distributes the forms of the earth. You are the Producer of the Universe, the Support of all existing things in the universe. Control (or sustain) the earth, firmly establish the earth, make the earth efficient in its motion.

give rice

ॐ धान्यमसि धिनुहि देवान् धिनुहि यज्ञं ।
धिनुहि यज्ञपतिं धिनुहि मां यज्ञन्यम् ॥

oṁ dhānyamasi dhinuhi devān dhinuhi yajñaṁ
dhinuhi yajñapatiṁ dhinuhi māṁ yajñanyam

You are the grains which satisfy and gladden the Gods, gladden the sacrifice, gladden the Lord of Sacrifice. Bring satisfaction to us through sacrifice.

place pot

ॐ आजिग्घ्र कलशं मह्या त्वा विशन्त्विन्दवः ।
पुनरूर्जा निवर्त्तस्व सा नः सहस्रं धुक्ष्वोरुधारा पयस्वतीः
पुनर्मा विशताद्रयिः ॥

oṁ ājigghra kalaśaṁ mahyā tvā viśantvindavaḥ
punarūrjā nivarttasva sā naḥ sahasraṁ dhukṣvorudhārā
payasvatīḥ punarmā viśatādrayiḥ

Cause the effulgent fire of perception to enter into your highly honored container for renewed nourishment. Remaining there, let it increase in thousands, so that upon removal, abounding in spotlessly pure strength, it may come flowing into us.

pour water

ॐ वरुणस्योत्तम्भनमसि वरुणस्य स्कम्भसर्जनी स्थो ।

वरुणस्य ऋतसदन्यसि । वरुणस्य ऋतसदनमसि ।

वरुणस्य ऋतसदनमासीद ॥

oṁ varuṇasyottambhanamasi varuṇasya skambhasarjanī stho
varuṇasya ṛtasadanyasi varuṇasya ṛtasadanamasi varuṇasya ṛtasadanamāsīda

You, Waters, are declared the Ultimate of waters established in all creation begotten, abiding in waters as the eternal law of truth; always abiding in waters as the eternal law of truth, and forever abiding in waters as the eternal law of truth.

place wealth

ॐ धन्वना गा धन्वनाजिं जयेम

धन्वना तीव्राः समद्रो जयेम ।

धनुः शत्रोरपकामं कृणोति धन्वना सर्वाः प्रदिशो जयेम ॥

oṁ dhanvanā gā dhanvanājiṁ jayema
dhanvanā tīvrāḥ samadro jayema
dhanuḥ śatrorapakāmaṁ kṛṇoti
dhanvanā sarvāḥ pradiśo jayema

Let wealth, even abundance, be victorious. Let wealth be sufficient as to be victorious over the severe ocean of existence. As a bow to protect us safe from the enemies of desire, let it be victorious to illuminate all.

place fruit

ॐ याः फलिनीर्याऽअफलाऽअपुष्पा याश्च पुष्पिणीः ।

बृहस्पतिप्रसूतास्ता नो मुञ्चन्त्वंहसः ॥

oṁ yāḥ phalinīryā-aphalā-apuṣpā yāśca puṣpiṇīḥ
bṛhaspatiprasūtāstā no muñcantvaṁhasaḥ

That which bears fruit, and that which bears no fruit; that without flowers and that with flowers as well. To we who exist born of the Lord of the Vast, set us FREE! ALL THIS IS GOD!

red powder

ॐ सिन्धोरिव प्राध्वने शूघनासो वातप्रमियः पतयन्ति यह्वाः । घृतस्य धारा अरुषो न वाजी काष्ठा भिन्दन्नूर्मिभिः पिन्वमानः ॥

oṁ sindhoriva prādhvane śūghanāso
vātapramiyaḥ patayanti yahvāḥ
ghṛtasya dhārā aruṣo na vājī kāṣṭhā
bhindannūrmibhiḥ pinvamānaḥ

The pious mark of red vermilion symbolizing the ocean of love placed prominently upon the head above the nose bursting forth, allows the vibrance of youth to fly. As the stream of ghee pours into the flames, those spirited steeds of the Divine Fire consume the logs of wood increasing the will and self-reliance of the worshiper.

ॐ सिन्दूरमरुणाभासं जपाकुसुमसन्निभम् ।
पूजिताऽसि मया देव प्रसीद परमेश्वर ॥
ॐ क्लीं विष्णवे नमः सिन्दूरं समर्पयामि

oṁ sindūramaruṇābhāsaṁ japākusumasannibham
pūjitā-si mayā deva prasīda parameśvara
oṁ klīṁ viṣṇave namaḥ sindūraṁ samarpayāmi

This red colored powder indicates Love, who drives the chariot of the Light of Wisdom, with which we are worshiping our Lord. Please be pleased, Oh Great Seer of All. With this offering of red colored powder oṁ klīṁ I bow to Viṣṇu.

kuṅkum

ॐ कुङ्कुमं कान्तिदं दिव्यं कामिनीकामसम्भवम् ।
कुङ्कुमेनाऽर्चिते देव प्रसीद परमेश्वर ॥
ॐ क्लीं विष्णवे नमः कुङ्कुमं समर्पयामि

oṁ kuṅkumaṁ kāntidaṁ divyaṁ
kāminī kāmasambhavam
kuṅkumenā-rcite deva prasīda parameśvara
oṁ klīṁ viṣṇave namaḥ kuṅkumaṁ samarpayāmi

You are being adorned with this divine red powder, which is made more beautiful by the love we share with you, and is so pleasing. Oh Lord, when we present this red powder be pleased, Oh Supreme Ruler of All. With this offering of red colored powder oṁ klīṁ I bow to Viṣṇu.

sandal paste

ॐ श्रीखण्डचन्दनं दिव्यं गन्धाढ्यं सुमनोहरम् ।

विलेपनं च देवेश चन्दनं प्रतिगृह्यताम् ॥

ॐ क्लीं विष्णवे नमः चन्दनं समर्पयामि

oṁ śrīkhaṇḍacandanaṁ divyaṁ
gandhāḍhyaṁ sumano haram
vilepanaṁ ca deveśa candanaṁ pratigṛhyatām
oṁ klīṁ viṣṇave namaḥ candanaṁ samarpayāmi

You are being adorned with this beautiful divine piece of sandal wood, ground to a paste which is so pleasing. Please accept this offering of sandal paste, Oh Supreme Sovereign of all the Gods. With the offering of sandal paste oṁ klīṁ I bow to Viṣṇu.

turmeric

ॐ हरिद्रारञ्जिता देव सुख-सौभाग्यदायिनि ।

तस्मात्त्वं पूजयाम्यत्र दुःखशान्तिं प्रयच्छ मे ॥

ॐ क्लीं विष्णवे नमः हरिद्रां समर्पयामि

oṁ haridrārañjitā deva
sukha saubhāgyadāyini
tasmāttvaṁ pūjayāmyatra
duḥkha śāntiṁ prayaccha me
oṁ klīṁ viṣṇave namaḥ haridrāṁ samarpayāmi

Oh Lord, you are being gratified by this turmeric, the giver of comfort and beauty. When you are worshiped like this, then you must bestow upon us the greatest peace. With the offering of turmeric oṁ klīṁ I bow to Viṣṇu.

madhuparka

दधिमधुघृतसमायुक्तं पात्रयुग्मं समन्वितम् ।
मधुपर्कं गृहाण त्वं शुभदा भव शोभने ॥
ॐ क्लीं विष्णवे नमः मधुपर्कं समर्पयामि

dadhi madhu ghṛtasamāyuktaṁ
pātrayugmaṁ samanvitam
madhuparkaṁ gṛhāṇa tvaṁ śubhadā bhava śobhane
oṁ klīṁ viṣṇave namaḥ madhuparkaṁ samarpayāmi

Yogurt, honey, ghee mixed together, and blended fine in a vessel; please accept this madhuparka shining with radiant purity. With this offering of madhuparka oṁ klīṁ I bow to Viṣṇu.

milk bath

ॐ कामधेनुसमुद्भूतं सर्वेषां जीवनं परम् ।
पावनं यज्ञहेतुश्च स्नानार्थं प्रतिगृह्यताम् ॥
ॐ क्लीं विष्णवे नमः पयस्नानं समर्पयामि

oṁ kāmadhenu samudbhūtaṁ
sarveṣāṁ jīvanaṁ param
pāvanaṁ yajña hetuśca snānārthaṁ pratigṛhyatām
oṁ klīṁ viṣṇave namaḥ paya snānaṁ samarpayāmi

Coming from the ocean of being, the Fulfiller of all Desires, Grantor of Supreme Bliss to all souls. For the motive of purifying or sanctifying this holy union, we request you to accept this bath. With this offering of milk for your bath oṁ klīṁ I bow to Viṣṇu.

yogurt bath

ॐ पयसस्तु समुद्भूतं मधुराम्लं शशिप्रभम् ।
दध्यानितं मया दत्तं स्नानार्थं प्रतिगृह्यताम् ॥
ॐ क्लीं विष्णवे नमः दधिस्नानं समर्पयामि

oṁ payasastu samudbhūtaṁ
madhurāmlaṁ śaśiprabham
dadhyānitaṁ mayā dattaṁ
snānārthaṁ pratigṛhyatām
oṁ klīṁ viṣṇave namaḥ dadhi snānaṁ samarpayāmi

Derived from milk from the ocean of being, sweet and pleasing like the glow of the moon, let these curds eternally be our ambassador, as we request you to accept this bath. With this offering of yogurt for your bath oṁ klīṁ I bow to Viṣṇu.

ghee bath

ॐ नवनीतसमुत्पन्नं सर्वसन्तोषकारकम् ।
घृतं तुभ्यं प्रदास्यामि स्नानार्थं प्रतिगृह्यताम् ॥
ॐ क्लीं विष्णवे नमः घृतस्नानं समर्पयामि

oṁ navanīta samutpannaṁ sarvasantoṣakārakam
ghṛtaṁ tubhyaṁ pradāsyāmi snānārthaṁ pratigṛhyatām
oṁ klīṁ viṣṇave namaḥ ghṛta snānaṁ samarpayāmi

Freshly prepared from the ocean of being, causing all fulfillment, we offer this delightful ghee (clarified butter) and request you to accept this bath. With this offering of ghee for your bath oṁ klīṁ I bow to Viṣṇu.

honey bath

ॐ तरुपुष्पसमुद्भूतं सुस्वादु मधुरं मधु ।
तेजोपुष्टिकरं दिव्यं स्नानार्थं प्रतिगृह्यताम् ॥
ॐ क्लीं विष्णवे नमः मधुस्नानं समर्पयामि

oṁ tarupuṣpa samudbhūtam susvādu madhuraṁ madhu
tejo puṣṭikaraṁ divyaṁ snānārtham pratigṛhyatām
oṁ klīṁ viṣṇave namaḥ madhu snānaṁ samarpayāmi

Prepared from flowers of the ocean of being, enjoyable as the sweetest of the sweet, causing the fire of divine nourishment to burn swiftly, we request you to accept this bath. With this offering of honey for your bath oṁ klīṁ I bow to Viṣṇu.

sugar bath

ॐ इक्षुसारसमुद्भूता शर्करा पुष्टिकारिका ।
मलापहारिका दिव्या स्नानार्थं प्रतिगृह्यताम् ॥
ॐ क्लीं विष्णवे नमः शर्करास्नानं समर्पयामि

oṁ ikṣusāra samudbhūtā śarkarā puṣṭikārikā
malāpahārikā divyā snānārthaṁ pratigṛhyatām
oṁ klīṁ viṣṇave namaḥ śarkarā snānaṁ samarpayāmi

From the lake of sugar-cane, from the ocean of being, which causes the nourishment of sugar to give divine protection from all impurity, we request you to accept this bath. With this offering of sugar for your bath oṁ klīṁ I bow to Viṣṇu.

five nectars bath

ॐ पयो दधि घृतं चैव मधु च शर्करायुतम् ।
पञ्चामृतं मयाऽऽनीतं स्नानार्थं प्रतिगृह्यताम् ॥
ॐ क्लीं विष्णवे नमः पञ्चामृतस्नानं समर्पयामि

oṁ payo dadhi ghṛtaṁ caiva madhu ca śarkarāyutam
pañcāmṛtaṁ mayā--nītaṁ snānārthaṁ pratigṛhyatām
oṁ klīṁ viṣṇave namaḥ pañcāmṛta snānaṁ samarpayāmi

Milk, curd, ghee and then honey and sugar mixed together; these five nectars are our ambassador, as we request you to accept this bath. With this offering of five nectars for your bath oṁ klīṁ I bow to Viṣṇu.

scented oil

ॐ नानासुगन्धिद्रव्यं च चन्दनं रजनीयुतम् ।
उद्वर्तनं मया दत्तं स्नानार्थं प्रतिगृह्यताम् ॥
ॐ क्लीं विष्णवे नमः उद्वर्तनस्नानं समर्पयामि

oṁ nānāsugandhidravyaṁ ca candanaṁ rajanīyutam
udvartanaṁ mayā dattaṁ snānārthaṁ pratigṛhyatām
oṁ klīṁ viṣṇave namaḥ udvartana snānaṁ samarpayāmi

oṁ With various beautifully smelling ingredients, as well as the scent of sandal, we offer you this scented oil, Oh Lord. With this offering of scented oil oṁ klīṁ I bow to Viṣṇu.

scent bath

गन्धद्वारां दुराधर्षां नित्यपुष्टां करीषिणीम् ।
ईश्वरीं सर्वभूतानां तामिहोपह्वये श्रियम् ॥
ॐ क्लीं विष्णवे नमः गन्धस्नानं समर्पयामि

gandhadvārāṁ durādharṣāṁ nityapuṣṭāṁ karīṣiṇīm
īśvarīṁ sarvabhūtānāṁ tāmihopahvaye śriyam
oṁ klīṁ viṣṇave namaḥ gandha snānaṁ samarpayāmi

She is the cause of the scent which is the door to religious ecstasy, unconquerable (never-failing), continually nurturing for all time. May we never tire from calling that manifestation of the Highest Respect, the Supreme Goddess of all existence. With this offering of scented bath oṁ klīṁ I bow to Viṣṇu.

water bath

ॐ गङ्गे च जमुने चैव गोदावरि सरस्वति ।
नर्मदे सिन्धु कावेरि स्नानार्थं प्रतिगृह्यताम् ॥
ॐ क्लीं विष्णवे नमः गङ्गास्नानं समर्पयामि

oṁ gaṅge ca jamune caiva godāvari sarasvati
narmade sindhu kāveri snānārthaṁ pratigṛhyatām
oṁ klīṁ viṣṇave namaḥ gaṅgā snānaṁ samarpayāmi

Please accept the waters from the Gaṅges, the Jamunā, Godāvarī, Sarasvatī, Narmadā, Sindhu and Kāverī, which have been provided for your bath. With this offering of Ganges bath waters oṁ klīṁ I bow to Viṣṇu.

cloth

ॐ शीतवातोष्णसंत्राणं लज्जायै रक्षणं परं ।
देहालंकरणं वस्त्रं अथ शान्तिं प्रयच्छ मे ॥
ॐ क्लीं विष्णवे नमः वस्त्रं समर्पयामि

oṁ śīta vātoṣṇa saṁ trāṇaṁ
lajjāyai rakṣaṇaṁ paraṁ
dehālaṅkaraṇaṁ vastraṁ
atha śāntiṁ prayaccha me
oṁ klīṁ viṣṇave namaḥ vastraṁ samarpayāmi

To take away the cold and the wind and to fully protect your modesty, we adorn your body with this cloth, and thereby find the greatest Peace. With this offering of wearing apparel oṁ klīṁ I bow to Viṣṇu.

sacred thread

ॐ यज्ञोपवीतं परमं पवित्रं प्रजापतेर्यत् सहजं पुरस्तात् ।
आयुष्यमग्रं प्रतिमुञ्च शुभ्रं यज्ञोपवीतं बलमस्तु तेजः ॥

oṁ yajñopavītaṁ paramaṁ pavitraṁ
prajāpateryat sahajaṁ purastāt
āyuṣyamagraṁ pratimuñca śubhraṁ
yajñopavītaṁ balamastu tejaḥ

Oṁ the sacred thread of the highest purity is given by Prajāpati, the Lord of Creation, for the greatest facility. You bring life and illuminate the greatness of liberation. Oh sacred thread, let your strength be of radiant light.

शमो दमस्तपः शौचं क्षान्तिरार्जवमेव च ।
ज्ञानं विज्ञानमास्तिक्यं ब्रह्मकर्म स्वभावजम् ॥

śamo damastapaḥ śaucaṁ kṣāntirārjavameva ca
jñānaṁ vijñānamāstikyaṁ brahmakarma svabhāvajam

Peacefulness, self-control, austerity, purity of mind and body, patience and forgiveness, sincerity and honesty, wisdom, knowledge, and self-realization, are the natural activities of a Brahmaṇa.

नवभिस्तन्तुभिर्युक्तं त्रिगुणं देवतामयं ।
उपवीतं मया दत्तं गृहाण त्वं सुरेश्वर ॥
ॐ क्लीं विष्णवे नमः यज्ञोपवीतं समर्पयामि

navamiṣṭantubhiryuktaṁ triguṇaṁ devatā mayaṁ
upavītaṁ mayā dattaṁ gṛhāṇa tvaṁ sureśvara
oṁ klīṁ viṣṇave namaḥ yajñopavītaṁ samarpayāmi

With nine desirable threads all united together, exemplifying the three guṇas (or three qualities of harmony of our deity), this sacred thread will be our ambassador.

Oh Ruler of the Gods, please accept. With this offering of a sacred thread oṁ klīṁ I bow to Viṣṇu.

rudrākṣa

त्र्यम्बकं यजामहे सुगन्धिं पुष्टिवर्द्धनम् ।
उर्व्वारुकमिव बन्धनान्मृत्योर्म्मुक्षीयमामृतात् ॥
ॐ क्लीं विष्णवे नमः रुद्राक्षं समर्पयामि

tryambakaṁ yajāmahe
sugandhiṁ puṣṭivarddhanam
urvvārukamiva bandhanānmṛtyormmukṣīyamāmṛtāt
oṁ klīṁ viṣṇave namaḥ rudrākṣaṁ samarpayāmi

We adore the Father of the three worlds, of excellent fame, Grantor of Increase. As a cucumber is released from its bondage to the stem, so may we be freed from Death to dwell in immortality. With this offering of rudrākṣa oṁ klīṁ I bow to Viṣṇu.

mālā

ॐ मां माले महामाये सर्वशक्तिस्वरूपिणि ।
चतुर्वर्गस्त्वयि न्यस्तस्तस्मान्मे सिद्धिदा भव ॥
ॐ क्लीं विष्णवे नमः मालां समर्पयामि

oṁ māṁ māle mahāmāye sarvaśaktisvarūpiṇi
caturvargastvayi nyastastasmānme siddhidā bhava
oṁ klīṁ viṣṇave namaḥ mālāṁ samarpayāmi

Oṁ my rosary, the Great Limitation of Consciousness, containing all energy within as your intrinsic nature, fulfilling the four desires of men, give us the attainment of your perfection. With this offering of a mālā oṁ klīṁ I bow to Viṣṇu.

bracelets

ॐ माणिक्यमुक्ताखण्डयुक्ते सुवर्णकारेण च संस्कृते ये ।

ते किङ्किणीभिः स्वरिते सुवर्णे मयाऽर्पिते देव गृहाण

कङ्कणे ॥ ॐ क्लीं विष्णवे नमः कङ्कणे समर्पयामि

oṁ māṇikya muktā khaṇḍayukte
suvarṇakāreṇa ca saṁskṛte ye
te kiṅkiṇībhiḥ svarite suvarṇe
mayā-rpite deva gṛhāṇa kaṅkaṇe
oṁ klīṁ viṣṇave namaḥ kaṅkaṇe samarpayāmi

oṁ United with gems and pearls, excellent gold and the alphabets of Saṁskṛta, this bracelet is yours and radiance I am offering. Oh God, accept this bracelet. With the offering of a bracelet oṁ klīṁ I bow to Viṣṇu.

conch ornaments

ॐ शङ्खञ्च विविधं चित्रं बाहूनाञ्च विभूषणम् ।

मया निवेदितं भक्त्या गृहाण परमेश्वर ॥

ॐ क्लीं विष्णवे नमः शङ्खालङ्कारं समर्पयामि

oṁ śaṅkhañca vividhaṁ citraṁ
bāhūnāñca vibhūṣaṇam
mayā niveditaṁ bhaktyā gṛhāṇa parameśvara
oṁ klīṁ viṣṇave namaḥ śaṅkhālaṅkāraṁ samarpayāmi

I am offering you with devotion ornaments worn upon the arms made of various qualities of conch shell. Please accept, oh Supreme Divinity. With the offering of ornaments made of conch shell oṁ klīṁ I bow to Viṣṇu.

ornaments

ॐ दिव्यरत्नसमायुक्ता वह्निभानुसमप्रभाः ।

गात्राणि शोभयिष्यन्ति अलङ्काराः सुरेश्वर ॥

ॐ क्लीं विष्णवे नमः अलङ्कारान् समर्पयामि

oṁ divyaratnasamāyuktā vahnibhānusamaprabhāḥ
gātrāṇi śobhayiṣyanti alaṅkārāḥ sureśvara
oṁ klīṁ viṣṇave namaḥ alaṅkārān samarpayāmi

oṁ United with divine jewels which are radiant like fire, and stones which are shining, please accept these ornaments, oh Supreme among the Gods. With the offering of ornaments oṁ klīṁ I bow to Viṣṇu.

rice

अक्षतान् निर्मलान् शुद्धान् मुक्ताफलसमन्वितान् ।
गृहाणेमान् महादेव देहि मे निर्मलां धियम् ॥
ॐ क्लीं विष्णवे नमः अक्षतान् समर्पयामि

akṣatān nirmalān śuddhān muktāphalasamanvitān
gṛhāṇemān mahādeva dehi me nirmalāṁ dhiyam
oṁ klīṁ viṣṇave namaḥ akṣatān samarpayāmi

Oh Great Lord, please accept these grains of rice, spotlessly clean, bestowing the fruit of liberation, and give us a spotlessly clean mind.With the offering of grains of rice oṁ klīṁ I bow to Viṣṇu.

flower garland

शङ्ख-पद्मजपुष्पादि शतपत्रैर्विचित्रताम् ।
पुष्पमालां प्रयच्छामि गृहाण त्वं सुरेश्वर ॥
ॐ क्लीं विष्णवे नमः पुष्पमालां समर्पयामि

śaṅkha-padma japuṣpādi śatapatrairvicitratām
puṣpamālāṁ prayacchāmi gṛhāṇa tvaṁ sureśvara
oṁ klīṁ viṣṇave namaḥ puṣpamālāṁ samarpayāmi

We offer you this garland of flowers with spiraling lotuses, other flowers and leaves. Be pleased to accept it, Oh Ruler of All Gods. With the offering of a garland of flowers oṁ klīṁ I bow to Viṣṇu.

food offering

ॐ सत्पात्रं शुद्धसुहविर्व्विविधानेकभक्षणम् ।
निवेदयामि देवेश सर्वतृप्तिकरं परम् ॥

oṁ satpātraṁ śuddhasuhavirv vividhānekabhakṣaṇam
nivedayāmi deveśa sarvatṛptikaraṁ param

This ever-present platter containing varieties of the purest offerings of food we are presenting to the Lord of Gods to cause all satisfaction most excellent and transcendental.

ॐ अन्नपूर्णे सदा पूर्णे शङ्करप्राणवल्लभे ।
ज्ञानवैराग्यसिद्ध्यर्थं भिक्षां देहि नमोऽस्तु ते ॥

oṁ annapūrṇe sadā pūrṇe śaṅkara prāṇavallabhe
jñānavairāgyasiddhyarthaṁ bhikṣāṁ dehi namo-stu te
oṁ Goddess who is full, complete and perfect with food and grains, always full, complete and perfect, the strength of the life force of Śiva, the Cause of Peace. For the attainment of perfection in wisdom and renunciation, please give us offerings. We bow down to you.

माता च पार्वती देवी पिता देवो महेश्वरः ।
बान्धवाः शिवभक्ताश्च स्वदेशो भुवनत्रयम् ॥

mātā ca pārvatī devī pitā devo maheśvaraḥ
bāndhavāḥ śivabhaktāśca svadeśo bhuvanatrayam
Our Mother is the Goddess, Pārvatī, and our Father is the Supreme Lord, Maheśvara. The Consciousness of Infinite Goodness, Śiva, Lord of the three worlds, is being extolled by his devotees.

ॐ क्लीं विष्णवे नमः भोगनैवेद्यम् समर्पयामि

oṁ klīṁ viṣṇave namaḥ bhog-naivedyam samarpayāmi
With this presentation of food oṁ klīṁ I bow to Viṣṇu.

drinking water

ॐ समस्तदेवदेवेश सर्वतृप्तिकरं परम् ।
अखण्डानन्दसम्पूर्णं गृहाण जलमुत्तमम् ॥
ॐ क्लीं विष्णवे नमः पानार्थं जलम् समर्पयामि

oṁ samasta devadeveśa sarvatṛptikaraṁ param
akhaṇḍānanda sampūrṇaṁ gṛhāṇa jalamuttamam
oṁ klīṁ viṣṇave namaḥ pānārthaṁ jalam samarpayāmi
Lord of All the Gods and the fullness of Infinite Bliss, please accept this excellent drinking water. With this offering of drinking water oṁ klīṁ I bow to Viṣṇu.

betel-nuts

पूगीफलं महद्दिव्यं नागवल्ली दलैर्युतम् ।
एलादिचूर्णसंयुक्तं ताम्बूलं प्रतिगृह्यताम् ॥
ॐ क्लीं विष्णवे नमः ताम्बूलं समर्पयामि

pūgīphalaṁ mahaddivyaṁ nāgavallī dalairyutam
elādicūrṇasaṁyuktaṁ tāmbūlaṁ pratigṛhyatām
oṁ klīṁ viṣṇave namaḥ tāmbūlaṁ samarpayāmi

These betel-nuts, which are great and divine, come from vines that creep like a snake. United with cardamom ground to a powder, please accept this offering of mouth freshening betel nuts. With this offering of mouth freshening betel-nuts oṁ klīṁ I bow to Viṣṇu.

dakṣiṇā

ॐ पूजाफलसमृद्ध्यर्थं तवाग्रे स्वर्णमीश्वरि ।
स्थापितं तेन मे प्रीता पूर्णान् कुरु मनोरथान् ॥

oṁ pūjāphalasmṛddhyarthaṁ tavāgre svarṇamīśvari
sthāpitaṁ tena me prītā pūrṇān kuru manorathān

oṁ For the purpose of increasing the fruits of worship, Oh Supreme Goddess of all Wealth, we establish this offering of that which is dear to me. Bring to perfection the journey of my mind.

हिरण्यगर्भगर्भस्थं हेमबीजं विभावसोः ।
अनन्तपुण्यफलदमतः शान्तिं प्रयच्छ मे ॥

hiraṅyagarbhagarbhasthaṁ hemabījaṁ vibhāvasoḥ
anantapuṇyaphaladamataḥ śāntiṁ prayaccha me

Oh Golden Womb, in whom all wombs are situated, shining brightly with the golden seed. Give infinite merits as fruits, we are wanting for Peace.

ॐ क्लीं विष्णवे नमः दक्षिणां समर्पयामि

oṁ klīṁ viṣṇave namaḥ dakṣiṇāṁ samarpayāmi

With this offering of wealth oṁ klīṁ I bow to Viṣṇu.

umbrella

छत्रं देव जगद्धातर ! घर्मवातप्रणाशनम् ।
गृहाण हे महामाये ! सौभाग्यं सर्वदा कुरु ॥
ॐ क्लीं विष्णवे नमः छत्रं समर्पयामि

chatraṁ deva jagaddhātar ! gharma vāta praṇāśanam
gṛhāṇa he mahāmāye ! saubhāgyaṁ sarvadā kuru
oṁ klīṁ viṣṇave namaḥ chatraṁ samarpayāmi

Oh God, Creator of the Universe! This umbrella will protect you from heat and wind. Please accept it, oh Great Māyā, and remain always beautiful. With this offering of an umbrella oṁ klīṁ I bow to Viṣṇu.

fly whisk

चामरं हे महादेव ! चमरीपुच्छनिर्मितम् ।
गृहीत्वा पापराशीनां खण्डनं सर्वदा कुरु ॥
ॐ क्लीं विष्णवे नमः चामरं समर्पयामि

cāmaraṁ he mahādeva ! camarīpucchanirmitam
gṛhītvā pāparāśīnāṁ khaṇḍanaṁ sarvadā kuru
oṁ klīṁ viṣṇave namaḥ cāmaraṁ samarpayāmi

Oh Great God, this fly whisk is made of yak's tail. Please accept it, and always whisk away all sin. With this offering of a fly whisk oṁ klīṁ I bow to Viṣṇu.

fan

बर्हिर्बर्हकृताकारं मध्यदण्डसमन्वितम् ।
गृह्यतां व्यजनं देव देहस्वेदापनुत्तये ॥
ॐ क्लीं विष्णवे नमः तालवृन्तं समर्पयामि

barhirbarhakṛtākāraṁ madhyadaṇḍa samanvitam
gṛhyatāṁ vyajanaṁ deva dehasvedāpanuttaye
oṁ klīṁ viṣṇave namaḥ tālavṛntaṁ samarpayāmi

It moves back and forth with equanimity and has a stick in the middle. Please accept this fan, oh God, to keep the perspiration from your body. With this offering of a fan oṁ klīṁ I bow to Viṣṇu.

mirror

दर्पणं विमलं रम्यं शुद्धबिम्बप्रदायकम् ।
आत्मबिम्बप्रदर्शनार्थर्पयामि महेश्वर ! ॥
ॐ क्लीं विष्णवे नमः दर्पणं समर्पयामि

darpaṇaṁ vimalaṁ ramyaṁ śuddhabimbapradāyakam
ātmabimbapradarśanārtharpayāmi maheśvara !
oṁ klīṁ viṣṇave namaḥ darpaṇaṁ samarpayāmi

This beautiful mirror will give a pure reflection. In order to reflect my soul, I am offering it to you, oh Great Seer of all. With this offering of a mirror oṁ klīṁ I bow to Viṣṇu.

ārātrikam

ॐ चन्द्रादित्यौ च धरणी विद्युदग्निस्तथैव च ।
त्वमेव सर्वज्योतीषिं आरात्रिकं प्रतिगृह्यताम् ॥
ॐ क्लीं विष्णवे नमः आरात्रिकं समर्पयामि

oṁ candrādityau ca dharaṇī vidyudagnistathaiva ca
tvameva sarvajyotīṣiṁ ārātrikaṁ pratigṛhyatām
oṁ klīṁ viṣṇave namaḥ ārātrikaṁ samarpayāmi

All knowing as the Moon, the Sun and the Divine Fire, you alone are all light, and this light we request you to accept. With the offering of light oṁ klīṁ I bow to Viṣṇu.

flower

मल्लिकादि सुगन्धीनि मालित्यादीनि वै प्रभो ।
मयाऽहृतानि पूजार्थं पुष्पाणि प्रतिगृह्यताम् ॥
ॐ क्लीं विष्णवे नमः पुष्पम् समर्पयामि

mallikādi sugandhīni mālityādīni vai prabho
mayā-hṛtāni pūjārthaṁ puṣpāṇi pratigṛhyatām
oṁ klīṁ viṣṇave namaḥ puṣpam samarpayāmi

Various flowers such as mallikā and others of excellent scent, are being offered to you, our Lord. All these flowers have come from the devotion of our hearts for your worship. Be pleased to accept them. With the offering of flowers oṁ klīṁ I bow to Viṣṇu.

sthirī karaṇa
establishment of stillness

ॐ सर्वतीर्थमयं वारि सर्वदेवसमन्वितम् ।
इमं घटं समागच्छ तिष्ठ देवगणैः सह ॥

oṁ sarvatīrthamayaṁ vāri sarvadevasamanvitam
imaṁ ghaṭaṁ samāgaccha tiṣṭha devagaṇaiḥ saha

All the places of pilgrimage as well as all of the Gods, all are placed within this container. Oh Multitude of Gods, be established within!

lelihānā mudrā
(literally, sticking out or pointing)

स्थां स्थीं स्थिरो भव विड्वङ्ग आशुर्भव वाज्यर्व्वन् ।
पृथुर्भव शुषदस्त्वमग्नेः पुरीषवाहनः ॥

sthāṁ sthīṁ sthiro bhava
viḍvaṅga āśurbhava vājyarvvan
pṛthurbhava śuṣadastvamagneḥ purīṣavāhanaḥ

Be Still in the Gross Body! Be Still in the Subtle Body! Be Still in the Causal Body! Quickly taking in this energy and shining forth as the Holder of Wealth, oh Divine Fire, becoming abundant, destroy the current of rubbish from the face of this earth.

prāṇa pratiṣṭhā
establishment of life

ॐ अं आं ह्रीं क्रों यं रं लं वं शं षं सं हों हं सः

oṁ aṁ āṁ hrīṁ kroṁ yaṁ raṁ laṁ vaṁ śaṁ ṣaṁ saṁ hoṁ haṁ saḥ
oṁ The Infinite Beyond Conception, Creation (the first letter), Consciousness, Māyā, the cause of the movement of the subtle body to perfection and beyond; the path of fulfillment: control, subtle illumination, one with the earth, emancipation, the soul of peace, the soul of delight, the soul of unity (all this is I), perfection, Infinite Consciousness, this is I.

ॐ क्लीं विष्णवे नमः प्राणा इह प्राणाः

oṁ klīṁ viṣṇave namaḥ prāṇā iha prāṇāḥ
oṁ klīṁ I bow to Viṣṇu. You are the life of this life!

ॐ अं आं ह्रीं क्रों यं रं लं वं शं षं सं हों हं सः

oṁ aṁ āṁ hrīṁ kroṁ yaṁ raṁ laṁ vaṁ śaṁ ṣaṁ saṁ hoṁ haṁ saḥ
oṁ The Infinite Beyond Conception, Creation (the first letter), Consciousness, Māyā, the cause of the movement of the subtle body to perfection and beyond; the path of fulfillment: control, subtle illumination, one with the earth, emancipation, the soul of peace, the soul of delight, the soul of unity (all this is I), perfection, Infinite Consciousness, this is I.

ॐ क्लीं विष्णवे नमः जीव इह स्थितः

oṁ klīṁ viṣṇave namaḥ jīva iha sthitaḥ
oṁ klīṁ I bow to Viṣṇu. You are situated in this life (or individual consciousness).

ॐ अं आं ह्रीं क्रों यं रं लं वं शं षं सं हों हं सः

oṁ aṁ āṁ hrīṁ kroṁ yaṁ raṁ laṁ vaṁ śaṁ ṣaṁ saṁ hoṁ haṁ saḥ
oṁ The Infinite Beyond Conception, Creation (the first letter), Consciousness, Māyā, the cause of the movement of the subtle body to perfection and beyond; the path of fulfillment: control, subtle

illumination, one with the earth, emancipation, the soul of peace, the soul of delight, the soul of unity (all this is I), perfection, Infinite Consciousness, this is I.

ॐ क्लीं विष्णवे नमः सर्वेन्द्रियाणि

oṁ klīṁ viṣṇave namaḥ sarvendriyāṇi
oṁ klīṁ I bow to Viṣṇu. You are all these organs (of action and knowledge).

ॐ अं आं ह्रीं क्रों यं रं लं वं शं षं सं हों हं सः

oṁ aṁ āṁ hrīṁ kroṁ yaṁ raṁ laṁ vaṁ śaṁ ṣaṁ saṁ hoṁ haṁ saḥ
oṁ The Infinite Beyond Conception, Creation (the first letter), Consciousness, Māyā, the cause of the movement of the subtle body to perfection and beyond; the path of fulfillment: control, subtle illumination, one with the earth, emancipation, the soul of peace, the soul of delight, the soul of unity (all this is I), perfection, Infinite Consciousness, this is I.

ॐ क्लीं विष्णवे नमः वाग् मनस्त्वक्चक्षुः-श्रोत्र-घ्राण-प्राणा इहागत्य सुखं चिरं तिष्ठन्तु स्वाहा

oṁ klīṁ viṣṇave namaḥ vāg manastvakcakṣuḥ śrotra ghrāṇa prāṇā ihāgatya sukhaṁ ciraṁ tiṣṭhantu svāhā
oṁ klīṁ I bow to Viṣṇu. You are all these vibrations, mind, sound, eyes, ears, tongue, nose and life force. Bring forth infinite peace and establish it forever, I am One with God!

kara nyāsa

establishment in the hands

ॐ क्लां अंगुष्ठाभ्यां नमः

oṁ klāṁ aṅguṣṭhābhyāṁ namaḥ thumb forefinger
Oṁ klāṁ in the thumb I bow.

ॐ क्लीं तर्जनीभ्यां स्वाहा

oṁ klīṁ tarjanībhyāṁ svāhā thumb forefinger
Oṁ klīṁ in the forefinger, I am One with God!

ॐ क्लूं मध्यमाभ्यां वषट्

oṁ klūṁ madhyamābhyāṁ vaṣaṭ thumb middlefinger
Oṁ klūṁ in the middle finger, Purify!

ॐ क्लैं अनामिकाभ्यां हुं

oṁ klaiṁ anāmikābhyāṁ huṁ thumb ring finger
Oṁ klaiṁ in the ring finger, Cut the Ego!

ॐ क्लौं कनिष्ठिकाभ्यां वौषट्

oṁ klauṁ kaniṣṭhikābhyāṁ vauṣaṭ thumb little finger
Oṁ klauṁ in the little finger, Ultimate Purity!

Roll hand over hand forwards while reciting karatal kar, and backwards while chanting pṛṣṭhābhyāṁ, then clap hands when chanting astrāya phaṭ.

ॐ क्लः करतल कर पृष्ठाभ्यां अस्त्राय फट् ॥

oṁ klaḥ karatal kar pṛṣṭhābhyāṁ astrāya phaṭ
Oṁ klaḥ I bow to Viṣṇu, with the weapon of Virtue.

ॐ क्लीं विष्णवे नमः

oṁ klīṁ viṣṇave namaḥ
Oṁ klīṁ I bow to Viṣṇu

aṅga nyāsa

establishment in the body

Holding tattva mudrā, touch heart.

ॐ क्लां हृदयाय नमः

oṁ klāṁ hṛdayāya namaḥ touch heart
Oṁ klāṁ in the heart, I bow.

Holding tattva mudrā, touch top of head.

ॐ क्लीं शिरसे स्वाहा

oṁ klīṁ śirase svāhā top of head
Oṁ klīṁ on the top of the head, I am One with God!

With thumb extended, touch back of head.

ॐ क्लूं शिखायै वषट्

oṁ klūṁ śikhāyai vaṣaṭ back of head

Oṁ klūṁ on the back of the head, Purify!

Holding tattva mudrā, cross both arms.

ॐ क्लैं कवचाय हुं

oṁ klaiṁ kavacāya huṁ cross both arms

Oṁ klaiṁ crossing both arms, Cut the Ego!

Holding tattva mudrā, touch two eyes and in between at once with three middle fingers.

ॐ क्लौं नेत्रत्रयाय वौषट्

oṁ klauṁ netratrayāya vauṣaṭ touch three eyes

Oṁ klauṁ in the three eyes, Ultimate Purity!

Roll hand over hand forwards while reciting karatal kar,
and backwards while chanting pṛṣṭhābhyāṁ,
then clap hands when chanting astrāya phaṭ.

ॐ क्लः करतल कर पृष्ठाभ्यां अस्त्राय फट् ॥

oṁ klaḥ karatal kar pṛṣṭhābhyāṁ astrāya phaṭ

oṁ klaḥ I bow to Viṣṇu, with the weapon of Virtue.

ॐ क्लीं विष्णवे नमः

oṁ klīṁ viṣṇave namaḥ

Oṁ klīṁ I bow to Viṣṇu

japa

prāṇa pratiṣṭhā sūkta
hymn of the establishment of life

ॐ अस्यै प्राणाः प्रतिष्ठन्तु अस्यै प्राणाः क्षरन्तु च ।
अस्यै देवत्वमर्चायै मामहेति कश्चन ॥

oṁ asyai prāṇāḥ pratiṣṭhantu
asyai prāṇāḥ kṣarantu ca
asyai devatvamārcāyai māmaheti kaścana
Thus has the life force been established in you, and thus the life force has flowed into you. Thus to you, God, offering is made, and in this way make us shine.

कलाकला हि देवानां दानवानां कलाकलाः ।
संगृह्य निर्मितो यस्मात् कलशस्तेन कथ्यते ॥

kalākalā hi devānāṁ dānavānāṁ kalākalāḥ
saṁgṛhya nirmito yasmāt kalaśastena kathyate
All the Gods are Fragments of the Cosmic Whole. Also all the asuras are Fragments of the Cosmic Whole. Thus we make a house to contain all these energies.

कलशस्य मुखे विष्णुः कण्ठे रुद्रः समाश्रितः ।
मूले त्वस्य स्थितो ब्रह्मा मध्ये मातृगणाः स्मृताः ॥

kalaśasya mukhe viṣṇuḥ kaṇṭhe rudraḥ samāśritaḥ
mūle tvasya sthito brahmā madhye mātṛgaṇāḥ smṛtāḥ
In the mouth of the pot is Viṣṇu, in the neck resides Rudra. At the base is situated Brahmā, and in the middle we remember the multitude of Mothers.

कुक्षौ तु सागराः सप्त सप्तद्वीपा च मेदिनी ।
अर्जुनी गोमती चैव चन्द्रभागा सरस्वती ॥

kukṣau tu sāgarāḥ sapta saptadvīpā ca medinī
arjunī gomatī caiva candrabhāgā sarasvatī
In the belly are the seven seas and the seven islands of the earth. The rivers Arjunī, Gomatī, Candrabhāgā, Sarasvatī;

काવेरी कृष्णवेणा च गङ्गा चैव महानदी ।
ताप्ती गोदावरी चैव माहेन्द्री नर्मदा तथा ॥

kāverī kṛṣṇaveṇā ca gaṅgā caiva mahānadī
tāptī godāvarī caiva māhendrī narmadā tathā

Kāverī, Kṛṣṇaveṇā and the Gaṅges and other great rivers; the Tāptī, Godāvarī, Māhendrī and Narmadā.

नदाश्च विविधा जाता नद्यः सर्वास्तथापराः ।
पृथिव्यां यानि तीर्थानि कलशस्थानि तानि वै ॥

nadāśca vividhā jātā nadyaḥ sarvāstathāparāḥ
pṛthivyāṁ yāni tīrthāni kalaśasthāni tāni vai

The various rivers and the greatest of beings born, and all the respected places of pilgrimage upon the earth, are established within this pot.

सर्वे समुद्राः सरितस्तीर्थानि जलदा नदाः ।
आयान्तु मम शान्त्यर्थं दुरितक्षयकारकाः ॥

sarve samudrāḥ saritastīrthāni jaladā nadāḥ
āyāntu mama śāntyarthaṁ duritakṣayakārakāḥ

All of the seas, rivers, and waters from all the respected places of pilgrimage have been brought for the peace of that which is bad or wicked.

ऋग्वेदोऽथ यजुर्वेदः सामवेदो ह्यथर्वणः ।
अङ्गैश्च सहिताः सर्वे कलशं तु समाश्रिताः ॥

ṛgvedo-tha yajurvedaḥ sāmavedo hyatharvaṇaḥ
aṅgaiśca sahitāḥ sarve kalaśaṁ tu samāśritāḥ

The Ṛg Veda, the Yajur Veda, Sāma Veda and the Atharva Veda, along with all of their limbs, are assembled together in this pot.

अत्र गायत्री सावित्री शान्तिः पुष्टिकरी तथा ।
आयान्तु मम शान्त्यर्थं दुरितक्षयकारकाः ॥

atra gāyatrī sāvitrī śāntiḥ puṣṭikarī tathā
āyāntu mama śāntyarthaṁ duritakṣayakārakāḥ

Here Gāyatrī, Sāvitrī, Peace and Increase have been brought for the peace of that which is bad or wicked.

देवदानवसंवादे मथ्यमाने महोदधौ ।
उत्पन्नोऽसि तदा कुम्भ विधृतो विष्णुना स्वयम् ॥

deva dānava saṁvāde mathyamāne mahodadhau
utpanno-si tadā kumbha vidhṛto viṣṇunā svayam

The Gods and asuras speaking together are the great givers of churning to the mind. Rise to the top of this pot to separate them from what is actually Viṣṇu, Himself.

त्वत्तोये सर्वतीर्थानि देवाः सर्वे त्वयि स्थिताः ।
त्वयि तिष्ठन्ति भूतानि त्वयि प्राणाः प्रतिष्ठिताः ॥

tvattoye sarvatīrthāni devāḥ sarve tvayi sthitāḥ
tvayi tiṣṭhanti bhūtāni tvayi prāṇāḥ pratiṣṭhitāḥ

Within you are all the pilgrimage places. All the Gods are situated within you. All existence is established within you. All life is established within you.

शिवः स्वयं त्वमेवासि विष्णुस्त्वं च प्रजापतिः ।
आदित्या वसवो रुद्रा विश्वेदेवाः सपैतृकाः ॥

śivaḥ svayaṁ tvamevāsi viṣṇustvaṁ ca prajāpatiḥ
ādityā vasavo rudrā viśvedevāḥ sapaitṛkāḥ

You alone are Śiva; you are Brahmā and Viṣṇu, the sons of Aditi, Finders of the Wealth, Rudra, the Universal Deities and the ancestors.

त्वयि तिष्ठन्ति सर्वेऽपि यतः कामफलप्रदाः ।
त्वत्प्रसादादिमं यज्ञं कर्तुमीहे जलोद्भव ।
सान्निध्यं कुरु मे देव प्रसन्नो भव सर्वदा ॥

tvayi tiṣṭhanti sarve-pi yataḥ kāmaphalapradāḥ
tvatprasādādimaṁ yajñaṁ kartumīhe jalodbhava
sānnidhyaṁ kuru me deva prasanno bhava sarvadā

All and everything has been established in you, from whence you grant the fruits of desires. From you comes the blessed fruit of the sacrifice performed with excellence. May those riches increase. Manifest your presence within us, Lord. Always be pleased.

नमो नमस्ते स्फटिकप्रभाय सुश्वेतहाराय सुमङ्गलाय ।
सुपाशहस्ताय झषासनाय जलाधिनाथाय नमो नमस्ते ॥

namo namaste sphaṭikaprabhāya
suśvetahārāya sumaṅgalāya
supāśahastāya jhaṣāsanāya
jalādhināthāya namo namaste

We bow, we bow to He who shines like crystal, to He who emits excellent clarity and excellent welfare. With the net of unity in his hand, who takes the form of a fish, to the Lord of all waters and that which dwells within, we bow, we bow!

पाशपाणे नमस्तुभ्यं पद्मिनीजीवनायक ।
पुण्याहवाचनं यावत् तावत्त्वं सन्निधौ भव ॥

pāśapāṇe namastubhyaṁ padminījīvanāyaka
puṇyāhavācanaṁ yāvat tāvattvaṁ sannidhau bhava

We bow to He with the net of unity in his hand, Seer of the Life of the Lotus One. With this meritorious invocation, please make your presence manifest.

viśeṣārghya

establishment of the conch shell offering

Draw the yantra on the plate or space for worship with sandal paste and/or water. Offer rice on the yantra for each of the four mantras.

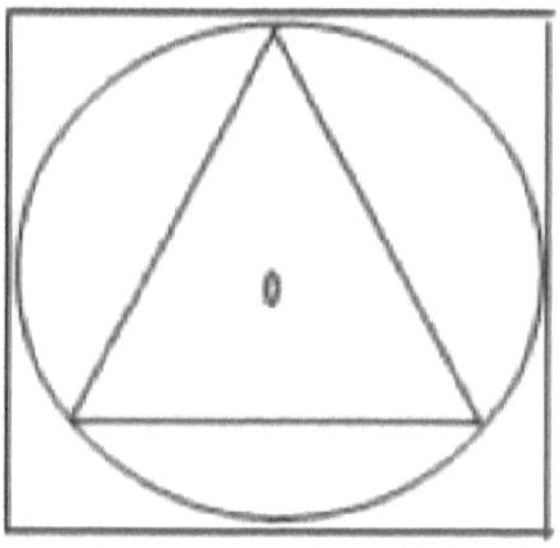

ॐ आधारशक्तये नमः

oṁ ādhāraśaktaye namaḥ

oṁ we bow to the Primal Energy

ॐ कूर्म्माय नमः

oṁ kūrmmāya namaḥ

oṁ we bow to the Support of the Earth

ॐ अनन्ताय नमः

oṁ anantāya namaḥ

oṁ we bow to Infinity

ॐ पृथिव्यै नमः

oṁ pṛthivyai namaḥ

oṁ we bow to the Earth

Place a conch shell on the bindu in the center of the yantra when saying Phaṭ.

स्थां स्थीं स्थिरो भव फट्

sthāṁ sthīṁ sthiro bhava phaṭ

Be Still in the Gross Body! Be Still in the Subtle Body! Be Still in the Causal Body! Purify!

Fill conch shell with water while chanting the mantra.

ॐ गङ्गे च जमुने चैव गोदावरि सरस्वति ।
नर्मदे सिन्धु कावेरि जलेऽस्मिन् सन्निधिं कुरु ॥

**oṁ gaṅge ca jamune caiva godāvari sarasvati
narmade sindhu kāveri jale-asmin sannidhiṁ kuru**

oṁ the Ganges, Jamunā, Godāvarī, Sarasvatī, Narmadā, Sindhu, Kāverī, these waters are mingled together.

Offer Tulasī leaves into water

ॐ ऐं ह्रीं क्लीं श्रीं वृन्दावनवासिन्यै स्वाहा

oṁ aiṁ hrīṁ klīṁ śrīṁ vṛndāvanavāsinyai svāhā

oṁ Wisdom, Māyā, Increase, to She who resides in Vṛndāvana, I am One with God!

Offer 3 flowers into the water pot with the mantras

एते गन्धपुष्पे ॐ अं अर्कमण्डलाय द्वादशकलात्मने नमः

ete gandhapuṣpe oṁ aṁ arkamaṇḍalāya dvādaśakalātmane namaḥ

With these scented flowers oṁ "A" we bow to the twelve aspects of the realm of the sun. Tapinī, Tāpinī, Dhūmrā, Marīci, Jvālinī, Ruci, Sudhūmrā, Bhoga-dā, Viśvā, Bodhinī, Dhārinī, Kṣamā; Containing heat, Emanating heat, Smoky, Ray-producing, Burning, Lustrous, Purple or Smoky-red, Granting enjoyment, Universal, Which makes known, Productive of Consciousness, Which supports, Which forgives.

एते गन्धपुष्पे ॐ उं सोममण्डलाय षोडशकलात्मने नमः

ete gandhapuṣpe oṁ uṁ somamaṇḍalāya ṣoḍaśakalātmane namaḥ

With these scented flowers oṁ "U" we bow to the sixteen aspects of the realm of the moon. Amṛtā, Prāṇadā, Puṣā, Tuṣṭi, Puṣṭi, Rati, Dhṛti, Śaśinī, Caṇḍrikā, Kānti, Jyotsnā, Śrī, Prīti, Aṅgadā, Pūrṇā, Pūrṇāmṛta; Nectar, Which sustains life, Which supports, Satisfying, Nourishing, Playful, Constancy, Unfailing, Producer of Joy, Beauty enhanced by love, Light, Grantor of Prosperity, Affectionate, Purifying the body, Complete, Full of Bliss.

एते गन्धपुष्पे ॐ मं वह्निमण्डलाय दशकलात्मने नमः

ete gandhapuṣpe oṁ maṁ vahnimaṇḍalāya daśakalātmane namaḥ

With these scented flowers oṁ "M" we bow to the ten aspects of the realm of fire: Dhūmrā, Arciḥ, Jvalinī, Śūkṣmā, Jvālinī, Visphūliṅginī, Suśrī, Surūpā, Kapilā, Havya-Kavya-Vahā; Smoky Red, Flaming, Shining, Subtle, Burning, Sparkling, Beautiful, Well-formed, Tawny, The Messenger to Gods and Ancestors.

एते गन्धपुष्पे हुं

ete gandhapuṣpe huṁ

With these scented flowers huṁ

Wave hands in matsyā, dhenu and aṅkuśa mudrās while chanting this mantra.

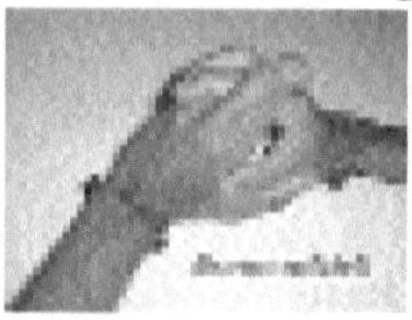

ॐ गङ्गे च जमुने चैव गोदावरि सरस्वति ।
नर्मदे सिन्धु कावेरि जलेऽस्मिन् सन्निधिं कुरु ॥

oṁ gaṅge ca jamune caiva godāvari sarasvati
narmade sindhu kāveri jale-asmin sannidhiṁ kuru

oṁ the Ganges, Jamunā, Godāvarī, Sarasvatī, Narmadā, Sindhu, Kāverī, these waters are mingled together.

ॐ क्लीं विष्णवे नमः

oṁ klīṁ viṣṇave namaḥ

oṁ klīṁ I bow to Viṣṇu.

Sprinkle water over all articles to be offered, then throw some drops of water over your shoulders while repeating the mantra.

अमृतम् कुरु स्वाहा

amṛtam kuru svāhā

Make this immortal nectar! I am One with God!

॥ श्रीविष्णोरष्टनामस्तोत्रम् ॥

॥ śrīviṣṇoraṣṭanāmastotram ॥

The Song of Eight Names of the Respected Vishnu, Who Pervades the Universe

श्री गणेशाय नमः

śrī gaṇeśāya namaḥ ।

We bow to the Respected Ganesh, Lord of the Multitudes

अच्युतं केशवं विष्णुं हरिं सत्यं जनार्दनम् ।
हंसं नारायणं चैवमेतन्नामाष्टकं पठेत् ॥ १ ॥

acyutaṁ keśavaṁ viṣṇuṁ hariṁ satyaṁ janārdanam ।
haṁsaṁ nārāyaṇaṁ caivametannāmāṣṭakaṁ paṭhet ॥

1. Who is Imperishable
2. Who has beautiful hair (Who is creates, protects, and transforms)
3. Who Pervades the Universe
4. Who Resides in the Gross Body, the Subtle Body, and the Causal Body
5. Who is Truth
6. Who is the Lord of all Beings Born
7. Who is a Swan (Discrimination)

and even

8. Who is the Consciousness of Humanity

Whoever will recite these eight names

त्रिसन्ध्यं यः पठेन्नित्यं दारिद्र्यं तस्य नश्यति ।
शत्रुसैन्यं क्षयं याति दुःस्वप्नः सुखदो भवेत् ॥ २ ॥

trisandhyaṁ yaḥ paṭhennityaṁ dāridryaṁ tasya naśyati ।
śatrusainyaṁ kṣayaṁ yāti duḥsvapnaḥ sukhado bhavet ॥

continually at the three times of prayer, all of his or her mental affliction will be destroyed. For those who strive, the army of enemies will meet its end, and a bad dream will become a good dream.

गङ्गायां मरणं चैव दृढा भक्तिस्तु केशवे ।
ब्रह्मविद्याप्रबोधश्च तस्मान्नित्यं पठेन्नरः ॥ ३ ॥

gaṅgāyāṁ maraṇaṁ caiva dṛḍhā bhaktistu keśave |
brahmavidyāprabodhaśca tasmānnityaṁ paṭhennaraḥ ||

On the bank of the Ganges, or at the approach of death, whatever human will constantly recite with sincere devotion to He Who is creates, protects, and transforms, will understand Divine Knowledge.

। इति श्रीवामनपुराणे श्रीविष्णोर्नामाष्टकस्तोत्रं सम्पूर्णम् ।

iti śrīvāmanapurāṇe śrīviṣṇornāmāṣṭakastotraṁ sampūrṇam |

Thus ends the Song of Eight Names of the Respected Vishnu, Who Pervades the Universe, from the Respected Vaman Purana.

॥ श्रीविष्णुसहस्रनामस्तोत्रम् ॥

॥ śrīviṣṇusahasranāmastotram ॥

विश्वं विष्णुर्वषट्कारो भूतभव्यभवत्प्रभुः ।
भूतकृद्भूतभृद्भावो भूतात्मा भूतभावनः ॥ १ ॥

**viśvaṁ viṣṇurvaṣaṭkāro bhūtabhavyabhavatprabhuḥ |
bhūtakṛdbhūtabhṛdbhāvo bhūtātmā bhūtabhāvanaḥ || 1 ||**

पूतात्मा परमात्मा च मुक्तानां परमा गतिः ।
अव्ययः पुरुषः साक्षी क्षेत्रज्ञोऽक्षर एव च ॥ २ ॥

**pūtātmā paramātmā ca muktānāṁ paramā gatiḥ |
avyayaḥ puruṣaḥ sākṣī kṣetrajño-kṣara eva ca || 2 ||**

योगो योगविदां नेता प्रधानपुरुषेश्वरः ।
नारसिंहवपुः श्रीमान् केशवः पुरुषोत्तमः ॥ ३ ॥

**yogo yogavidāṁ netā pradhānapuruṣeśvaraḥ |
nārasiṁhavapuḥ śrīmān keśavaḥ puruṣottamaḥ || 3 ||**

सर्वः शर्वः शिवः स्थाणुर्भूतादिर्निधिरव्ययः ।
सम्भवो भावनो भर्ता प्रभवः प्रभुरीश्वरः ॥ ४ ॥

**sarvaḥ śarvaḥ śivaḥ sthāṇurbhūtādirnidhiravyayaḥ |
sambhavo bhāvano bhartā prabhavaḥ prabhurīśvaraḥ
|| 4 ||**

स्वयम्भूः शम्भुरादित्यः पुष्कराक्षो महास्वनः ।
अनादिनिधनो धाता विधाता धातुरुत्तमः ॥ ५ ॥

**svayambhūḥ śambhurādityaḥ puṣkarākṣo mahāsvanaḥ |
anādinidhano dhātā vidhātā dhāturuttamaḥ || 5 ||**

अप्रमेयो हृषीकेशः पद्मनाभोऽमरप्रभुः ।
विश्वकर्मा मनुस्त्वष्टा स्थविष्ठः स्थविरो ध्रुवः ॥ ६ ॥

aprameyo hṛṣīkeśaḥ padmanābho-maraprabhuḥ |
viśvakarmā manustvaṣṭā sthaviṣṭhaḥ sthaviro dhruvaḥ ॥ 6 ॥

अग्राह्यः शाश्वतः कृष्णो लोहिताक्षः प्रतर्दनः ।
प्रभूतस्त्रिककुब्धाम पवित्रं मङ्गलं परम् ॥ ७ ॥

agrāhyaḥ śāśvataḥ kṛṣṇo lohitākṣaḥ pratardanaḥ |
prabhūtastrikakubdhāma pavitraṁ maṅgalaṁ param ॥ 7 ॥

ईशानः प्राणदः प्राणो ज्येष्ठः श्रेष्ठः प्रजापतिः ।
हिरण्यगर्भो भूगर्भो माधवो मधुसूदनः ॥ ८ ॥

īśānaḥ prāṇadaḥ prāṇo jyeṣṭhaḥ śreṣṭhaḥ prajāpatiḥ |
hiraṇyagarbho bhūgarbho mādhavo madhusūdanaḥ ॥ 8 ॥

ईश्वरो विक्रमी धन्वी मेधावी विक्रमः क्रमः ।
अनुत्तमो दुराधर्षः कृतज्ञः कृतिरात्मवान् ॥ ९ ॥

īśvaro vikramī dhanvī medhāvī vikramaḥ kramaḥ |
anuttamo durādharṣaḥ kṛtajñaḥ kṛtirātmavān ॥ 9 ॥

सुरेशः शरणं शर्म विश्वरेताः प्रजाभवः ।
अहः संवत्सरो व्यालः प्रत्ययः सर्वदर्शनः ॥ १० ॥

sureśaḥ śaraṇaṁ śarma viśvaretāḥ prajābhavaḥ |
ahaḥ saṁvatsaro vyālaḥ pratyayaḥ sarvadarśanaḥ ॥ 10 ॥

अजः सर्वेश्वरः सिद्धः सिद्धिः सर्वादिरच्युतः ।
वृषाकपिरमेयात्मा सर्वयोगविनिःसृतः ॥ ११ ॥
ajaḥ sarveśvaraḥ siddhaḥ siddhiḥ sarvādiracyutaḥ |
vṛṣākapirameyātmā sarvayogaviniḥsṛtaḥ || 11 ||

वसुर्वसुमनाः सत्यः समात्माऽसम्मितः समः ।
अमोघः पुण्डरीकाक्षो वृषकर्मा वृषाकृतिः ॥ १२ ॥
vasurvasumanāḥ satyaḥ samātmā-sammitaḥ samaḥ |
amoghaḥ puṇḍarīkākṣo vṛṣakarmā vṛṣākṛtiḥ || 12 ||

रुद्रो बहुशिरा बभ्रुर्विश्वयोनिः शुचिश्रवाः ।
अमृतः शाश्वत स्थाणुर्वरारोहो महातपाः ॥ १३ ॥
rudro bahuśirā babhrurviśvayoniḥ śuciśravāḥ |
amṛtaḥ śāśvata sthāṇurvarāroho mahātapāḥ || 13 ||

सर्वगः सर्वविद्भानुर्विष्वक्सेनो जनार्दनः ।
वेदो वेदविद्व्यङ्गो वेदाङ्गो वेदवित् कविः ॥ १४ ॥
sarvagaḥ sarvavidbhānurviṣvakseno janārdanaḥ |
vedo vedavidavyaṅgo vedāṅgo vedavit kaviḥ || 14 ||

लोकाध्यक्षः सुराध्यक्षो धर्माध्यक्षः कृताकृतः ।
चतुरात्मा चतुर्व्यूहश्चतुर्दंष्ट्रश्चतुर्भुजः ॥ १५ ॥
lokādhyakṣaḥ surādhyakṣo dharmādhyakṣaḥ kṛtākṛtaḥ |
caturātmā caturvyūhaścaturdaṁṣṭraścaturbhujaḥ || 15 ||

भ्राजिष्णुर्भोजनं भोक्ता सहिष्णुर्जगदादिजः ।
अनघो विजयो जेता विश्वयोनिः पुनर्वसुः ॥ १६ ॥
bhrājiṣṇurbhojanaṁ bhoktā sahiṣṇurjagadādijaḥ |
anagho vijayo jetā viśvayoniḥ punarvasuḥ || 16 ||

उपेन्द्रो वामनः प्रांशुरमोघः शुचिरूर्जितः ।
अतीन्द्रः सङ्ग्रहः सर्गो धृतात्मा नियमो यमः ॥ १७ ॥

**upendro vāmanaḥ prāṁśuramoghaḥ śucirūrjitaḥ |
atīndraḥ saṅgrahaḥ sargo dhṛtātmā niyamo yamaḥ
|| 17 ||**

वेद्यो वैद्यः सदायोगी वीरहा माधवो मधुः ।
अतीन्द्रियो महामायो महोत्साहो महाबलः ॥ १८ ॥

**vedyo vaidyaḥ sadāyogī vīrahā mādhavo madhuḥ |
atīndriyo mahāmāyo mahotsāho mahābalaḥ || 18 ||**

महाबुद्धिर्महावीर्यो महाशक्तिर्महाद्युतिः ।
अनिर्देश्यवपुः श्रीमानमेयात्मा महाद्रिधृक् ॥ १९ ॥

**mahābuddhirmahāvīryo mahāśaktirmahādyutiḥ |
anirdeśyavapuḥ śrīmānameyātmā mahādridhṛk || 19 ||**

महेष्वासो महीभर्ता श्रीनिवासः सतां गतिः ।
अनिरुद्धः सुरानन्दो गोविन्दो गोविदां पतिः ॥ २० ॥

**maheṣvāso mahībhartā śrīnivāsaḥ satāṁ gatiḥ |
aniruddhaḥ surānando govindo govidāṁ patiḥ || 20 ||**

मरीचिर्दमनो हंसः सुपर्णो भुजगोत्तमः ।
हिरण्यनाभः सुतपाः पद्मनाभः प्रजापतिः ॥ २१ ॥

**marīcirdamano haṁsaḥ suparṇo bhujagottamaḥ |
hiraṇyanābhaḥ sutapāḥ padmanābhaḥ prajāpatiḥ || 21 ||**

अमृत्युः सर्वदृक् सिंहः सन्धाता सन्धिमान् स्थिरः ।
अजो दुर्मर्षणः शास्ता विश्रुतात्मा सुरारिहा ॥ २२ ॥
amṛtyuḥ sarvadṛk siṁhaḥ sandhātā sandhimān sthiraḥ |
ajo durmarṣaṇaḥ śāstā viśrutātmā surārihā || 22 ||

गुरुर्गुरुतमो धाम सत्यः सत्यपराक्रमः ।
निमिषोऽनिमिषः स्रग्वी वाचस्पतिरुदारधीः ॥ २३ ॥
gururgurutamo dhāma satyaḥ satyaparākramaḥ |
nimiṣo-nimiṣaḥ sragvī vācaspatirudāradhīḥ || 23 ||

अग्रणीर्ग्रामणीः श्रीमान् न्यायो नेता समीरणः ।
सहस्रमूर्धा विश्वात्मा सहस्राक्षः सहस्रपात् ॥ २४ ॥
agraṇīrgrāmaṇīḥ śrīmān nyāyo netā samīraṇaḥ |
sahasramūrdhā viśvātmā sahasrākṣaḥ sahasrapāt || 24 ||

आवर्तनो निवृत्तात्मा संवृतः सम्प्रमर्दनः ।
अहः संवर्तको वह्निरनिलो धरणीधरः ॥ २५ ॥
āvartano nivṛttātmā saṁvṛtaḥ sampramardanaḥ |
ahaḥ saṁvartako vahniranilo dharaṇīdharaḥ || 25 ||

सुप्रसादः प्रसन्नात्मा विश्वधृग्विश्वभुग्विभुः ।
सत्कर्ता सत्कृतः साधुर्जह्नुर्नारायणो नरः ॥ २६ ॥
suprasādaḥ prasannātmā viśvadhṛgviśvabhugvibhuḥ |
satkartā satkṛtaḥ sādhurjahnurnārāyaṇo naraḥ || 26 ||

असङ्ख्येयोऽप्रमेयात्मा विशिष्टः शिष्टकृच्छुचिः ।
सिद्धार्थः सिद्धसङ्कल्पः सिद्धिदः सिद्धिसाधनः ॥ २७ ॥

**asaṅkhyeyo-prameyātmā viśiṣṭaḥ śiṣṭakṛcchuciḥ |
siddhārthaḥ siddhasaṅkalpaḥ siddhidaḥ siddhisādhanaḥ
|| 27 ||**

वृषाही वृषभो विष्णुर्वृषपर्वा वृषोदरः ।
वर्धनो वर्धमानश्च विविक्तः श्रुतिसागरः ॥ २८ ॥

**vṛṣāhī vṛṣabho viṣṇurvṛṣaparvā vṛṣodaraḥ |
vardhano vardhamānaśca viviktaḥ śrutisāgaraḥ || 28 ||**

सुभुजो दुर्धरो वाग्मी महेन्द्रो वसुदो वसुः ।
नैकरूपो बृहद्रूपः शिपिविष्टः प्रकाशनः ॥ २९ ॥

**subhujo durdharo vāgmī mahendro vasudo vasuḥ |
naikarūpo bṛhadrūpaḥ śipiviṣṭaḥ prakāśanaḥ || 29 ||**

ओजस्तेजोद्युतिधरः प्रकाशात्मा प्रतापनः ।
ऋद्धः स्पष्टाक्षरो मन्त्रश्चन्द्रांशुर्भास्करद्युतिः ॥ ३० ॥

**ojastejodyutidharaḥ prakāśātmā pratāpanaḥ |
ṛddhaḥ spaṣṭākṣaro mantraścandrāṁśurbhāskaradyutiḥ
|| 30 ||**

अमृतांशूद्भवो भानुः शशबिन्दुः सुरेश्वरः ।
औषधं जगतः सेतुः सत्यधर्मपराक्रमः ॥ ३१ ॥

**amṛtāṁśūdbhavo bhānuḥ śaśabinduḥ sureśvaraḥ |
auṣadhaṁ jagataḥ setuḥ satyadharmaparākramaḥ
|| 31 ||**

भूतभव्यभवन्नाथः पवनः पावनोऽनलः ।
कामहा कामकृत्कान्तः कामः कामप्रदः प्रभुः ॥ ३२ ॥

bhūtabhavyabhavannāthaḥ pavanaḥ pāvano-nalaḥ |
kāmahā kāmakṛtkāntaḥ kāmaḥ kāmapradaḥ prabhuḥ || 32 ||

युगादिकृद्युगावर्तो नैकमायो महाशनः ।
अदृश्यो व्यक्तरूपश्च सहस्रजिदनन्तजित् ॥ ३३ ॥

yugādikṛdyugāvarto naikamāyo mahāśanaḥ |
adṛśyo vyaktarūpaśca sahasrajidanantajit || 33 ||

इष्टोऽविशिष्टः शिष्टेष्टः शिखण्डी नहुषो वृषः ।
क्रोधहा क्रोधकृत्कर्ता विश्वबाहुर्महीधरः ॥ ३४ ॥

iṣṭo-viśiṣṭaḥ śiṣṭeṣṭaḥ śikhaṇḍī nahuṣo vṛṣaḥ |
krodhahā krodhakṛtkartā viśvabāhurmahīdharaḥ || 34 ||

अच्युतः प्रथितः प्राणः प्राणदो वासवानुजः ।
अपांनिधिरधिष्ठानमप्रमत्तः प्रतिष्ठितः ॥ ३५ ॥

acyutaḥ prathitaḥ prāṇaḥ prāṇado vāsavānujaḥ |
apāṁnidhiradhiṣṭhānamapramattaḥ pratiṣṭhitaḥ || 35 ||

स्कन्दः स्कन्दधरो धुर्यो वरदो वायुवाहनः ।
वासुदेवो बृहद्भानुरादिदेवः पुरन्दरः ॥ ३६ ॥

skandaḥ skandadharo dhuryo varado vāyuvāhanaḥ |
vāsudevo bṛhadbhānurādidevaḥ purandaraḥ || 36 ||

अशोकस्तारणस्तारः शूरः शौरिर्जनेश्वरः ।
अनुकूलः शतावर्तः पद्मी पद्मनिभेक्षणः ॥ ३७ ॥

**aśokastāraṇastāraḥ śūraḥ śaurirjaneśvaraḥ |
anukūlaḥ śatāvartaḥ padmī padmanibhekṣaṇaḥ || 37 ||**

पद्मनाभोऽरविन्दाक्षः पद्मगर्भः शरीरभृत् ।
महर्द्धिर्ऋद्धो वृद्धात्मा महाक्षो गरुडध्वजः ॥ ३८ ॥

**padmanābho-ravindākṣaḥ padmagarbhaḥ śarīrabhṛt |
maharddhirṛddho vṛddhātmā mahākṣo garuḍadhvajaḥ || 38 ||**

अतुलः शरभो भीमः समयज्ञो हविर्हरिः ।
सर्वलक्षणलक्षण्यो लक्ष्मीवान् समितिञ्जयः ॥ ३९ ॥

**atulaḥ śarabho bhīmaḥ samayajño havirhariḥ |
sarvalakṣaṇalakṣaṇyo lakṣmīvān samitiñjayaḥ || 39 ||**

विक्षरो रोहितो मार्गो हेतुर्दामोदरः सहः ।
महीधरो महाभागो वेगवानमिताशनः ॥ ४० ॥

**vikṣaro rohito mārgo heturdāmodaraḥ sahaḥ |
mahīdharo mahābhāgo vegavānamitāśanaḥ || 40 ||**

उद्भवः क्षोभणो देवः श्रीगर्भः परमेश्वरः ।
करणं कारणं कर्ता विकर्ता गहनो गुहः ॥ ४१ ॥

**udbhavaḥ kṣobhaṇo devaḥ śrīgarbhaḥ parameśvaraḥ |
karaṇaṁ kāraṇaṁ kartā vikartā gahano guhaḥ || 41 ||**

व्यवसायो व्यवस्थानः संस्थानः स्थानदो ध्रुवः ।
परर्द्धिः परमस्पष्टस्तुष्टः पुष्टः शुभेक्षणः ॥ ४२ ॥
vyavasāyo vyavasthānaḥ saṁsthānaḥ sthānado dhruvaḥ |
pararddhiḥ paramaspaṣṭastuṣṭaḥ puṣṭaḥ śubhekṣaṇaḥ
|| 42 ||

रामो विरामो विरजो मार्गो नेयो नयोऽनयः ।
वीरः शक्तिमतां श्रेष्ठो धर्मो धर्मविदुत्तमः ॥ ४३ ॥
rāmo virāmo virajo mārgo neyo nayo-nayaḥ |
vīraḥ śaktimatāṁ śreṣṭho dharmo dharmaviduttamaḥ
|| 43 ||

वैकुण्ठः पुरुषः प्राणः प्राणदः प्रणवः पृथुः ।
हिरण्यगर्भः शत्रुघ्नो व्याप्तो वायुरधोक्षजः ॥ ४४ ॥
vaikuṇṭhaḥ puruṣaḥ prāṇaḥ prāṇadaḥ praṇavaḥ pṛthuḥ |
hiraṇyagarbhaḥ śatrughno vyāpto vāyuradhokṣajaḥ || 44 ||

ऋतुः सुदर्शनः कालः परमेष्ठी परिग्रहः ।
उग्रः संवत्सरो दक्षो विश्रामो विश्वदक्षिणः ॥ ४५ ॥
ṛtuḥ sudarśanaḥ kālaḥ parameṣṭhī parigrahaḥ |
ugraḥ saṁvatsaro dakṣo viśrāmo viśvadakṣiṇaḥ || 45 ||

विस्तारः स्थावरस्थाणुः प्रमाणं बीजमव्ययम् ।
अर्थोऽनर्थो महाकोशो महाभोगो महाधनः ॥ ४६ ॥
vistāraḥ sthāvarasthāṇuḥ pramāṇaṁ bījamavyayam |
artho-nartho mahākośo mahābhogo mahādhanaḥ || 46 ||

अनिर्विण्णः स्थविष्ठोऽभूर्धर्मयूपो महामखः ।
नक्षत्रनेमिर्नक्षत्री क्षमः क्षामः समीहनः ॥ ४७ ॥
anirviṇṇaḥ sthaviṣṭho-bhūrdharmayūpo mahāmakhaḥ |
nakṣatranemirnakṣatrī kṣamaḥ kṣāmaḥ samīhanaḥ || 47 ||

यज्ञ इज्यो महेज्यश्च क्रतुः सत्रं सतां गतिः ।
सर्वदर्शी विमुक्तात्मा सर्वज्ञो ज्ञानमुत्तमम् ॥ ४८ ॥
yajña ijyo mahejyaśca kratuḥ satraṁ satāṁ gatiḥ |
sarvadarśī vimuktātmā sarvajño jñānamuttamam || 48 ||

सुव्रतः सुमुखः सूक्ष्मः सुघोषः सुखदः सुहृत् ।
मनोहरो जितक्रोधो वीरबाहुर्विदारणः ॥ ४९ ॥
suvrataḥ sumukhaḥ sūkṣmaḥ sughoṣaḥ sukhadaḥ suhṛt |
manoharo jitakrodho vīrabāhurvidāraṇaḥ || 49 ||

स्वापनः स्ववशो व्यापी नैकात्मा नैककर्मकृत् ।
वत्सरो वत्सलो वत्सी रत्नगर्भो धनेश्वरः ॥ ५० ॥
svāpanaḥ svavaśo vyāpī naikātmā naikakarmakṛt |
vatsaro vatsalo vatsī ratnagarbho dhaneśvaraḥ || 50 ||

धर्मगुब्धर्मकृद्धर्मी सदसत्क्षरमक्षरम् ।
अविज्ञाता सहस्रांशुर्विधाता कृतलक्षणः ॥ ५१ ॥
dharmagubdharmakṛddharmī sadasatkṣaramakṣaram |
avijñātā sahasrāṁśurvidhātā kṛtalakṣaṇaḥ || 51 ||

गभस्तिनेमिः सत्त्वस्थः सिंहो भूतमहेश्वरः ।
आदिदेवो महादेवो देवेशो देवभृद्गुरुः ॥ ५२ ॥
gabhastinemiḥ sattvasthaḥ siṁho bhūtamaheśvaraḥ |
ādidevo mahādevo deveśo devabhṛdguruḥ || 52 ||

उत्तरो गोपतिर्गोप्ता ज्ञानगम्यः पुरातनः ।
शरीरभूतभृद्भोक्ता कपीन्द्रो भूरिदक्षिणः ॥ ५३ ॥
uttaro gopatirgoptā jñānagamyaḥ purātanaḥ |
śarīrabhūtabhṛdbhoktā kapīndro bhūridakṣiṇaḥ || 53 ||

सोमपोऽमृतपः सोमः पुरुजित्पुरुसत्तमः ।
विनयो जयः सत्यसन्धो दाशार्हः सात्त्वताम्पतिः ॥ ५४ ॥
somapo-mṛtapaḥ somaḥ purujitpurusattamaḥ |
vinayo jayaḥ satyasandho dāśārhaḥ sāttvatāmpatiḥ || 54 ||

जीवो विनयिता साक्षी मुकुन्दोऽमितविक्रमः ।
अम्भोनिधिरनन्तात्मा महोदधिशयोऽन्तकः ॥ ५५ ॥
jīvo vinayitā sākṣī mukundo-mitavikramaḥ |
ambhonidhiranantātmā mahodadhiśayo-ntakaḥ || 55 ||

अजो महार्हः स्वाभाव्यो जितामित्रः प्रमोदनः ।
आनन्दो नन्दनो नन्दः सत्यधर्मा त्रिविक्रमः ॥ ५६ ॥
ajo mahārhaḥ svābhāvyo jitāmitraḥ pramodanaḥ |
ānando nandano nandaḥ satyadharmā trivikramaḥ || 56 ||

महर्षिः कपिलाचार्यः कृतज्ञो मेदिनीपतिः ।
त्रिपदस्त्रिदशाध्यक्षो महाशृङ्गः कृतान्तकृत् ॥ ५७ ॥
maharṣiḥ kapilācāryaḥ kṛtajño medinīpatiḥ |
tripadastridaśādhyakṣo mahāśṛṅgaḥ kṛtāntakṛt || 57 ||

महावराहो गोविन्दः सुषेणः कनकाङ्गदी ।
गुह्यो गभीरो गहनो गुप्तश्चक्रगदाधरः ॥ ५८ ॥
mahāvarāho govindaḥ suṣeṇaḥ kanakāṅgadī |
guhyo gabhīro gahano guptaścakragadādharaḥ || 58 ||

वेधाः स्वाङ्गोऽजितः कृष्णो दृढः सङ्कर्षणोऽच्युतः ।
वरुणो वारुणो वृक्षः पुष्कराक्षो महामनाः ॥ ५९ ॥
vedhāḥ svāṅgo-jitaḥ kṛṣṇo dṛḍhaḥ saṅkarṣaṇo-cyutaḥ |
varuṇo vāruṇo vṛkṣaḥ puṣkarākṣo mahāmanāḥ || 59 ||

भगवान् भगहाऽऽनन्दी वनमाली हलायुधः ।
आदित्यो ज्योतिरादित्यः सहिष्णुर्गतिसत्तमः ॥ ६० ॥
bhagavān bhagahā--nandī vanamālī halāyudhaḥ |
āditya jyotirādityaḥ sahiṣṇurgatisattamaḥ || 60 ||

सुधन्वा खण्डपरशुर्दारुणो द्रविणप्रदः ।
दिवःस्पृक् सर्वदृग्व्यासो वाचस्पतिरयोनिजः ॥ ६१ ॥
sudhanvā khaṇḍaparaśurdāruṇo draviṇapradaḥ |
divaḥspṛk sarvadṛgvyāso vācaspatirayonijaḥ || 61 ||

त्रिसामा सामगः साम निर्वाणं भेषजं भिषक् ।
संन्यासकृच्छमः शान्तो निष्ठा शान्तिः परायणम् ॥ ६२ ॥
trisāmā sāmagaḥ sāma nirvāṇaṁ bheṣajaṁ bhiṣak |
saṁnyāsakṛcchamaḥ śānto niṣṭhā śāntiḥ parāyaṇam || 62 ||

शुभाङ्गः शान्तिदः स्रष्टा कुमुदः कुवलेशयः ।
गोहितो गोपतिर्गोप्ता वृषभाक्षो वृषप्रियः ॥ ६३ ॥
śubhāṅgaḥ śāntidaḥ sraṣṭā kumudaḥ kuvaleśayaḥ |
gohito gopatirgoptā vṛṣabhākṣo vṛṣapriyaḥ || 63 ||

अनिवर्ती निवृत्तात्मा सङ्क्षेप्ता क्षेमकृच्छिवः ।
श्रीवत्सवक्षाः श्रीवासः श्रीपतिः श्रीमतांवरः ॥ ६४ ॥
anivartī nivṛttātmā saṅkṣeptā kṣemakṛcchivaḥ |
śrīvatsavakṣāḥ śrīvāsaḥ śrīpatiḥ śrīmatāṁvaraḥ || 64 ||

श्रीदः श्रीशः श्रीनिवासः श्रीनिधिः श्रीविभावनः ।
श्रीधरः श्रीकरः श्रेयः श्रीमांल्लोकत्रयाश्रयः ॥ ६५ ॥
śrīdaḥ śrīśaḥ śrīnivāsaḥ śrīnidhiḥ śrīvibhāvanaḥ |
śrīdharaḥ śrīkaraḥ śreyaḥ śrīmāṁllokatrayāśrayaḥ || 65 ||

स्वक्षः स्वङ्गः शतानन्दो नन्दिर्ज्योतिर्गणेश्वरः ।
विजितात्माऽविधेयात्मा सत्कीर्तिश्छिन्नसंशयः ॥ ६६ ॥
svakṣaḥ svaṅgaḥ śatānando nandirjyotirgaṇeśvaraḥ |
vijitātmā-vidheyātmā satkīrtiśchinnasaṁśayaḥ || 66 ||

उदीर्णः सर्वतश्चक्षुरनीशः शाश्वतस्थिरः ।
भूशयो भूषणो भूतिर्विशोकः शोकनाशनः ॥ ६७ ॥
udīrṇaḥ sarvataścakṣuranīśaḥ śāśvatasthiraḥ |
bhūśayo bhūṣaṇo bhūtirviśokaḥ śokanāśanaḥ || 67 ||

अर्चिष्मानर्चितः कुम्भो विशुद्धात्मा विशोधनः ।
अनिरुद्धोऽप्रतिरथः प्रद्युम्नोऽमितविक्रमः ॥ ६८ ॥
arciṣmānarcitaḥ kumbho viśuddhātmā viśodhanaḥ |
aniruddho-pratirathaḥ pradyumno-mitavikramaḥ || 68 ||

कालनेमिनिहा वीरः शौरिः शूरजनेश्वरः ।
त्रिलोकात्मा त्रिलोकेशः केशवः केशिहा हरिः ॥ ६९ ॥
kālaneminihā vīraḥ śauriḥ śūrajaneśvaraḥ |
trilokātmā trilokeśaḥ keśavaḥ keśihā hariḥ || 69 ||

कामदेवः कामपालः कामी कान्तः कृतागमः ।
अनिर्देश्यवपुर्विष्णुर्वीरोऽनन्तो धनञ्जयः ॥ ७० ॥

kāmadevaḥ kāmapālaḥ kāmī kāntaḥ kṛtāgamaḥ |
anirdeśyavapurviṣṇurvīro-nanto dhanañjayaḥ || 70 ||

ब्रह्मण्यो ब्रह्मकृद् ब्रह्मा ब्रह्म ब्रह्मविवर्धनः ।
ब्रह्मविद् ब्राह्मणो ब्रह्मी ब्रह्मज्ञो ब्राह्मणप्रियः ॥ ७१ ॥

brahmaṇyo brahmakṛd brahmā
brahma brahmavivardhanaḥ |
brahmavid brāhmaṇo brahmī
brahmajño brāhmaṇapriyaḥ || 71 ||

महाक्रमो महाकर्मा महातेजा महोरगः ।
महाक्रतुर्महायज्वा महायज्ञो महाहविः ॥ ७२ ॥

mahākramo mahākarmā mahātejā mahoragaḥ |
mahākraturmahāyajvā mahāyajño mahāhaviḥ || 72 ||

स्तव्यः स्तवप्रियः स्तोत्रं स्तुतिः स्तोता रणप्रियः ।
पूर्णः पूरयिता पुण्यः पुण्यकीर्तिरनामयः ॥ ७३ ॥

stavyaḥ stavapriyaḥ stotraṁ stutiḥ stotā raṇapriyaḥ |
pūrṇaḥ pūrayitā puṇyaḥ puṇyakīrtiranāmayaḥ || 73 ||

मनोजवस्तीर्थकरो वसुरेता वसुप्रदः ।
वसुप्रदो वासुदेवो वसुर्वसुमना हविः ॥ ७४ ॥

manojavastīrthakaro vasuretā vasupradaḥ |
vasuprado vāsudevo vasurvasumanā haviḥ || 74 ||

सद्गतिः सत्कृतिः सत्ता सद्भूतिः सत्परायणः ।
शूरसेनो यदुश्रेष्ठः सन्निवासः सुयामुनः ॥ ७५ ॥
sadgatiḥ satkṛtiḥ sattā sadbhūtiḥ satparāyaṇaḥ |
śūraseno yaduśreṣṭhaḥ sannivāsaḥ suyāmunaḥ || 75 ||

भूतावासो वासुदेवः सर्वासुनिलयोऽनलः ।
दर्पहा दर्पदो दृप्तो दुर्धरोऽथापराजितः ॥ ७६ ॥
bhūtāvāso vāsudevaḥ sarvāsunilayo-nalaḥ |
darpahā darpado dṛpto durdharo-thāparājitaḥ || 76 ||

विश्वमूर्तिर्महामूर्तिर्दीप्तमूर्तिरमूर्तिमान् ।
अनेकमूर्तिरव्यक्तः शतमूर्तिः शताननः ॥ ७७ ॥
viśvamūrtirmahāmūrtirdīptamūrtiramūrtimān |
anekamūrtiravyaktaḥ śatamūrtiḥ śatānanaḥ || 77 ||

एको नैकः सवः कः किं यत् तत्पदमनुत्तमम् ।
लोकबन्धुर्लोकनाथो माधवो भक्तवत्सलः ॥ ७८ ॥
eko naikaḥ savaḥ kaḥ kiṁ yat tatpadamanuttamam |
lokabandhurlokanātho mādhavo bhaktavatsalaḥ || 78 ||

सुवर्णवर्णो हेमाङ्गो वराङ्गश्चन्दनाङ्गदी ।
वीरहा विषमः शून्यो घृताशीरचलश्चलः ॥ ७९ ॥
suvarṇavarṇo hemāṅgo varāṅgaścandanāṅgadī |
vīrahā viṣamaḥ śūnyo ghṛtāśīracalaścalaḥ || 79 ||

अमानी मानदो मान्यो लोकस्वामी त्रिलोकधृक् ।
सुमेधा मेधजो धन्यः सत्यमेधा धराधरः ॥ ८० ॥

**amānī mānado mānyo lokasvāmī trilokadhṛk |
sumedhā medhajo dhanyaḥ satyamedhā dharādharaḥ
|| 80 ||**

तेजोवृषो द्युतिधरः सर्वशस्त्रभृतां वरः ।
प्रग्रहो निग्रहो व्यग्रो नैकशृङ्गो गदाग्रजः ॥ ८१ ॥

**tejovṛṣo dyutidharaḥ sarvaśastrabhṛtāṁ varaḥ |
pragraho nigraho vyagro naikaśṛṅgo gadāgrajaḥ || 81 ||**

चतुर्मूर्तिश्चतुर्बाहुश्चतुर्व्यूहश्चतुर्गतिः ।
चतुरात्मा चतुर्भावश्चतुर्वेदविदेकपात् ॥ ८२ ॥

**caturmūrtiścaturbāhuścaturvyūhaścaturgatiḥ |
caturātmā caturbhāvaścaturvedavidekapāt || 82 ||**

समावर्तोऽनिवृत्तात्मा दुर्जयो दुरतिक्रमः ।
दुर्लभो दुर्गमो दुर्गो दुरावासो दुरारिहा ॥ ८३ ॥

**samāvarto-nivṛttātmā durjayo duratikramaḥ |
durlabho durgamo durgo durāvāso durārihā || 83 ||**

शुभाङ्गो लोकसारङ्गः सुतन्तुस्तन्तुवर्धनः ।
इन्द्रकर्मा महाकर्मा कृतकर्मा कृतागमः ॥ ८४ ॥

**śubhāṅgo lokasāraṅgaḥ sutantustantuvardhanaḥ |
indrakarmā mahākarmā kṛtakarmā kṛtāgamaḥ || 84 ||**

उद्भवः सुन्दरः सुन्दो रत्ननाभः सुलोचनः ।
अर्को वाजसनः शृङ्गी जयन्तः सर्वविज्जयी ॥ ८५ ॥
udbhavaḥ sundaraḥ sundo ratnanābhaḥ sulocanaḥ |
arko vājasanaḥ śṛṅgī jayantaḥ sarvavijjayī ॥ 85 ॥

सुवर्णबिन्दुरक्षोभ्यः सर्ववागीश्वरेश्वरः ।
महाह्रदो महागर्तो महाभूतो महानिधिः ॥ ८६ ॥
suvarṇabindurakṣobhyaḥ sarvavāgīśvareśvaraḥ |
mahāhrado mahāgarto mahābhūto mahānidhiḥ ॥ 86 ॥

कुमुदः कुन्दरः कुन्दः पर्जन्यः पावनोऽनिलः ।
अमृतांशोऽमृतवपुः सर्वज्ञः सर्वतोमुखः ॥ ८७ ॥
kumudaḥ kundaraḥ kundaḥ parjanyaḥ pāvano-nilaḥ |
amṛtāṁśo-mṛtavapuḥ sarvajñaḥ sarvatomukhaḥ ॥ 87 ॥

सुलभः सुव्रतः सिद्धः शत्रुजिच्छत्रुतापनः ।
न्यग्रोधोऽदुम्बरोऽश्वत्थश्चाणूरान्ध्रनिषूदनः ॥ ८८ ॥
sulabhaḥ suvrataḥ siddhaḥ śatrujicchatrutāpanaḥ |
nyagrodho-dumbaro-śvatthaścāṇūrāndhraniṣūdanaḥ
॥ 88 ॥

सहस्रार्चिः सप्तजिह्वः सप्तैधाः सप्तवाहनः ।
अमूर्तिरनघोऽचिन्त्यो भयकृद्भयनाशनः ॥ ८९ ॥
sahasrārciḥ saptajihvaḥ saptaidhāḥ saptavāhanaḥ |
amūrtiranagho-cintyo bhayakṛdbhayanāśanaḥ ॥ 89 ॥

अणुर्बृहत्कृशः स्थूलो गुणभृन्निर्गुणो महान् ।
अधृतः स्वधृतः स्वास्यः प्राग्वंशो वंशवर्धनः ॥ ९० ॥

**aṇurbṛhatkṛśaḥ sthūlo guṇabhṛnnirguṇo mahān |
adhṛtaḥ svadhṛtaḥ svāsyaḥ prāgvaṁśo vaṁśavardhanaḥ || 90 ||**

भारभृत् कथितो योगी योगीशः सर्वकामदः ।
आश्रमः श्रमणः क्षामः सुपर्णो वायुवाहनः ॥ ९१ ॥

**bhārabhṛt kathito yogī yogīśaḥ sarvakāmadaḥ |
āśramaḥ śramaṇaḥ kṣāmaḥ suparṇo vāyuvāhanaḥ || 91 ||**

धनुर्धरो धनुर्वेदो दण्डो दमयिता दमः ।
अपराजितः सर्वसहो नियन्ताऽनियमोऽयमः ॥ ९२ ॥

**dhanurdharo dhanurvedo daṇḍo damayitā damaḥ |
aparājitaḥ sarvasaho niyantā-niyamo-yamaḥ || 92 ||**

सत्त्ववान् सात्त्विकः सत्यः सत्यधर्मपरायणः ।
अभिप्रायः प्रियार्होऽर्हः प्रियकृत् प्रीतिवर्धनः ॥ ९३ ॥

**sattvavān sāttvikaḥ satyaḥ satyadharmaparāyaṇaḥ |
abhiprāyaḥ priyārho-rhaḥ priyakṛt prītivardhanaḥ || 93 ||**

विहायसगतिर्ज्योतिः सुरुचिर्हुतभुग्विभुः ।
रविर्विरोचनः सूर्यः सविता रविलोचनः ॥ ९४ ॥

**vihāyasagatirjyotiḥ surucirhutabhugvibhuḥ |
ravirvirocanaḥ sūryaḥ savitā ravilocanaḥ || 94 ||**

अनन्तो हुतभुग्भोक्ता सुखदो नैकजोऽग्रजः ।
अनिर्विण्णः सदामर्षी लोकाधिष्ठानमद्भुतः ॥ ९५ ॥
ananto hutabhugbhoktā sukhado naikajo-grajaḥ |
anirviṇṇaḥ sadāmarṣī lokādhiṣṭhānamadbhutaḥ || 95 ||

सनात्सनातनतमः कपिलः कपिरव्ययः ।
स्वस्तिदः स्वस्तिकृत्स्वस्ति स्वस्तिभुक्स्वस्तिदक्षिणः ॥ ९६ ॥
sanātsanātanatamaḥ kapilaḥ kapiravyayaḥ |
svastidaḥ svastikṛtsvasti svastibhuksvastidakṣiṇaḥ || 96 ||

अरौद्रः कुण्डली चक्री विक्रम्यूर्जितशासनः ।
शब्दातिगः शब्दसहः शिशिरः शर्वरीकरः ॥ ९७ ॥
araudraḥ kuṇḍalī cakrī vikramyūrjitaśāsanaḥ |
śabdātigaḥ śabdasahaḥ śiśiraḥ śarvarīkaraḥ || 97 ||

अक्रूरः पेशलो दक्षो दक्षिणः क्षमिणांवरः ।
विद्वत्तमो वीतभयः पुण्यश्रवणकीर्तनः ॥ ९८ ॥
akrūraḥ peśalo dakṣo dakṣiṇaḥ kṣamiṇāṁvaraḥ |
vidvattamo vītabhayaḥ puṇyaśravaṇakīrtanaḥ || 98 ||

उत्तारणो दुष्कृतिहा पुण्यो दुःस्वप्ननाशनः ।
वीरहा रक्षणः सन्तो जीवनः पर्यवस्थितः ॥ ९९ ॥
uttāraṇo duṣkṛtihā puṇyo duḥsvapnanāśanaḥ |
vīrahā rakṣaṇaḥ santo jīvanaḥ paryavasthitaḥ || 99 ||

अनन्तरूपोऽनन्तश्रीर्जितमन्युर्भयापहः ।
चतुरश्रो गभीरात्मा विदिशो व्यादिशो दिशः ॥ १०० ॥
anantarūpo-nantaśrīrjitamanyurbhayāpahaḥ |
caturaśro gabhīrātmā vidiśo vyādiśo diśaḥ || 100 ||

अनादिर्भूर्भुवो लक्ष्मीः सुवीरो रुचिराङ्गदः ।
जननो जनजन्मादिर्भीमो भीमपराक्रमः ॥ १०१ ॥

anādirbhūrbhuvo lakṣmīḥ suvīro rucirāṅgadaḥ |
janano janajanmādirbhīmo bhīmaparākramaḥ || 101 ||

आधारनिलयोऽधाता पुष्पहासः प्रजागरः ।
ऊर्ध्वगः सत्पथाचारः प्राणदः प्रणवः पणः ॥ १०२ ॥

ādhāranilayo-dhātā puṣpahāsaḥ prajāgaraḥ |
ūrdhvagaḥ satpathācāraḥ prāṇadaḥ praṇavaḥ paṇaḥ || 102 ||

प्रमाणं प्राणनिलयः प्राणभृत्प्राणजीवनः ।
तत्त्वं तत्त्वविदेकात्मा जन्ममृत्युजरातिगः ॥ १०३ ॥

pramāṇaṁ prāṇanilayaḥ prāṇabhṛtprāṇajīvanaḥ |
tattvaṁ tattvavidekātmā janmamṛtyujarātigaḥ || 103 ||

भूर्भुवःस्वस्तरुस्तारः सविता प्रपितामहः ।
यज्ञो यज्ञपतिर्यज्वा यज्ञाङ्गो यज्ञवाहनः ॥ १०४ ॥

bhūrbhuvaḥsvastarustāraḥ savitā prapitāmahaḥ |
yajño yajñapatiryajvā yajñāṅgo yajñavāhanaḥ || 104 ||

यज्ञभृद् यज्ञकृद् यज्ञी यज्ञभुग् यज्ञसाधनः ।
यज्ञान्तकृद् यज्ञगुह्यमन्नमन्नाद एव च ॥ १०५ ॥

yajñabhṛd yajñakṛd yajñī yajñabhug yajñasādhanaḥ |
yajñāntakṛd yajñaguhyamannamannāda eva ca || 105 ||

आत्मयोनिः स्वयञ्जातो वैखानः सामगायनः ।
देवकीनन्दनः स्रष्टा क्षितीशः पापनाशनः ॥ १०६ ॥
ātmayoniḥ svayañjāto vaikhānaḥ sāmagāyanaḥ |
devakīnandanaḥ sraṣṭā kṣitīśaḥ pāpanāśanaḥ || 106 ||

शङ्खभृन्नन्दकी चक्री शार्ङ्गधन्वा गदाधरः ।
रथाङ्गपाणिरक्षोभ्यः सर्वप्रहरणायुधः ॥ १०७ ॥
śaṅkhabhṛnnandakī cakrī śārṅgadhanvā gadādharaḥ |
rathāṅgapāṇirakṣobhyaḥ sarvapraharaṇāyudhaḥ || 107 ||

इति श्रीविष्णोर्दिव्यसहस्रनामस्तोत्रं सम्पूर्णम् ।
iti śrīviṣṇordivyasahasranāmastotraṁ sampūrṇam |

अथ विष्णुसहस्रनामावल्याः स्वाहाकारविधिः
Atha Viṣṇusahasranāmāvalyāḥ Svāhākāravidhiḥ

अस्य श्रीविष्णोर्दिव्यसहस्रनामस्तोत्रमन्त्रस्य भगवान् वेदव्यास ऋषिः अनुष्टुप् छन्दः श्रीकृष्णः परमात्मा देवता अमृतांशुद्भवो भानुरिति बीजम् देवकीनन्दनः स्रष्टेति शक्तिः त्रिसामा-मामगः सामेति हृदयम् शङ्खभृन्नन्दकी चक्रीति कीलकम् शार्ङ्गधन्वागदाधर इत्यस्त्रम् रथाङ्गपाणिरक्षोभ्य इति कवचम् उद्भवः क्षोभणो देव इति परमो मन्त्रः श्रीविष्णुप्रीत्यर्थे जपे (होमे) (सहस्रतुलसीदलसमर्पणे) (च) विनियोगः ।

asya śrīviṣṇordivyasahasranāmastotramantrasya bhagavān vedavyāsa ṛṣiḥ anuṣṭup chandaḥ śrīkṛṣṇaḥ paramātmā devatā amṛtāṁśudbhavo bhānuriti bījam devakīnandanaḥ sraṣṭeti śaktiḥ trisāmā-māmagaḥ sāmeti hṛdayamśaṅkhabhṛnnandakī cakrīti kīlakam śārṅgadhanvāgadādhara ityastram rathāṅgapāṇirakṣobhya iti kavacam udbhavaḥ kṣobhaṇo deva iti paramo mantraḥ śrīviṣṇuprītyarthe jape (home) (sahasratulasīdalasamarparṇe) (ca) viniyogaḥ |

And now, the mantras of the song of the thousand divine names of the respected Viṣṇu, the seer is the supreme divinity Veda Vyāsa, the meter is anuṣṭup (32 syllables to the verse), the supreme soul the respected Kṛṣṇa is the deity, the seed is the pure nectar of the immortal bliss of being, the energy is the most excellent offspring of Devakī, in the heart are the three songs of the Sāma Veda, the pin is the conch shell containing delight and the discus of revolving time, the weapons are the bow and the club, the armor that protects is He who has a discus in his hand, the deity that gives birth to purity manifests through the supreme mantras, for the purpose of satisfying the respected Viṣṇu, the recitation of these mantras (and) (fire ceremony) (and) (offering of one thousand leaves of tulasī) is being applied.

- 1 -

ॐ विश्वस्मै स्वाहा

oṁ viśvasmai svāhā
To He who is the universe

- 2 -

ॐ विष्णवे स्वाहा

oṁ viṣṇave svāhā
To He who pervades the universe

- 3 -

ॐ वषट्काराय स्वाहा

oṁ vaṣaṭkārāya svāhā
To He who purifies

- 4 -

ॐ भूतभव्यभवत्प्रभवे स्वाहा

oṁ bhūtabhavyabhavatprabhave svāhā
To He who is the lord of the past, present, and future

- 5 -

ॐ भूतकृते स्वाहा

oṁ bhūtakṛte svāhā
To He who creates all beings

- 6 -

ॐ भूतभृते स्वाहा

oṁ bhūtabhṛte svāhā
To He who protects all beings

- 7 -

ॐ भावाय स्वाहा

oṁ bhāvāya svāhā
To He who is the attitude of existence

- 8 -

ॐ भूतात्मने स्वाहा

oṁ bhūtātmane svāhā
To He who is the soul of existence

- 9 -

ॐ भूतभावनाय स्वाहा

oṁ bhūtabhāvanāya svāhā

To He who is the attitude that pervades existence

- 10 -

ॐ पूतात्मने स्वाहा

oṁ pūtātmane svāhā

To He who is the pure soul

- 11 -

ॐ परमात्मने स्वाहा

oṁ paramātmane svāhā

To He who is the supreme soul

- 12 -

ॐ मुक्तानां परमागतये स्वाहा

oṁ muktānāṁ paramāgataye svāhā

To He who is the supreme goal of liberation

- 13 -

ॐ अव्ययाय स्वाहा

oṁ avyayāya svāhā

To He who is unchanging

- 14 -

ॐ पुरुषाय स्वाहा

oṁ puruṣāya svāhā

To He who is full, complete, perfect consciousness

- 15 -

ॐ साक्षिणे स्वाहा

oṁ sākṣiṇe svāhā

To He who is the witness

- 16 -

ॐ क्षेत्रज्ञाय स्वाहा

oṁ kṣetrajñāya svāhā

To He who is the knower of the field

- 17 -

ॐ अक्षराय स्वाहा

oṁ akṣarāya svāhā
To He who is without change

- 18 -

ॐ योगाय स्वाहा

oṁ yogāya svāhā
To He who is union

- 19 -

ॐ योगविदां नेत्रे स्वाहा

oṁ yogavidāṁ netre svāhā
To He who is the leader of knowers of union

- 20 -

ॐ प्रधानपुरुषेश्वराय स्वाहा

oṁ pradhānapuruṣeśvarāya svāhā
To He who is the foremost, complete consciousness of God

- 21 -

ॐ नारसिंहवपुषे स्वाहा

oṁ nārasiṁhavapuṣe svāhā
To He who is half-man, half-lion

- 22 -

ॐ श्रीमते स्वाहा

oṁ śrīmate svāhā
To He who is respect

- 23 -

ॐ केशवाय स्वाहा

oṁ keśavāya svāhā
To He who has beautiful hair, who creates, protects, and transforms existence

- 24 -

ॐ पुरुषोत्तमाय स्वाहा

oṁ puruṣottamāya svāhā
To He who is excellent, perfect consciousness

- 25 -

ॐ सर्वस्मै स्वाहा

oṁ sarvasmai svāhā
To He who is all

- 26 -

ॐ शर्वाय स्वाहा

oṁ śarvāya svāhā
To He who is beyond qualities

- 27 -

ॐ शिवाय स्वाहा

oṁ śivāya svāhā
To He who is the consciousness of infinite goodness

- 28 -

ॐ स्थाणवे स्वाहा

oṁ sthāṇave svāhā
To He who is the residence of all

- 29 -

ॐ भुतादये स्वाहा

oṁ bhutādaye svāhā
To He who creates all the elements

- 30 -

ॐ अव्ययनिधये स्वाहा

oṁ avyayanidhaye svāhā
To He who is the system that does not change

- 31 -

ॐ सम्भवाय स्वाहा

oṁ sambhavāya svāhā
To He who has the attitude of peace

- 32 -

ॐ भावनाय स्वाहा

oṁ bhāvanāya svāhā
To He who is the supreme attitude

- 33 -

ॐ भर्त्रे स्वाहा

oṁ bhartre svāhā
To He who is the husband

- 34 -

ॐ प्रभवाय स्वाहा

oṁ prabhavāya svāhā
To He who is luminous

- 35 -

ॐ प्रभवे स्वाहा

oṁ prabhave svāhā
To He who is illumination

- 36 -

ॐ ईश्वराय स्वाहा

oṁ īśvarāya svāhā
To He who is the supreme lord

- 37 -

ॐ स्वयम्भुवे स्वाहा

oṁ svayambhuve svāhā
To He who is born by himself

- 38 -

ॐ शम्भवे स्वाहा

oṁ śambhave svāhā
To He who dwells in peace

- 39 -

ॐ आदित्याय स्वाहा

oṁ ādityāya svāhā
To He who is beyond dualism

- 40 -

ॐ पुष्कराक्षाय स्वाहा

oṁ puṣkarākṣāya svāhā
To He who is the protector of the cause of nourishment

- 41 -

ॐ महास्वनाय स्वाहा

oṁ mahāsvanāya svāhā
To He who himself is good

- 42 -

ॐ अनादिनिधनाय स्वाहा

oṁ anādinidhanāya svāhā
To He who is attained through various methods

- 43 -

ॐ धात्रे स्वाहा

oṁ dhātre svāhā
To He who is the giver

- 44 -

ॐ विधात्रे स्वाहा

oṁ vidhātre svāhā
To He who is the creator

- 45 -

ॐ धातुरुत्तमाय स्वाहा

oṁ dhāturuttamāya svāhā
To He who is the most excellent essence

- 46 -

ॐ अप्रमेयाय स्वाहा

oṁ aprameyāya svāhā
To He who is undefinable

- 47 -

ॐ हृषीकेशाय स्वाहा

oṁ hṛṣīkeśāya svāhā
To He who controls the senses

- 48 -

ॐ पद्मनाभाय स्वाहा

oṁ padmanābhāya svāhā
To He who has a lotus in his navel

- 49 -

ॐ अमरप्रभवे स्वाहा

oṁ amaraprabhave svāhā
To He who illuminates immortality

- 50 -

ॐ विश्वकर्मणे स्वाहा

oṁ viśvakramaṇe svāhā
To He who performs all actions in the universe

- 51 -

ॐ मनवे स्वाहा

oṁ manave svāhā
To He who is the thinker

- 52 -

ॐ त्वष्ट्रे स्वाहा

oṁ tvaṣṭre svāhā
To He who creates divine designs

- 53 -

ॐ स्थविष्ठाय स्वाहा

oṁ sthaviṣṭhāya svāhā
To He who is large

- 54 -

ॐ स्थविरोध्रुवाय स्वाहा

oṁ sthavirodhruvāya svāhā
To He who is fixed in immensity

- 55 -

ॐ अग्राह्याय स्वाहा

oṁ agrāhyāya svāhā
To He who is unable to be perceived

- 56-

ॐ शाश्वताय स्वाहा

oṁ śāśvatāya svāhā
To He who is eternal

- 57 -

ॐ कृष्णाय स्वाहा

oṁ kṛṣṇāya svāhā
To He who is the doer of all

- 58 -

ॐ लोहिताक्षाय स्वाहा

oṁ lohitākṣāya svāhā
To He who is the light in the eyes

- 59 -

ॐ प्रतर्दनाय स्वाहा

oṁ pratardanāya svāhā
To He who is the dissolver of all

- 60 -

ॐ प्रभूताय स्वाहा

oṁ prabhūtāya svāhā
To He who is lord

- 61 -

ॐ त्रिककुब्धाम्ने स्वाहा

oṁ trikakubdhāmne svāhā
To He who supports the three worlds

- 62 -

ॐ पवित्राय स्वाहा

oṁ pavitrāya svāhā
To He who is pure

- 63 -

ॐ मङ्गलपराय स्वाहा

oṁ maṇgalaparāya svāhā
To He who is the supreme welfare

- 64 -

ॐ ईशानाय स्वाहा

oṁ īśānāya svāhā
To He who is the ruler

- 65 -

ॐ प्राणदाय स्वाहा

oṁ prāṇadāya svāhā
To He who is the giver of life

- 66 -

ॐ प्राणाय स्वाहा

oṁ prāṇāya svāhā
To He who is life

- 67 -

ॐ ज्येष्ठाय स्वाहा

oṁ jyeṣṭāya svāhā
To He who is the oldest

- 68 -

ॐ श्रेष्ठाय स्वाहा

oṁ śreṣṭāya svāhā
To He who is the best

- 69 -

ॐ प्रजापतये स्वाहा

oṁ prajāpataye svāhā
To He who is the lord of all beings born

- 70 -

ॐ हिरण्यगर्भाय स्वाहा

oṁ hiraṇyagarbhāya svāhā
To He who is the golden womb

- 71 -

ॐ भूगर्भाय स्वाहा

oṁ bhūgarbhāya svāhā
To He who is the womb of the earth

- 72 -

ॐ माधवाय स्वाहा

oṁ mādhavāya svāhā
To He who is sweet

- 73 -

ॐ मधुसूदनाय स्वाहा

oṁ madhusūdanāya svāhā
To He who is the slayer of the demon Too Much

- 74 -

ॐ ईश्वराय स्वाहा

oṁ īśvarāya svāhā
To He who is the seer of all

- 75 -

ॐ विक्रमिणे स्वाहा

oṁ vikramiṇe svāhā
To He who organizes the creation

- 76 -

ॐ धन्विने स्वाहा

oṁ dhanvine svāhā
To He who is the ideal of perfection

- 77 -

ॐ मेधाविने स्वाहा

oṁ medhāvine svāhā
To He who is the intellect of love

- 78 -

ॐ विक्रमाय स्वाहा

oṁ vikramāya svāhā
To He who is the organization of creation

- 79 -

ॐ क्रमाय स्वाहा

oṁ kramāya svāhā
To He who is order

- 80 -

ॐ अनुत्तमाय स्वाहा

oṁ anuttamāya svāhā
To He who has none superior

- 81 -

ॐ दुराधर्षाय स्वाहा

oṁ durādharṣāya svāhā

To He who is difficult to perceive

- 82 -

ॐ कृतज्ञाय स्वाहा

oṁ kṛtajñāya svāhā

To He who knows all effects

- 83 -

ॐ कृतये स्वाहा

oṁ kṛtaye svāhā

To He who is all effects

- 84 -

ॐ आत्मवते स्वाहा

oṁ ātmavate svāhā

To He who is in the souls of all

- 85 -

ॐ सुरेशाय स्वाहा

oṁ sureśāya svāhā

To He who is the lord of the gods

- 86 -

ॐ शरणाय स्वाहा

oṁ śaraṇāya svāhā

To He who is the refuge of all

- 87 -

ॐ शर्मणे स्वाहा

oṁ śarmaṇe svāhā

To He who is always delighted

- 88 -

ॐ विश्वरेतसे स्वाहा

oṁ viśvaretase svāhā

To He who is the seed of the universe

- 89 -

ॐ प्रजाभवाय स्वाहा

oṁ prajābhavāya svāhā
To He who is the source of the people

- 90 -

ॐ अह्नये स्वाहा

oṁ ahnaye svāhā
To He who is the eternal day

- 91 -

ॐ संवत्सराय स्वाहा

oṁ saṁvatsarāya svāhā
To He who is the years

- 92 -

ॐ व्यालाय स्वाहा

oṁ vyālāya svāhā
To He who is difficult to grasp

- 93 -

ॐ प्रत्ययाय स्वाहा

oṁ pratyayāya svāhā
To He who is the subtle body of consciousness

- 94 -

ॐ सर्वदर्शनाय स्वाहा

oṁ sarvadarśanāya svāhā
To He who perceives all

- 95 -

ॐ अजाय स्वाहा

oṁ ajāya svāhā
To He who is unborn

- 96 -

ॐ सर्वेश्वराय स्वाहा

oṁ sarveśvarāya svāhā
To He who is the supreme lord of all

- 97 -

ॐ सिद्धाय स्वाहा

oṁ siddhāya svāhā
To He who is attainment

- 98 -

ॐ सिद्धये स्वाहा

oṁ siddhaye svāhā
To He who has attained

- 99 -

ॐ सर्वादये स्वाहा

oṁ sarvādaye svāhā
To He who gives all

- 100 -

ॐ अच्युताय स्वाहा

oṁ acyutāya svāhā
To He who is infinite

- 101 -

ॐ वृषाकपये स्वाहा

oṁ vṛṣākapaye svāhā
To He who travels with a bull or a monkey

- 102 -

ॐ अमेयात्मने स्वाहा

oṁ ameyātmane svāhā
To He who has an immeasurable soul

- 103 -

ॐ सर्वयोगविनिःसृताय स्वाहा

oṁ sarvayogaviniḥsṛtāya svāhā
To He who gives birth to all union

- 104 -

ॐ वसवे स्वाहा

oṁ vasave svāhā
To He who is all wealth

\- 105 -

ॐ वसुमनसे स्वाहा

oṁ vasumanase svāhā
To He whose mind is filled with wealth

\- 106 -

ॐ सत्याय स्वाहा

oṁ satyāya svāhā
To He who is truth

\- 107 -

ॐ समात्मने स्वाहा

oṁ samātmane svāhā
To He whose soul is always in equilibrium

\- 108 -

ॐ सम्मिताय स्वाहा

oṁ sammitāya svāhā
To He who has balance

\- 109 -

ॐ समाय स्वाहा

oṁ samāya svāhā
To He who is equal

\- 110 -

ॐ अमोघाय स्वाहा

oṁ amoghāya svāhā
To He who is unfailing

\- 111 -

ॐ पुण्डरीकाक्षाय स्वाहा

oṁ puṇḍarīkākṣāya svāhā
To He who is the lotus-eyed one

\- 112 -

ॐ वृषाकर्मणे स्वाहा

oṁ vṛṣākarmaṇe svāhā
To He who acts with determination

- 113 -

ॐ वृषाकृतये स्वाहा

oṁ vṛṣākṛtaye svāhā

To He who is the effect of determination

- 114 -

ॐ रुद्राय स्वाहा

oṁ rudrāya svāhā

To He who relieves suffering

- 115 -

ॐ बहुशिरसे स्वाहा

oṁ bahuśirase svāhā

To He who has many heads

- 116 -

ॐ बभ्रवे स्वाहा

oṁ babhrave svāhā

To He who is the support of the world

- 117 -

ॐ विश्वयोनये स्वाहा

oṁ viśvayonaye svāhā

To He who is the womb of the universe

- 118 -

ॐ शुचिश्रवसे स्वाहा

oṁ śuciśravase svāhā

To He who listens to purity

- 119 -

ॐ अमृताय स्वाहा

oṁ amṛtāya svāhā

To He who is the nectar of immortal bliss

- 120 -

ॐ शाश्वतस्थाणवे स्वाहा

oṁ śāśvatasthāṇave svāhā

To He who resides in the eternal residence

- 121 -

ॐ वरारोहाय स्वाहा

oṁ varārohāya svāhā
To He who gives the boon of light

- 122 -

ॐ महातपसे स्वाहा

oṁ mahātapase svāhā
To He who performs great austerities

- 123 -

ॐ सर्वगाय स्वाहा

oṁ sarvagāya svāhā
To He who moves all

- 124 -

ॐ सर्वविद्भानवे स्वाहा

oṁ sarvavidbhānave svāhā
To He who resides in all knowledge

- 125 -

ॐ विष्वक्सेनाय स्वाहा

oṁ viṣvaksenāya svāhā
To He who scatters armies

- 126 -

ॐ जनार्दनाय स्वाहा

oṁ janārdanāya svāhā
To He who resides in all beings born

- 127 -

ॐ वेदाय स्वाहा

oṁ vedāya svāhā
To He who is the wisdom to be known

- 128 -

ॐ वेदविदे स्वाहा

oṁ vedavide svāhā
To He who is the knower of wisdom

- 129 -

ॐ अव्यङ्गाय स्वाहा

oṁ avyaṇgāya svāhā
To He who has various limbs

- 130 -

ॐ वेदाङ्गाय स्वाहा

oṁ vedāṇgāya svāhā
To He who is the body of wisdom

- 131 -

ॐ वेदविदे स्वाहा

oṁ vedavide svāhā
To He who is the knower of wisdom

- 132 -

ॐ कवये स्वाहा

oṁ kavaye svāhā
To He who is an inspired poet

- 133 -

ॐ लोकाध्यक्षाय स्वाहा

oṁ lokādhyakṣāya svāhā
To He who is the leader of the worlds

- 134 -

ॐ सुराध्यक्षाय स्वाहा

oṁ surādhyakṣāya svāhā
To He who is the leader of the Gods

- 135 -

ॐ धर्माध्यक्षाय स्वाहा

oṁ dharmadhyakṣāya svāhā
To He who is the leader of the ideals of perfection

- 136 -

ॐ कृताकृताय स्वाहा

oṁ kṛtākṛtāya svāhā
To He who is the cause and effect

- 137 -

ॐ चतुरात्मने स्वाहा

oṁ caturātmane svāhā
To He who is the soul of the four (Vedas)

- 138 -

ॐ चतुर्व्युहाय स्वाहा

oṁ caturvyuhāya svāhā
To He who is the four formations of power

- 139 -

ॐ चतुर्दंष्ट्राय स्वाहा

oṁ caturdaṁṣṭrāya svāhā
To He who has four tusks

- 140 -

ॐ चतुर्भुजाय स्वाहा

oṁ caturbhujāya svāhā
To He who has four arms

- 141 -

ॐ भ्राजिष्णवे स्वाहा

oṁ bhrājiṣṇave svāhā
To He who is the essence of light

- 142 -

ॐ भोजनाय स्वाहा

oṁ bhojanāya svāhā
To He who is food

- 143 -

ॐ भोक्त्रे स्वाहा

oṁ bhoktre svāhā
To He who enjoys

- 144 -

ॐ सहिष्णवे स्वाहा

oṁ sahiṣṇave svāhā
To He who is with enjoyment

- 145 -

ॐ जगदादिजाय स्वाहा

oṁ jagadādijāya svāhā
To He who gives birth to the perceivable universe

- 146 -

ॐ जनघाय स्वाहा

oṁ janaghāya svāhā
To He who gives to the people

- 147 -

ॐ विजयाय स्वाहा

oṁ vijayāya svāhā
To He who is undefeatable

- 148 -

ॐ जेत्रे स्वाहा

oṁ jetre svāhā
To He who is the conqueror

- 149 -

ॐ विश्वयोनये स्वाहा

oṁ viśvayonaye svāhā
To He who is the womb of the universe

- 150 -

ॐ पुनर्वसवे स्वाहा

oṁ punarvasave svāhā
To He who lives again and again

- 151 -

ॐ उपेन्द्राय स्वाहा

oṁ upendrāya svāhā
To He who is near to Indra

- 152 -

ॐ वामनाय स्वाहा

oṁ vāmanāya svāhā
To He who is a dwarf

- 153 -

ॐ प्रांशवे स्वाहा

oṁ prāṁśave svāhā
To He who is tall

- 154 -

ॐ अमोघाय स्वाहा

oṁ amoghāya svāhā
To He who is unfailing

- 155 -

ॐ सुचये स्वाहा

oṁ sucaye svāhā
To He who causes purity

- 156 -

ॐ ऊर्जिताय स्वाहा

oṁ ūrjitāya svāhā
To He who conquers all circumstances

- 157 -

ॐ अतीन्द्राय स्वाहा

oṁ atīndrāya svāhā
To He who is the highest lord of heaven

- 158 -

ॐ सङ्ग्रहाय स्वाहा

oṁ saṅgrahāya svāhā
To He who absorbs all into Himself

- 159 -

ॐ सर्गाय स्वाहा

oṁ sargāya svāhā
To He who is matter

- 160 -

ॐ धृतात्मने स्वाहा

oṁ dhṛtātmane svāhā
To He whose soul is consistent

- 161 -

ॐ नियमाय स्वाहा

oṁ niyamāya svāha

To He who is all discipline

- 162 -

ॐ यमाय स्वाहा

oṁ yamāya svāhā

To He who controls

- 163 -

ॐ वेद्याय स्वाहा

oṁ vedyāya svāhā

To He who dwells in wisdom

- 164 -

ॐ वैद्याय स्वाहा

oṁ vaidyāya svāhā

To He who dwells in the application of wisdom

- 165 -

ॐ सदायोगिने स्वाहा

oṁ sadāyogine svāhā

To He who is always in union

- 166 -

ॐ वीरघ्ने स्वाहा

oṁ vīraghne svāhā

To He who slays heroic warriors

- 167 -

ॐ माधवाय स्वाहा

oṁ mādhavāya svāhā

To He who is sweetest

- 168 -

ॐ मधवे स्वाहा

oṁ madhave svāhā

To He who is sweet

- 169 -

ॐ अतीन्द्रियाय स्वाहा

oṁ atīndriyāya svāhā

To He who is beyond the knowledge of the senses

- 170 -

ॐ महामायाय स्वाहा

oṁ mahāmāyāya svāhā

To He who is the great measurement of consciousness

- 171 -

ॐ महोत्साहाय स्वाहा

oṁ mahotsāhāya svāhā

To He who gives great enthusiasm

- 172 -

ॐ महाबलाय स्वाहा

oṁ mahābalāya svāhā

To He who is great strength

- 173 -

ॐ महाबुद्धये स्वाहा

oṁ mahābuddhaye svāhā

To He who is great intelligence

- 174 -

ॐ महावीर्याय स्वाहा

oṁ mahāvīryāya svāhā

To He who is great heroism

- 175 -

ॐ महाशक्तये स्वाहा

oṁ mahāśaktaye svāhā

To He who is great energy

- 176 -

ॐ महाद्युतये स्वाहा

oṁ mahādyutaye svāhā

To He who is great light

- 177 -

ॐ अनिर्देश्यवपुषे स्वाहा

oṁ anirdeśyavapuṣe svāhā
To He who is undefinable

- 178 -

ॐ श्रीमते स्वाहा

oṁ śrīmate svāhā
To He who is respected

- 179 -

ॐ अमेयात्मने स्वाहा

oṁ ameyātmane svāhā
To He who is the immeasurable soul

- 180 -

ॐ महाद्रिधृषे स्वाहा

oṁ mahādridhṛṣe svāhā
To He who is the great perceiver of consistency

- 181 -

ॐ महेष्वासाय स्वाहा

oṁ maheṣvāsāya svāhā
To He who resides in great perception

- 182 -

ॐ महीभर्त्रे स्वाहा

oṁ mahībhatre svāhā
To He who is the spouse of the earth

- 183 -

ॐ श्रीनिवासाय स्वाहा

oṁ śrīnivāsāya svāhā
To He who dwells in respect

- 184 -

ॐ सताङ्गतये स्वाहा

oṁ satāṅgataye svāhā
To He who has one hundred bodies

- 185 -

ॐ अनिरुद्धाय स्वाहा

oṁ aniruddhāya svāhā
To He who expands limitations

- 186 -

ॐ सुरानन्दाय स्वाहा

oṁ surānandāya svāhā
To He who is the bliss of the Gods

- 187 -

ॐ गोविन्दाय स्वाहा

oṁ govindāya svāhā
To He who is one-pointed light

- 188 -

ॐ गोविदाम्पतये स्वाहा

oṁ govidāmpataye svāhā
To He who is the lord of one-pointed light

- 189 -

ॐ मरीचये स्वाहा

oṁ marīcaye svāhā
To He who is luminous

- 190 -

ॐ दमनाय स्वाहा

oṁ damanāya svāhā
To He who controls

- 191 -

ॐ हंसाय स्वाहा

oṁ haṁsāya svāhā
To He who is a swan

- 192 -

ॐ सुपर्णाय स्वाहा

oṁ suparṇāya svāhā
To He who has excellent parts

- 193 -

ॐ भुजगोत्तमाय स्वाहा

oṁ bhujagottamāya svāhā
To He who is an excellent snake

- 194 -

ॐ हिरण्यनाभाय स्वाहा

oṁ hiraṇyanābhāya svāhā
To He who has a golden navel

- 195 -

ॐ सुतपसे स्वाहा

oṁ sutapase svāhā
To He who performs excellent austerities

- 196 -

ॐ पद्मनाभाय स्वाहा

oṁ padmanābhāya svāhā
To He who possesses the lotus navel

- 197 -

ॐ प्रजापतये स्वाहा

oṁ prajāpataye svāhā
To He who is the lord of all beings born

- 198 -

ॐ अमृत्यवे स्वाहा

oṁ amṛtyave svāhā
To He who is without death

- 199 -

ॐ सर्वदृशे स्वाहा

oṁ sarvadṛśe svāhā
To He who sees all

- 200 -

ॐ सिंहाय स्वाहा

oṁ siṁhāya svāhā
To He who is a lion

- 201 -

ॐ सन्धात्रे स्वाहा

oṁ sandhātre svāhā
To He who is the creator of true existence

- 202 -

ॐ सन्धिमते स्वाहा

oṁ sandhimate svāhā
To He who contemplates truth

- 203 -

ॐ स्थिराय स्वाहा

oṁ sthirāya svāhā
To He who is still, unchanging

- 204 -

ॐ अजाय स्वाहा

oṁ ajāya svāhā
To He who is unborn

- 205 -

ॐ दुर्मर्षणाय स्वाहा

oṁ durmarṣaṇāya svāhā
To He who is difficult to attain

- 206 -

ॐ शास्त्रे स्वाहा

oṁ śāstre svāhā
To He who is scripture

- 207 -

ॐ विश्रुतात्मने स्वाहा

oṁ viśrutātmane svāhā
To He who is the imperceptible soul

- 208 -

ॐ सुरारिघ्ने स्वाहा

oṁ surārighne svāhā
To He who is the destroyer of the enemies of the Gods

- 209 -

ॐ गुरवे स्वाहा

oṁ gurave svāhā

To He who is the guru

- 210 -

ॐ गुरुतमाय स्वाहा

oṁ gurutamāya svāhā

To He who is the excellent guru

- 211 -

ॐ धाम्ने स्वाहा

oṁ dhāmne svāhā

To He who is the greatest places of pilgrimage

- 212 -

ॐ सत्याय स्वाहा

oṁ satyāya svāhā

To He who is truth

- 213 -

ॐ सत्यपराक्रमाय स्वाहा

oṁ satyaparākramāya svāhā

To He who is invincible truth

- 214 -

ॐ निमिषाय स्वाहा

oṁ nimiṣāya svāhā

To He who causes the eyes to blink

- 215 -

ॐ अनिमिषाय स्वाहा

oṁ animiṣāya svāhā

To He who cannot be made to blink

- 216 -

ॐ स्रग्विणे स्वाहा

oṁ sragviṇe svāhā

To He who is a garland of mantras

- 217 -

ॐ वाचस्पतिरुदारधिये स्वाहा

oṁ vācaspatirudāradhiye svāhā
To He who contemplates the rise of the lord of vibrations

- 218 -

ॐ अग्रण्ये स्वाहा

oṁ agraṇye svāhā
To He who bestows liberation

- 219 -

ॐ ग्रामण्ये स्वाहा

oṁ grāmaṇye svāhā
To He who radiates unsurpassing beauty

- 220 -

ॐ श्रीमते स्वाहा

oṁ śrīmate svāhā
To He who is respected

- 221 -

ॐ न्यायाय स्वाहा

oṁ nyāyāya svāhā
To He who uses logic

- 222 -

ॐ नेत्रे स्वाहा

oṁ netre svāhā
To He who dwells in the eyes

- 223 -

ॐ समीरणाय स्वाहा

oṁ samīraṇāya svāhā
To He who is the cause of all movement

- 224 -

ॐ सहस्रमूर्ध्ने स्वाहा

oṁ sahasramūrdne svāhā
To He who has a thousand heads

- 225 -

ॐ विश्वात्मने स्वाहा

oṁ viśvātmane svāhā
To He who is the soul of the universe

- 226 -

ॐ सहस्राक्षाय स्वाहा

oṁ sahasrākṣāya svāhā
To He who has a thousand eyes

- 227 -

ॐ सहस्रपदे स्वाहा

oṁ sahasrapade svāhā
To He who has a thousand feet

- 228 -

ॐ आवर्त्तनाय स्वाहा

oṁ āvarttanāya svāhā
To He who is continual change

- 229 -

ॐ निवृत्तात्मने स्वाहा

oṁ nivṛttātmane svāhā
To He who is the soul of all change

- 230 -

ॐ संवृताय स्वाहा

oṁ saṁvṛtāya svāhā
To He who is all change

- 231 -

ॐ सम्प्रमर्दनाय स्वाहा

oṁ sampramardanāya svāhā
To He who is the essence of all proof

- 232 -

ॐ अहःसंवर्तकाय स्वाहा

oṁ ahaḥsaṁvartakāya svāhā
To He who is the light of the day

- 233 -

ॐ वह्ने स्वाहा

oṁ vahne svāhā
To He who is fire

- 234 -

ॐ अनिलाय स्वाहा

oṁ anilāya svāhā
To He who has no residence

- 235 -

ॐ धरणीधराय स्वाहा

oṁ dharaṇīdharāya svāhā
To He who is the support of all supports

- 236 -

ॐ सुप्रसादाय स्वाहा

oṁ suprasādāya svāhā
To He who is the excellent, consecrated offering

- 237 -

ॐ प्रसन्नात्मने स्वाहा

oṁ prasannātmane svāhā
To He whose soul is delighted

- 238 -

ॐ विश्वभृषे स्वाहा

oṁ viśvabhṛṣe svāhā
To He who is the delight of the universe

- 239 -

ॐ विश्वभुजे स्वाहा

oṁ viśvabhuje svāhā
To He who is the arms of the universe

- 240 -

ॐ विभवे स्वाहा

oṁ vibhave svāhā
To He who is beyond all existence

- 241 -

ॐ सत्कर्त्रे स्वाहा

oṁ satkartre svāhā
To He who acts with truth

- 242 -

ॐ सत्कृताय स्वाहा

oṁ satkṛtāya svāhā
To He who is the action of truth

- 243 -

ॐ साधवे स्वाहा

oṁ sādhave svāhā
To He who is efficient

- 244 -

ॐ जह्नवे स्वाहा

oṁ jahnave svāhā
To He who is the Ganges River

- 245 -

ॐ नारायणाय स्वाहा

oṁ nārāyaṇāya svāhā
To He who is the manifestation of consciousness

- 246 -

ॐ नराय स्वाहा

oṁ narāya svāhā
To He who is the embodiment of humanity

- 247 -

ॐ असंख्येयाय स्वाहा

oṁ asaṁkhyeyāya svāhā
To He who is innumerable

- 248 -

ॐ अप्रमेयात्मने स्वाहा

oṁ aprameyātmane svāhā
To He whose soul is immeasurable

- 249 -

ॐ विशिष्टाय स्वाहा

oṁ viśiṣṭāya svāhā
To He who is unique

- 250 -

ॐ शिष्टकृते स्वाहा

oṁ śiṣṭakṛte svāhā
To He who creates the ultimate

- 251 -

ॐ शुचये स्वाहा

oṁ śucaye svāhā
To He who is pure

- 252 -

ॐ सिद्धार्थाय स्वाहा

oṁ siddhārthāya svāhā
To He who is the object of attainment

- 253 -

ॐ शिद्धसङ्कल्पाय स्वाहा

oṁ śiddhasaṅkalpāya svāhā
To He who is the vow of discipline to attain perfection

- 254 -

ॐ सिद्धिदाय स्वाहा

oṁ siddhidāya svāhā
To He who grants perfection

- 255 -

ॐ सिद्धिसाधनाय स्वाहा

oṁ siddhisādhanāya svāhā
To He who is the discipline of perfection

- 256 -

ॐ वृषाहिने स्वाहा

oṁ vṛṣāhine svāhā
To He who fulfills all desires

- 257 -

ॐ वृषभाय स्वाहा

oṁ vṛṣabhāya svāhā
To He who grants power

- 258 -

ॐ विष्णवे स्वाहा

oṁ viṣṇave svāhā
To He who pervades all

- 259 -

ॐ वृषपर्वणे स्वाहा

oṁ vṛṣaparvaṇe svāhā
To He who rises to the ultimate

- 260 -

ॐ वृषोदराय स्वाहा

oṁ vṛṣodarāya svāhā
To He who contains all

- 261 -

ॐ वर्द्धनाय स्वाहा

oṁ varddhanāya svāhā
To He who is evolution

- 262 -

ॐ वर्द्धमानाय स्वाहा

oṁ varddhamānāya svāhā
To He who is change with evolution

- 263 -

ॐ विविक्ताय स्वाहा

oṁ viviktāya svāhā
To He who is unaffected by change

- 264 -

ॐ स्तुतिसागराय स्वाहा

oṁ stutisāgarāya svāhā
To He who is the ocean of praise

- 265 -

ॐ सुभुजाय स्वाहा

oṁ subhujāya svāhā

To He who has excellent arms

- 266 -

ॐ दुर्धराय स्वाहा

oṁ durdharāya svāhā

To He who is difficult to contemplate

- 267 -

ॐ वाग्मिने स्वाहा

oṁ vāgmine svāhā

To He who is in all vibrations

- 268 -

ॐ महेन्द्राय स्वाहा

oṁ mahendrāya svāhā

To He who is the great ruler

- 269 -

ॐ वसुदाय स्वाहा

oṁ vasudāya svāhā

To He who is the giver of wealth

- 270 -

ॐ वसवे स्वाहा

oṁ vasave svāhā

To He who is wealth

- 271 -

ॐ नैकरूपाय स्वाहा

oṁ naikarūpāya svāhā

To He who is many forms

- 272 -

ॐ बृहद्रूपाय स्वाहा

oṁ bṛhadrūpāya svāhā

To He who is the form of the great

- 273 -

ॐ शिपिविष्टाय स्वाहा

oṁ śipiviṣṭaya svāhā

To He who is the source of luminous rays

- 274 -

ॐ प्रकाशनाय स्वाहा

oṁ prakāśanāya svāhā

To He who illuminates all

- 275 -

ॐ ओजस्तेजोद्युतिधराय स्वाहा

oṁ ojastejodyutidharāya svāhā

To He who supports divine light, both subtle and gross

- 276 -

ॐ प्रकाशात्मने स्वाहा

oṁ prakāśātmane svāhā

To He who is the soul of illumination

- 277 -

ॐ प्रतापनाय स्वाहा

oṁ pratāpanāya svāhā

To He who is courageous

- 278 -

ॐ ऋद्धाय स्वाहा

oṁ ṛddhāya svāhā

To He who is full of knowledge

- 279 -

ॐ स्पष्टाक्षराय स्वाहा

oṁ spaṣṭākṣarāya svāhā

To He who is clear letters

- 280 -

ॐ मन्त्राय स्वाहा

oṁ mantrāya svāhā

To He who is the mantra, words of divine inspiration

- 281 -

ॐ चन्द्रांशवे स्वाहा

oṁ candrāṁśave svāhā
To He who is the rays of the moon

- 282 -

ॐ भास्करद्युतये स्वाहा

oṁ bhāskaradyutaye svāhā
To He who is the light of the sun

- 283 -

ॐ अमृतांशूद्भवाय स्वाहा

oṁ amṛtāṁśūdbhavāya svāhā
To He who creates the portion of nectar

- 284 -

ॐ भानवे स्वाहा

oṁ bhānave svāhā
To He who is shining gloriously

- 285 -

ॐ शशिविन्दवे स्वाहा

oṁ śaśivindave svāhā
To He who is the bindu above the moon

- 286 -

ॐ सुरेश्वराय स्वाहा

oṁ sureśvarāya svāhā
To He who is the lord of the gods

- 287 -

ॐ औषधाय स्वाहा

oṁ auṣadhāya svāhā
To He who is the medicines, the healing plants

- 288 -

ॐ जगतःसेतवे स्वाहा

oṁ jagataḥsetave svāhā
To He who is the bridge across worldliness

- 289 -

ॐ सत्धर्मपराक्रमाय स्वाहा

oṁ satdharmaparākramāya svāhā

To He who protects the dharma

- 290 -

ॐ भूतभव्यभवन्नाथाय स्वाहा

oṁ bhūtabhavyabhavannāthāya svāhā

To He who is the lord of all time

- 291 -

ॐ पवनाय स्वाहा

oṁ pavanāya svāhā

To He who is pure

- 292 -

ॐ पावनाय स्वाहा

oṁ pāvanāya svāhā

To He who gives life to the wind

- 293 -

ॐ अनलाय स्वाहा

oṁ analāya svāhā

To He who is fire

- 294 -

ॐ कामघ्ने स्वाहा

oṁ kāmaghne svāhā

To He who destroys desire

- 295 -

ॐ कामकृते स्वाहा

oṁ kāmakṛte svāhā

To He who fulfills desire

- 296 -

ॐ कान्ताय स्वाहा

oṁ kāntāya svāhā

To He who is beauty enhanced by love

- 297 -

ॐ कामाय स्वाहा

oṁ kāmāya svāhā
To He who is all desire

- 298 -

ॐ कामप्रदाय स्वाहा

oṁ kāmapradāya svāhā
To He who bestows objects of desire

- 299 -

ॐ प्रभवे स्वाहा

oṁ prabhave svāhā
To He who is lord

- 300 -

ॐ युगादिकृते स्वाहा

oṁ yugādikṛte svāhā
To He who divides time

- 301 -

ॐ युगावर्त्ताय स्वाहा

oṁ yugāvarttāya svāhā
To He who creates time

- 302 -

ॐ नैकमायाय स्वाहा

oṁ naikamāyāya svāhā
To He who has various forms of māyā

- 303 -

ॐ महाशनाय स्वाहा

oṁ mahāśanāya svāhā
To He who eats all

- 304 -

ॐ अदृश्याय स्वाहा

oṁ adṛśyāya svāhā
To He who is imperceivable

\- 305 -

ॐ अव्यक्तरूपाय स्वाहा

oṁ avyaktarūpāya svāhā
To He whose form is imperceivable

\- 306 -

ॐ सहस्रजिते स्वाहा

oṁ sahasrajite svāhā
To He who defeats thousands of enemies

\- 307 -

ॐ अनन्तजिते स्वाहा

oṁ anantajite svāhā
To He who defeats all

\- 308 -

ॐ इष्टाय स्वाहा

oṁ iṣṭāya svāhā
To He who is desired

\- 309 -

ॐ विशिष्टाय स्वाहा

oṁ viśiṣṭāya svāhā
To He who has special love for all

\- 310 -

ॐ शिष्टेष्टाय स्वाहा

oṁ śiṣṭeṣṭāya svāhā
To He who is specially loved by all

\- 311 -

ॐ शिखण्डिने स्वाहा

oṁ śikhaṇḍine svāhā
To He who is the peacock feather in the crown

\- 312 -

ॐ नहुषाय स्वाहा

oṁ nahuṣāya svāhā
To He who is bound by illusion

- 313 -

ॐ वृषाय स्वाहा

oṁ vṛṣāya svāhā
To He who is the bull of discipline

- 314 -

ॐ क्रोधघ्ने स्वाहा

oṁ krodhaghne svāhā
To He who destroys anger

- 315 -

ॐ क्रोधकृत्कर्त्रे स्वाहा

oṁ krodhakṛtkartre svāhā
To He who becomes angry with the angered

- 316 -

ॐ विश्वबाहवे स्वाहा

oṁ viśvabāhave svāhā
To He whose arms pervade the universe

- 317 -

ॐ महीधराय स्वाहा

oṁ mahīdharāya svāhā
To He who supports the earth

- 318 -

ॐ अच्युताय स्वाहा

oṁ acyutāya svāhā
To He who is without change

- 319 -

ॐ प्रथिताय स्वाहा

oṁ prathitāya svāhā
To He who is foremost

- 320 -

ॐ प्राणाय स्वाहा

oṁ prāṇāya svāhā
To He who is life

- 321 -

ॐ प्राणदाय स्वाहा

oṁ prāṇadāya svāhā
To He who is the giver of life

- 322 -

ॐ वासवानुजाय स्वाहा

oṁ vāsavānujāya svāhā
To He who gives birth to wealth

- 323 -

ॐ अपांनिधये स्वाहा

oṁ apāṁnidhaye svāhā
To He who is the great ocean

- 324 -

ॐ अधिष्ठानाय स्वाहा

oṁ adhiṣṭhānāya svāhā
To He who is the substratum of existence

- 325 -

ॐ अप्रमत्ताय स्वाहा

oṁ apramattāya svāhā
To He who is without error

- 326 -

ॐ प्रतिष्ठिताय स्वाहा

oṁ pratiṣṭhitāya svāhā
To He who is established

- 327 -

ॐ स्कन्दाय स्वाहा

oṁ skandāya svāhā
To He who is the commander of the armies of divinity

- 328 -

ॐ स्कन्दधराय स्वाहा

oṁ skanddharāya svāhā
To He who supports the commander of the armies of divinity

- 329 -

ॐ धुर्याय स्वाहा

oṁ dhuryāya svāhā
To He who is difficult to support

- 330 -

ॐ वरदाय स्वाहा

oṁ varadāya svāhā
To He who is the giver of boons

- 331 -

ॐ वायुवाहनाय स्वाहा

oṁ vāyuvāhanāya svāhā
To He who is the winds

- 332 -

ॐ वासुदेवाय स्वाहा

oṁ vāsudevāya svāhā
To He who is the lord of the wealth of existence

- 333 -

ॐ बृहद्भानवे स्वाहा

oṁ bṛhadbhānave svāhā
To He whose rays of light are immense

- 334 -

ॐ आदिदेवाय स्वाहा

oṁ ādidevāya svāhā
To He who is the foremost deity

- 335 -

ॐ पुरन्दराय स्वाहा

oṁ purandarāya svāhā
To He who destroys demons

- 336 -

ॐ अशोकाय स्वाहा

oṁ aśokāya svāhā
To He who is devoid of grief

- 337 -

ॐ तारणाय स्वाहा

oṁ tāraṇāya svāhā

To He who takes others across the ocean of worldliness

- 338 -

ॐ ताराय स्वाहा

oṁ tārāya svāhā

To He who takes away fear

- 339 -

ॐ शूराय स्वाहा

oṁ śūrāya svāhā

To He who has great strength

- 340 -

ॐ शौरये स्वाहा

oṁ śauraye svāhā

To He who is son of the divine

- 341 -

ॐ जनेश्वराय स्वाहा

oṁ janeśvarāya svāhā

To He who is the supreme lord of the form of all beings

- 342 -

ॐ अनुकूलाय स्वाहा

oṁ anukūlāya svāhā

To He who is friend of the family of all

- 343 -

ॐ शतावर्त्ताय स्वाहा

oṁ śatāvarttāya svāhā

To He who comes a hundred times

- 344 -

ॐ पद्मिने स्वाहा

oṁ padmine svāhā

To He who is the bearer of a lotus

- 345 -

ॐ पद्मनिभेक्षणाय स्वाहा

oṁ padmanibhekṣaṇāya svāhā
To He who has lotus eyes

- 346 -

ॐ पद्मनाभाय स्वाहा

oṁ padmanābhāya svāhā
To He who has a lotus navel

- 347 -

ॐ अरविन्दाक्षाय स्वाहा

oṁ aravindākṣāya svāhā
To He who has lotus eyes

- 348 -

ॐ पद्मगर्भाय स्वाहा

oṁ padmagarbhāya svāhā
To He who is the womb of the lotus

- 349 -

ॐ शरीरभृते स्वाहा

oṁ śarīrabhṛte svāhā
To He who dwells within the body

- 350 -

ॐ महर्द्धये स्वाहा

oṁ maharddhaye svāhā
To He who possesses unquestionable sovereignty

- 351 -

ॐ ऋद्धाय स्वाहा

oṁ ṛddhāya svāhā
To He who is expansive

- 352 -

ॐ वृद्धात्मने स्वाहा

oṁ vṛddhātmane svāhā
To He who is the oldest soul

- 353 -

ॐ महाक्षाय स्वाहा

oṁ mahākṣāya svāhā
To He who has great eyes

- 354 -

ॐ गरुडध्वजाय स्वाहा

oṁ garuḍadhvajāya svāhā
To He who bears the king of birds on his flag

- 355 -

ॐ अतुलाय स्वाहा

oṁ atulāya svāhā
To He with whom none can be compared

- 356 -

ॐ शरभाय स्वाहा

oṁ śarabhāya svāhā
To He who is the luminous self

- 357 -

ॐ भीमाय स्वाहा

oṁ bhīmāya svāhā
To He who is terrible

- 358 -

ॐ समयज्ञाय स्वाहा

oṁ samayajñāya svāhā
To He who is the knower of time

- 359 -

ॐ हविर्हरये स्वाहा

oṁ havirharaye svāhā
To He who takes away oblations

- 360 -

ॐ सर्वलक्षणलक्षण्याय स्वाहा

oṁ sarvalakṣaṇalakṣaṇyāya svāhā
To He who is the definition of all definitions

\- 361 -

ॐ लक्ष्मीवते स्वाहा

oṁ lakṣmīvate svāhā
To He who lives with Lakṣmī

\- 362 -

ॐ समितिञ्जयाय स्वाहा

oṁ samitiñjayāya svāhā
To He who is always victorious

\- 363 -

ॐ विक्षराय स्वाहा

oṁ vikṣarāya svāhā
To He who does not decay

\- 364 -

ॐ रोहिताय स्वाहा

oṁ rohitāya svāhā
To He who is of reddish hue

\- 365 -

ॐ मार्गाय स्वाहा

oṁ mārgāya svāhā
To He who is the way

\- 366 -

ॐ हेतवे स्वाहा

oṁ hetave svāhā
To He who is motivation

\- 367 -

ॐ दामोदराय स्वाहा

oṁ dāmodarāya svāhā
To He who is the generous giver

\- 368 -

ॐ सहाय स्वाहा

oṁ sahāya svāhā
To He who endures all

- 369 -

ॐ महीधराय स्वाहा

oṁ mahīdharāya svāhā
To He who supports the earth

- 370 -

ॐ महाभागाय स्वाहा

oṁ mahābhāgāya svāhā
To He who is great fortune

- 371 -

ॐ वेगवते स्वाहा

oṁ vegavate svāhā
To He who is great speed

- 372 -

ॐ अमिताशनाय स्वाहा

oṁ amitāśanāya svāhā
To He who has an insatiable appetite

- 373 -

ॐ उद्भवाय स्वाहा

oṁ udbhavāya svāhā
To He from whom all are born

- 374 -

ॐ क्षोभणाय स्वाहा

oṁ kṣobhaṇāya svāhā
To He who shines

- 375 -

ॐ देवाय स्वाहा

oṁ devāya svāhā
To He who is God

- 376 -

ॐ श्रीगर्भाय स्वाहा

oṁ śrīgarbhāya svāhā
To He who is the womb of respect

- 377 -

ॐ परमेश्वराय स्वाहा

oṁ parameśvarāya svāhā
To He who is the supreme lord

- 378 -

ॐ करणाय स्वाहा

oṁ karaṇāya svāhā
To He who is the instrumental cause

- 379 -

ॐ कारणाय स्वाहा

oṁ kāraṇāya svāhā
To He who is the material cause

- 380 -

ॐ कर्त्रे स्वाहा

oṁ kartre svāhā
To He who is the actor

- 381 -

ॐ विकर्त्रे स्वाहा

oṁ vikartre svāhā
To He who is the recipient of action

- 382 -

ॐ गहनाय स्वाहा

oṁ gahanāya svāhā
To He who is hidden from view

- 383 -

ॐ गुहाय स्वाहा

oṁ guhāya svāhā
To He who is secret or hidden

- 384 -

ॐ व्यवसाय स्वाहा

oṁ vyavasāya svāhā
To He who is determined

- 385 -

ॐ व्यवस्थानाय स्वाहा

oṁ vyavasthānāya svāhā
To He who is situated in circumstances

- 386 -

ॐ संस्थानाय स्वाहा

oṁ saṁsthānāya svāhā
To He who is in all situations

- 387 -

ॐ स्थानदाय स्वाहा

oṁ sthānadāya svāhā
To He who is the giver of situations

- 388 -

ॐ ध्रुवाय स्वाहा

oṁ dhruvāya svāhā
To He who is fixed

- 389 -

ॐ परर्द्धये स्वाहा

oṁ parardhaye svāhā
To He who is of the greatest majesty

- 390-

ॐ परमस्पष्टाय स्वाहा

oṁ paramaspaṣṭāya svāhā
To He who is the highest clarity

- 391 -

ॐ तुष्टाय स्वाहा

oṁ tuṣṭāya svāhā
To He who is satisfied

- 392 -

ॐ पुष्टाय स्वाहा

oṁ puṣṭāya svāhā
To He who is nourishment

- 393 -

ॐ शुभेक्षणाय स्वाहा

oṁ śubhekṣaṇāya svāhā
To He whose glance is auspicious

- 394 -

ॐ रामाय स्वाहा

oṁ rāmāya svāhā
To He who is the manifestation of the subtle body of consciousness

- 395 -

ॐ विरामाय स्वाहा

oṁ virāmāya svāhā
To He within whom all take rest

- 396 -

ॐ विरजसे स्वाहा

oṁ virajase svāhā
To He who is free from desire

- 397 -

ॐ मार्गाय स्वाहा

oṁ mārgāya svāhā
To He who is the way

- 398 -

ॐ नेयाय स्वाहा

oṁ neyāya svāhā
To He who shows the way

- 399 -

ॐ नयाय स्वाहा

oṁ nayāya svāhā
To He who moves all along the way

- 400 -

ॐ अनयाय स्वाहा

oṁ anayāya svāhā
To He who is not moved

- 401 -

ॐ वीराय स्वाहा

oṁ vīrāya svāhā
To He who is a hero

- 402 -

ॐ शक्तिमतां श्रेष्ठाय स्वाहा

oṁ śaktimatāṁ śreṣṭāya svāhā
To He who is supreme energy

- 403 -

ॐ धर्माय स्वाहा

oṁ dharmāya svāhā
To He who is the ideal of perfection

- 404 -

ॐ धर्मविदुत्तमाय स्वाहा

oṁ dharmaviduttamāya svāhā
To He who is the ambassador of dharma

- 405 -

ॐ वैकुण्ठाय स्वाहा

oṁ vaikuṇṭhāya svāhā
To He who is the supreme abode of Viṣṇu

- 406 -

ॐ पुरुषाय स्वाहा

oṁ puruṣāya svāhā
To He who is full, complete, perfect consciousness

- 407 -

ॐ प्राणाय स्वाहा

oṁ prāṇāya svāhā
To He who is life

- 408 -

ॐ प्राणदाय स्वाहा

oṁ prāṇadāya svāhā
To He who is the giver of life

- 409 -

ॐ प्रणवाय स्वाहा

oṁ praṇavāya svāhā
To He who is Oṁ

- 410 -

ॐ पृथवे स्वाहा

oṁ pṛthave svāhā
To He who is king of the earth

- 411 -

ॐ हिरण्यगर्भाय स्वाहा

oṁ hirṇyagarbhāya svāhā
To He who is the golden womb

- 412 -

ॐ शत्रुघ्नाय स्वाहा

oṁ śatrughnāya svāhā
To He who is the destroyer of enemies

- 413 -

ॐ व्याप्ताय स्वाहा

oṁ vyāptāya svāhā
To He who individualizes creation

- 414 -

ॐ वायवे स्वाहा

oṁ vāyave svāhā
To He who is the wind

- 415 -

ॐ अधोक्षजाय स्वाहा

oṁ adhokṣajāya svāhā
To He who is not bound by the senses

- 416 -

ॐ ऋतवे स्वाहा

oṁ ṛtave svāhā
To He who is beyond the seasons

- 417 -

ॐ सुदर्शनाय स्वाहा

oṁ sudarśanāya svāhā
To He who has excellent vision

- 418 -

ॐ कालाय स्वाहा

oṁ kālāya svāhā
To He who is time

- 419 -

ॐ परमेष्ठिने स्वाहा

oṁ parameṣṭhine svāhā
To He who is supreme desire

- 420 -

ॐ परिग्रहाय स्वाहा

oṁ parigrahāya svāhā
To He who is the receiver of all action

- 421 -

ॐ उग्राय स्वाहा

oṁ ugrāya svāhā
To He who is fierce

- 422 -

ॐ संवत्सराय स्वाहा

oṁ saṁvatsarāya svāhā
To He who is years

- 423 -

ॐ दक्षाय स्वाहा

oṁ dakṣāya svāhā
To He who is ability

- 424 -

ॐ विश्रामाय स्वाहा

oṁ viśrāmāya svāhā
To He who is rest

- 425 -

ॐ विश्वदक्षिणाय स्वाहा

oṁ viśvadakṣiṇāya svāhā

To He who is the gift of respect in the universe

- 426 -

ॐ विस्ताराय स्वाहा

oṁ vistārāya svāhā

To He who extends infinity

- 427 -

ॐ स्थावरस्थाणवे स्वाहा

oṁ sthāvarasthāṇave svāhā

To He who resides in hymns of praise

- 428 -

ॐ प्रमाणाय स्वाहा

oṁ pramāṇāya svāhā

To He who is proof

- 429 -

ॐ बीजमव्ययाय स्वाहा

oṁ bījamavyayāya svāhā

To He who is the unchanging seed

- 430 -

ॐ अर्थाय स्वाहा

oṁ arthāya svāhā

To He who is meaning

- 431 -

ॐ अनर्थाय स्वाहा

oṁ anarthāya svāhā

To He who is beyond definition

- 432 -

ॐ महाकोशाय स्वाहा

oṁ mahākośāya svāhā

To He who is the great covering

- 433 -

ॐ महाभोगाय स्वाहा

oṁ mahābhogāya svāhā
To He who is great enjoyment

- 434 -

ॐ महाधनाय स्वाहा

oṁ mahādhanāya svāhā
To He who is great wealth

- 435 -

ॐ अनिर्विण्णाय स्वाहा

oṁ anirviṇṇāya svāhā
To He who never tires

- 436 -

ॐ स्थविष्ठाय स्वाहा

oṁ sthaviṣṭhāya svāhā
To He who is established in perceivable existence

- 437 -

ॐ अभुवे स्वाहा

oṁ abhuve avāhā
To He who has not been born

- 438 -

ॐ धर्मयूपाय स्वाहा

oṁ dharmayūpāya svāhā
To He who is the sacrificial pillar

- 439 -

ॐ महामखाय स्वाहा

oṁ mahāmakhāya svāhā
To He who performs great sacrifices

- 440 -

ॐ नक्षत्रनेमिने स्वाहा

oṁ nakṣatranemine svāhā
To He who is the center of the light of the stars

- 441 -

ॐ नक्षत्रिणे स्वाहा

oṁ nakṣatriṇe svāhā
To He who is the lord of the stars

- 442 -

ॐ क्षमाय स्वाहा

oṁ kṣamāya svāhā
To He who demonstrates ability in all action

- 443 -

ॐ क्षामाय स्वाहा

oṁ kṣāmāya svāhā
To He who is resides in infinity

- 444 -

ॐ समीहनाय स्वाहा

oṁ samīhanāya svāhā
To He who only desires pure souls

- 445 -

ॐ यज्ञाय स्वाहा

oṁ yajñāya svāhā
To He who is the sacrifice of union

- 446 -

ॐ ईज्याय स्वाहा

oṁ ījyāya svāhā
To He who is the goal of the sacrifice of union

- 447 -

ॐ महेज्याय स्वाहा

oṁ mahejyāya svāhā
To He who is the most excellent who is worshipped

- 448 -

ॐ क्रतवे स्वाहा

oṁ kratave svāhā
To He who is the sacrificial post

- 449 -

ॐ सत्राय स्वाहा

oṁ satrāya svāhā
To He who protects the dharma of all

- 450 -

ॐ सताङ्गतये स्वाहा

oṁ satāṅgataye svāhā
To He who moves a hundred bodies

- 451 -

ॐ सर्वदर्शिने स्वाहा

oṁ sarvadarśine svāhā
To He who sees all

- 452 -

ॐ विमुक्तात्मने स्वाहा

oṁ vimuktātmane svāhā
To He who is the liberated soul

- 453 -

ॐ सर्वज्ञाय स्वाहा

oṁ sarvajñāya svāhā
To He who is the knower of all

- 454 -

ॐ ज्ञानमुत्तमाय स्वाहा

oṁ jñānamuttamāya svāhā
To He who is the highest wisdom

- 455 -

ॐ सुव्रताय स्वाहा

oṁ suvratāya svāhā
To He who is excellent vows

- 456 -

ॐ सुमुखाय स्वाहा

oṁ sumukhāya svāhā
To He who has an excellent face

- 457 -

ॐ सूक्ष्माय स्वाहा

oṁ sūkṣmāya svāhā
To He who is subtle

- 458 -

ॐ सुघोषाय स्वाहा

oṁ sughoṣāya svāhā
To He who is the excellent sound of God

- 459 -

ॐ सुखदाय स्वाहा

oṁ sukhadāya svāhā
To He who is the giver of happiness

- 460 -

ॐ सुहृदे स्वाहा

oṁ suhṛde svāhā
To He who is excellent delight

- 461 -

ॐ मनोहराय स्वाहा

oṁ manoharāya svāhā
To He who is beautiful

- 462 -

ॐ जितक्रोधाय स्वाहा

oṁ jitakrodhāya svāhā
To He who conquers anger

- 463 -

ॐ वीरबाहवे स्वाहा

oṁ vīrabāhave svāhā
To He who has heroic arms

- 464 -

ॐ विदारणाय स्वाहा

oṁ vidāraṇāya svāhā
To He who is the destroyer of evil

- 465 -

ॐ स्वापनाय स्वाहा

oṁ svāpanāya svāhā
To He who deludes all by māyā

- 466 -

ॐ स्ववशाय स्वाहा

oṁ svavaśāya svāhā
To He who is independent

- 467 -

ॐ व्यापिने स्वाहा

oṁ vyāpine svāhā
To He who pervades all

- 468 -

ॐ नैकात्मने स्वाहा

oṁ naikātmane svāhā
To He who is many souls

- 469 -

ॐ नैककर्मकृते स्वाहा

oṁ naikakarmakṛte svāhā
To He who performs many actions

- 470 -

ॐ वत्सराय स्वाहा

oṁ vatsarāya svāhā
To He who is the abode of all

- 471 -

ॐ वत्सलाय स्वाहा

oṁ vatsalāya svāhā
To He who is the lover of all

- 472 -

ॐ वत्सिने स्वाहा

oṁ vatsine svāhā
To He who is the father of all

- 473 -

ॐ रत्नागर्भाय स्वाहा

oṁ ratnāgarbhāya svāhā
To He who is the womb of jewels

- 474 -

ॐ धनेश्वराय स्वाहा

oṁ dhaneśvarāya svāhā
To He who is the supreme lord of wealth

- 475 -

ॐ धर्मगुप्तये स्वाहा

oṁ dharmaguptaye svāhā
To He who is the protector of the ideals of perfection

- 476 -

ॐ धर्मकृते स्वाहा

oṁ dharmakṛte svāhā
To He who is the performer of the ideals of perfection

- 477 -

ॐ धर्मिणे स्वाहा

oṁ dharmiṇe svāhā
To He who is the seer of the ideals of perfection

- 478 -

ॐ सते स्वाहा

oṁ sate svāhā
To He who is manifest in true existence

- 479 -

ॐ असते स्वाहा

oṁ asate svāhā
To He who is manifest in the perishable

- 480 -

ॐ क्षराय स्वाहा

oṁ kṣarāya svāhā
To He who is limited

- 481 -

ॐ अक्षराय स्वाहा

oṁ akṣarāya svāhā
To He who is unlimited

- 482 -

ॐ अविज्ञात्रे स्वाहा

oṁ avijñātre svāhā
To He who is in those who do not know

- 483 -

ॐ सहस्रांशवे स्वाहा

oṁ sahasrāṁśave svāhā
To He who has a thousand parts

- 484 -

ॐ विधात्रे स्वाहा

oṁ vidhātre svāhā
To He who is the creator

- 485 -

ॐ कृतलक्षणाय स्वाहा

oṁ kṛtalakṣaṇāya svāhā
To He who is the author of all criteria

- 486 -

ॐ गभस्तिनेमये स्वाहा

oṁ gabhastinemaye svāhā
To He who is the light of all lights

- 487 -

ॐ सत्त्वस्थाय स्वाहा

oṁ sattvasthāya svāhā
To He who is situated in truth

- 488 -

ॐ सिंहाय स्वाहा

oṁ siṁhāya svāhā
To He who has the courage of a lion

- 489 -

ॐ भूतमहेश्वराय स्वाहा

oṁ bhūtamaheśvarāya svāhā
To He who is the supreme lord of all existence

- 490 -

ॐ आदिदेवाय स्वाहा

oṁ ādidevāya svāhā
To He who is the foremost divinity

- 491 -

ॐ महादेवाय स्वाहा

oṁ mahādevāya svāhā
To He who is the great God

- 492 -

ॐ देवेशाय स्वाहा

oṁ deveśāya svāhā
To He who is supreme among Gods

- 493 -

ॐ देवभृद्गुरवे स्वाहा

oṁ devabhṛdgurave svāhā
To He who is the great Guru of the Gods

- 494 -

ॐ उत्तराय स्वाहा

oṁ uttarāya svāhā
To He who is in the north

- 495 -

ॐ गोपतये स्वाहा

oṁ gopataye svāhā
To He who is the lord of light

- 496 -

ॐ गोप्त्रे स्वाहा

oṁ goptre svāhā
To He who is hidden

- 497 -

ॐ ज्ञानगम्याय स्वाहा

oṁ jñānagamyāya svāhā
To He who moves with wisdom

- 498 -

ॐ पुरातनाय स्वाहा

oṁ purātanāya svāhā
To He who is most old

- 499 -

ॐ शरीरभूतभृते स्वाहा

oṁ śarirabhūtabhṛte svāhā
To He who is the creator of the elements of the body

- 500 -

ॐ भोक्त्रे स्वाहा

oṁ bhoktre svāhā
To He who is the enjoyer

- 501 -

ॐ कपीन्द्राय स्वाहा

oṁ kapīndrāya svāhā
To He who is the lord of monkeys

- 502 -

ॐ भूरिदक्षिणाय स्वाहा

oṁ bhūridakṣiṇāya svāhā
To He who gives offerings of respect graciously

- 503 -

ॐ सोमपाय स्वाहा

oṁ somapāya svāhā
To He who drinks the nectar of devotion

- 504 -

ॐ अमृतपाय स्वाहा

oṁ amṛtapāya svāhā
To He who drinks immortal nectar

- 505 -

ॐ सोमाय स्वाहा

oṁ somāya svāhā
To He who is the moon of devotion

- 506 -

ॐ पुरुजिते स्वाहा

oṁ purujite svāhā
To He who is completely victorious

- 507 -

ॐ पुरुषोत्तमाय स्वाहा

oṁ puruṣottamāya svāhā
To He who is full, complete, excellent consciousness

- 508 -

ॐ विनयाय स्वाहा

oṁ vinayāya svāhā
To He who has great humility

- 509 -

ॐ जयाय स्वाहा

oṁ jayāya svāhā
To He who is victorious

- 510 -

ॐ सत्यसन्धाय स्वाहा

oṁ satyasandhāya svāhā
To He who is the search for truth

- 511 -

ॐ दाशार्हाय स्वाहा

oṁ dāśārhāya svāhā
To He who is the recipient of all offerings

- 512 -

ॐ सात्वताम्पतये स्वाहा

oṁ sātvatāmpataye svāhā
To He who is the lord of all true beings

- 513 -

ॐ जीवाय स्वाहा

oṁ jīvāya svāhā
To He who is life

- 514 -

ॐ विनयितासाक्षिणे स्वाहा

oṁ vinayitāsākṣiṇe svāhā
To He who is the witness of the humble

- 515 -

ॐ मुकुन्दाय स्वाहा

oṁ mukundāya svāhā
To He who gives liberation

- 516 -

ॐ अमितविक्रमाय स्वाहा

oṁ amitavikramāya svāhā
To He who is immeasurable organization

- 517 -

ॐ अम्भोनिधये स्वाहा

oṁ ambhonidhaye svāhā
To He who is the root of devotion

- 518 -

ॐ अनन्तात्मने स्वाहा

oṁ anantātmane svāhā
To He who is the infinite soul

- 519 -

ॐ महोदधिशयाय स्वाहा

oṁ mahodadhiśayāya svāhā
To He who rests on the ocean of being

- 520 -

ॐ अन्तकाय स्वाहा

oṁ antakāya svāhā
To He who dissolves all creation

- 521 -

ॐ अजाय स्वाहा

oṁ ajāya svāhā
To He who is without birth or death

- 522 -

ॐ महार्हाय स्वाहा

oṁ mahārhāya svāhā
To He who is worthy of pūjā

- 523 -

ॐ स्वाभाव्याय स्वाहा

oṁ svābhāvyāya svāhā
To He who is established in his own attitude

- 524 -

ॐ जितामित्राय स्वाहा

oṁ jitāmitrāya svāhā
To He in whom friendship prevails

- 525 -

ॐ प्रमोदनाय स्वाहा

oṁ pramodanāya svāhā
To He who is always delighted

- 526 -

ॐ आनन्दाय स्वाहा

oṁ ānandāya svāhā
To He who is bliss

- 527 -

ॐ नन्दनाय स्वाहा

oṁ nandanāya svāhā
To He who is joy

- 528 -

ॐ नन्दाय स्वाहा

oṁ nandāya svāhā
To He who is delight

- 529 -

ॐ सत्यधर्मिणे स्वाहा

oṁ satyadharmiṇe svāhā

To He who is the true ideals of perfection

- 530 -

ॐ त्रिविक्रमाय स्वाहा

oṁ trivikramāya svāhā

To He who organizes the three worlds

- 531 -

ॐ महर्षिकपिलाचार्याय स्वाहा

oṁ maharṣkapilācāryāya svāhā

To He who is the great ṛṣi Kapilā

- 532 -

ॐ कृतज्ञाय स्वाहा

oṁ kṛtajñāya svāhā

To He who is the knower of action

- 533 -

ॐ मेदिनीपतये स्वाहा

oṁ medinīpataye svāhā

To He who is lord of the earth

- 534 -

ॐ त्रिपदाय स्वाहा

oṁ tripadāya svāhā

To He who took three steps

- 535 -

ॐ त्रिदशाध्यक्षाय स्वाहा

oṁ tridaśādhyakṣāya svāhā

To He who is the leader of all the threes

- 536 -

ॐ महाशृङ्गाय स्वाहा

oṁ mahāśṛṅgāya svāhā

To He who is with great horn

- 537 -

ॐ कृतान्तकृते स्वाहा

oṁ kṛtāntakṛte svāhā
To He who is the destroyer of creations

- 538 -

ॐ महावराहाय स्वाहा

oṁ mahāvarāhāya svāhā
To He who is the great boar of sacrifice

- 539 -

ॐ गोविन्दाय स्वाहा

oṁ govindāya svāhā
To He who is one-pointed light

- 540 -

ॐ सुषेणाय स्वाहा

oṁ suṣeṇāya svāhā
To He who is an excellent doctor

- 541 -

ॐ कनकाङ्गदिने स्वाहा

oṁ kanakāṅgadine svāhā
To He who wears golden ornaments on his arms

- 542 -

ॐ गुह्याय स्वाहा

oṁ guhyāya svāhā
To He who is the cave

- 543 -

ॐ गम्भीराय स्वाहा

oṁ gambhīrāya svāhā
To He who is serious

- 544 -

ॐ गहनाय स्वाहा

oṁ gahanāya svāhā
To He who cannot be penetrated

- 545 -

ॐ गुप्ताय स्वाहा

oṁ guptāya svāhā
To He who is hidden

- 546 -

ॐ चक्रगदाधराय स्वाहा

oṁ cakragadādharāya svāhā
To He who holds the discus and club

- 547 -

ॐ वेधसे स्वाहा

oṁ vedhase svāhā
To He who is the ultimate in the universe

- 548 -

ॐ स्वाङ्गाय स्वाहा

oṁ svāṅgāya svāhā
To He who is the embodiment of his self

- 549 -

ॐ अजिताय स्वाहा

oṁ ajitāya svāhā
To He who is undefeatable

- 550 -

ॐ कृष्णाय स्वाहा

oṁ kṛṣṇāya svāhā
To He who is dark

- 551 -

ॐ दृढाय स्वाहा

oṁ dṛḍhāya svāhā
To He who is of firm resolve

- 552 -

ॐ सङ्कर्षणाय स्वाहा

oṁ saṅkarṣaṇāya svāhā
To He who dissolves creation into his own self

- 553 -

ॐ वरुणाय स्वाहा

oṁ varuṇāya svāhā
To He who is the rays of the setting sun

- 554 -

ॐ वारुणाय स्वाहा

oṁ vāruṇāya svāhā
To He who is the son of Varuṇa, either Vaśiṣṭha or Agastya

- 555 -

ॐ वृक्षाय स्वाहा

oṁ vṛkṣāya svāhā
To He who is a tree

- 556 -

ॐ पुष्कराक्षाय स्वाहा

oṁ puṣkarākṣāya svāhā
To He who is protector of the cause of nourishment

- 557 -

ॐ महामनसे स्वाहा

oṁ mahāmanase svāhā
To He who is the great mind

- 558 -

ॐ भगवते स्वाहा

oṁ bhagavate svāhā
To He who is the supreme lord

- 559 -

ॐ भगघ्ने स्वाहा

oṁ bhagaghne svāhā
To He who dissolves creation

- 560 -

ॐ आनन्दिने स्वाहा

oṁ ānandine svāhā
To He who apportions bliss

- 561 -

ॐ वनमालिने स्वाहा

oṁ vanamāline svāhā
To He who cultivates the forest

- 562 -

ॐ हलायुधाय स्वाहा

oṁ halāyudhāya svāhā
To He who pulls the plow

- 563 -

ॐ आदित्याय स्वाहा

oṁ ādityāya svāhā
To He who is light without a second

- 564 -

ॐ ज्योतिरादित्याय स्वाहा

oṁ jyotirādityāya svāhā
To He who is indivisible light

- 565 -

ॐ सहिष्णवे स्वाहा

oṁ sahiṣṇave svāhā
To He who is with delight

- 566 -

ॐ गतिसत्तमाय स्वाहा

oṁ gatisattamāya svāhā
To He who moves with truth

- 567 -

ॐ सुधन्वने स्वाहा

oṁ sudhanvane svāhā
To He who is excellent wealth

- 568 -

ॐ खण्डपरशवे स्वाहा

oṁ khaṇḍaparaśave svāhā
To He who has many parts

- 569 -

ॐ दारुणाय स्वाहा

oṁ dāruṇāya svāhā
To He who is excellent

- 570 -

ॐ द्रविणप्रदाय स्वाहा

oṁ draviṇapradāya svāhā
To He who grants liberation to devotees

- 571 -

ॐ दिवस्पृशे स्वाहा

oṁ divaspṛśe svāhā
To He who imparts divine light

- 572 -

ॐ सर्वदृग्व्यासाय स्वाहा

oṁ sarvadṛgvyāsāya svāhā
To He who is most wise among the wise

- 573 -

ॐ वाचस्पतये स्वाहा

oṁ vācaspataye svāhā
To He who is the lord of vibrations

- 574 -

ॐ त्रिसाम्ने स्वाहा

oṁ trisāmne svāhā
To He who is the song of the three Vedas

- 575 -

ॐ सामगाय स्वाहा

oṁ sāmagāya svāhā
To He who is the singer of songs

- 576 -

ॐ साम्ने स्वाहा

oṁ sāmne svāhā
To He who is the Sāma Veda

- 577 -

ॐ निर्वाणाय स्वाहा

oṁ nirvārṇāya svāhā
To He who is the supreme unity

- 578 -

ॐ भेषजाय स्वाहा

oṁ bheṣajāya svāhā
To He who is the cure for all maladies

- 579 -

ॐ भिषजे स्वाहा

oṁ bhiṣaje svāhā
To He who is the best doctor

- 580 -

ॐ सन्यासकृते स्वाहा

oṁ sanyāsakṛte svāhā
To He who is the maker of sannyāsis

- 581 -

ॐ शमाय स्वाहा

oṁ śamāya svāhā
To He who is in equilibrium

- 582 -

ॐ शान्ताय स्वाहा

oṁ śāntāya svāhā
To He who is peaceful

- 583 -

ॐ निष्ठायै स्वाहा

oṁ niṣṭhāyai svāhā
To He who is disciplined

- 584 -

ॐ शान्त्यै स्वाहा

oṁ śāntyai svāhā
To He who exudes peace

- 585 -

ॐ परायणाय स्वाहा

oṁ parāyaṇāya svāhā
To He who is the ultimate goal

- 586 -

ॐ शुभाङ्गाय स्वाहा

oṁ śubhāṅgāya svāhā
To He whose body is extremely beautiful

- 587 -

ॐ शान्तिदाय स्वाहा

oṁ śāntidāya svāhā
To He who is the giver of peace

- 588 -

ॐ स्रष्टे स्वाहा

oṁ sraṣṭe svāhā
To He who gives birth to creation

- 589 -

ॐ कुमुदाय स्वाहा

oṁ kumudāya svāhā
To He who is like the full moon

- 590 -

ॐ कुवलेशयाय स्वाहा

oṁ kuvaleśayāya svāhā
To He who rests on the ocean of consciousness

- 591 -

ॐ गोहिताय स्वाहा

oṁ gohitāya svāhā
To He who is the benefactor or delighter of delight

- 592 -

ॐ गोपतये स्वाहा

oṁ gopataye svāhā
To He who is the lord of light

- 593 -

ॐ गोप्त्रे स्वाहा

oṁ goptre svāhā
To He who protects the perceivable universe hidden within

- 594 -

ॐ वृषभाक्षाय स्वाहा

oṁ vṛṣabhākṣāya svāhā
To He who sees through the eyes of dharma

- 595 -

ॐ वृषप्रियाय स्वाहा

oṁ vṛṣapriyāya svāhā
To He who delights in dharma

- 596 -

ॐ अनिवर्तिने स्वाहा

oṁ anivartine svāhā
To He who does not retreat

- 597 -

ॐ निवृत्तात्मने स्वाहा

oṁ nivṛttātmane svāhā
To He whose soul does not change

- 598 -

ॐ संक्षेप्त्रे स्वाहा

oṁ saṁkṣeptre svāhā
To He who dissolves existence into his being

- 599 -

ॐ क्षेमकृते स्वाहा

oṁ kṣemakṛte svāhā
To He who provides welfare to all

- 600 -

ॐ शिवाय स्वाहा

oṁ śivāya svāhā
To He who is the consciousness of infinite goodness

- 601 -

ॐ श्रीवत्सवक्षसे स्वाहा

oṁ śrīvatsavakṣase svāhā
To He who has the mark of respect on his chest

- 602 -

ॐ श्रीवासाय स्वाहा

oṁ śrīvāsāya svāhā
To He who resides in respect

- 603 -

ॐ श्रीपतये स्वाहा

oṁ śrīpataye svāhā
To He who is the lord of respect

- 604 -

ॐ श्रीमतां वराय स्वाहा

oṁ śrīmatāṁ varāya svāhā
To He who gives the boon of respect

- 605 -

ॐ श्रीदाय स्वाहा

oṁ śrīdāya svāhā
To He who gives respect

- 606 -

ॐ श्रीशाय स्वाहा

oṁ śrīśāya svāhā
To He who reposes in respect

- 607 -

ॐ श्रीनिवासाय स्वाहा

oṁ śrīnivāsāya svāhā
To He who dwells in respect

- 608 -

ॐ श्रीनिधये स्वाहा

oṁ śrīnidhaye svāhā
To He who is the discipline of respect

- 609 -

ॐ श्रीविभावनाय स्वाहा

oṁ śrīvibhāvanāya svāhā
To He who has the attitude of respect

- 610 -

ॐ श्रीधराय स्वाहा

oṁ śrīdharāya svāhā
To He who is the support of respect

- 611 -

ॐ श्रीकराय स्वाहा

oṁ śrīkarāya svāhā
To He who is the cause of respect

- 612 -

ॐ श्रेयसे स्वाहा

oṁ śreyase svāhā
To He who is the wisdom of respect

- 613 -

ॐ श्रीमते स्वाहा

oṁ śrīmate svāhā
To He who is respected

- 614 -

ॐ लोकत्रयाश्रयाय स्वाहा

oṁ lokatrayāśrayāya svāhā
To He who is the refuge of the three worlds

- 615 -

ॐ स्वाक्षाय स्वाहा

oṁ svākṣāya svāhā
To He who sees himself

- 616 -

ॐ स्वाङ्गाय स्वाहा

oṁ svāṅgāya svāhā
To He who embodies all

- 617 -

ॐ शतानन्दाय स्वाहा

oṁ śatānanadāya svāhā
To He who is one hundred times bliss

- 618 -

ॐ नन्दिने स्वाहा

oṁ nandine svāhā
To He who exudes bliss

- 619 -

ॐ ज्योतिर्गणेश्वराय स्वाहा

oṁ jyotirgaṇeśvarāya svāhā
To He who is the lord of the multitudes of light

- 620 -

ॐ विजितात्मने स्वाहा

oṁ vijitātmane svāhā
To He who is the undefeatable soul

- 621 -

ॐ विधेयात्मने स्वाहा

oṁ vidheyātmane svāhā
To He who is the disciplined soul

- 622 -

ॐ सत्कीर्तये स्वाहा

oṁ satkīrtaye svāhā
To He who is the performer of truth

- 623 -

ॐ छिन्नसंशयाय स्वाहा

oṁ chinnasaṁśayāya svāhā
To He who cuts apart doubts

- 624 -

ॐ उदीर्णाय स्वाहा

oṁ udīrṇāya svāhā
To He who holds aloft the universe

- 625 -

ॐ सर्वतश्चक्षुषे स्वाहा

oṁ sarvataścakṣuṣe svāhā

To He whose eyes see everywhere

- 626 -

ॐ अनीशाय स्वाहा

oṁ anīśāya svāhā

To He who is with none superior

- 627 -

ॐ शाश्वतस्थिराय स्वाहा

oṁ śāśvatasthirāya svāhā

To He who is fixed in the infinite

- 628 -

ॐ भूशयाय स्वाहा

oṁ bhūśayāya svāhā

To He who rests upon the earth

- 629 -

ॐ भूषणाय स्वाहा

oṁ bhūṣaṇāya svāhā

To He who is adorned with shining ornaments

- 630 -

ॐ भूतये स्वाहा

oṁ bhūtaye svāhā

To He who is all elements

- 631 -

ॐ विशोकाय स्वाहा

oṁ viśokāya svāhā

To He who is without grief

- 632 -

ॐ शोकनाशनाय स्वाहा

oṁ śokanāśanāya svāhā

To He who destroys grief

- 633 -

ॐ अर्चिष्मते स्वाहा

oṁ arciṣmate svāhā
To He who radiates light

- 634 -

ॐ अर्चिताय स्वाहा

oṁ arcitāya svāhā
To He who is worshipped

- 635 -

ॐ कुम्भाय स्वाहा

oṁ kumbhāya svāhā
To He who is the divine container

- 636 -

ॐ विशुद्धात्मने स्वाहा

oṁ viśuddhātmane svāhā
To He who is the pure soul

- 637 -

ॐ विशोधनाय स्वाहा

oṁ viśodhanāya svāhā
To He who is completely pure

- 638 -

ॐ अनिरुद्धाय स्वाहा

oṁ aniruddhāya svāhā
To He who cannot be defeated by enemies

- 639 -

ॐ अप्रतिरथाय स्वाहा

oṁ apratirathāya svāhā
To He who is without an opponent

- 640 -

ॐ प्रद्युम्नाय स्वाहा

oṁ pradhyumnāya svāhā
To He who possesses great strength and energy

- 641 -

ॐ अमितविक्रमाय स्वाहा

oṁ amitavikramāya svāhā
To He whose prowess cannot be measured

- 642 -

ॐ कालनेमिनिघ्ने स्वाहा

oṁ kālaneminighne svāhā
To He who destroys the time of darkness

- 643 -

ॐ वीराय स्वाहा

oṁ vīrāya svāhā
To He who is a hero

- 644 -

ॐ शौरये स्वाहा

oṁ śauraye svāhā
To He who has great heroism

- 645 -

ॐ शूरजनेश्वराय स्वाहा

oṁ śūrajaneśvarāya svāhā
To He who is the lord of beings human and divine

- 646 -

ॐ त्रिलोकात्मने स्वाहा

oṁ trilokātmane svāhā
To He who is the soul of the three worlds

- 647 -

ॐ त्रिलोकेशाय स्वाहा

oṁ trilokeśāya svāhā
To He who is the lord of the three worlds

- 648 -

ॐ केशवाय स्वाहा

oṁ keśavāya svāhā
To He who creates, protects, transforms

- 649 -

ॐ केशिघ्ने स्वाहा

oṁ keśighne svāhā
To He who destroys the enemies of the supreme

- 650 -

ॐ हरये स्वाहा

oṁ haraye svāhā
To He who takes away

- 651 -

ॐ कामदेवाय स्वाहा

oṁ kāmadevāya svāhā
To He who is the God of love, desire

- 652 -

ॐ कामपालाय स्वाहा

oṁ kāmapālāya svāhā
To He who is the protector of desire

- 653 -

ॐ कामिने स्वाहा

oṁ kāmine svāhā
To He who is this desire

- 654 -

ॐ कान्ताय स्वाहा

oṁ kāntāya svāhā
To He who is beauty enhanced by love

- 655 -

ॐ कृतागमाय स्वाहा

oṁ kṛtāgamāya svāhā
To He who is the bringer of action

- 656 -

ॐ अनिर्देश्यवषुषे स्वाहा

oṁ anirdeśyavaṣuṣe svāhā
To He who cannot be explained in words

- 657 -

ॐ विष्णवे स्वाहा

oṁ viṣṇave svāhā
To He who pervades the universe

- 658 -

ॐ वीराय स्वाहा

oṁ vīrāya svāhā
To He who is a hero

- 659 -

ॐ अनन्ताय स्वाहा

oṁ anantāya svāhā
To He who is infinite

- 660 -

ॐ धनञ्जयाय स्वाहा

oṁ dhanañjayāya svāhā
To He who is the victor over wealth

- 661 -

ॐ ब्रह्मन्याय स्वाहा

oṁ brahmanyāya svāhā
To He who belongs to the supreme

- 662 -

ॐ ब्रह्मकृते स्वाहा

oṁ brahmakṛte svāhā
To He who creates the supreme

- 663 -

ॐ ब्रह्माणे स्वाहा

oṁ brahmāṇe svāhā
To He who knows the supreme

- 664 -

ॐ ब्रह्मणे स्वाहा

oṁ brahmaṇe svāhā
To He who knows supreme knowledge

- 665 -

ॐ ब्रह्मविवर्द्धनाय स्वाहा

oṁ brahmavivarddhanāya svāhā

To He who is the unchanging supreme

- 666 -

ॐ ब्रह्मविदे स्वाहा

oṁ brahmavide svāhā

To He who is the supreme divinity

- 667 -

ॐ ब्राह्मणाय स्वाहा

oṁ brāhmaṇāya svāhā

To He who is the knower of the ultimate divinity

- 668 -

ॐ ब्रह्मिणे स्वाहा

oṁ brahmiṇe svāhā

To He who has the intrinsic nature of the supreme

- 669 -

ॐ ब्रह्मज्ञाय स्वाहा

oṁ brahmajñāya svāhā

To He who lives in the supreme

- 670 -

ॐ ब्राह्मणप्रियाय स्वाहा

oṁ brāhmaṇapriyāya svāhā

To He who is loved by knowers of the supreme

- 671 -

ॐ महाक्रमाय स्वाहा

oṁ mahākramāya svāhā

To He whose steps are very great

- 672 -

ॐ महाकर्मने स्वाहा

oṁ mahākarmane svāhā

To He who performs great works

- 673 -

ॐ महातेजसे स्वाहा

oṁ mahātejase svāhā
To He who emits great light

- 674 -

ॐ महोरगाय स्वाहा

oṁ mahoragāya svāhā
To He who is the great snake, Ananta

- 675 -

ॐ महाक्रतवे स्वाहा

oṁ mahākratave svāhā
To He who is the great yajña

- 676 -

ॐ महायज्वने स्वाहा

oṁ mahāyajvane svāhā
To He who performs great yajñas

- 677 -

ॐ महायज्ञाय स्वाहा

oṁ mahāyajñāya svāhā
To He whose intrinsic nature is a great yajña

- 678 -

ॐ महाहविषे स्वाहा

oṁ mahāhaviṣe svāhā
To He whose life is a great offering

- 679 -

ॐ स्तव्याय स्वाहा

oṁ stavyāya svāhā
To He who is worthy of praise in hymns

- 680 -

ॐ स्तवप्रियाय स्वाहा

oṁ stavapriyāya svāhā
To He whose love is expressed in hymns

- 681 -

ॐ स्तोत्राय स्वाहा

oṁ stotrāya svāhā
To He who is the essence of divine song

- 682 -

ॐ स्तुतये स्वाहा

oṁ stutaye svāhā
To He who is one with divine songs

- 683 -

ॐ स्तोत्रे स्वाहा

oṁ stotre svāhā
To He who praises with divine songs

- 684 -

ॐ रणप्रियाय स्वाहा

oṁ raṇapriyāya avāhā
To He who is ready for battle

- 685 -

ॐ पूर्णाय स्वाहा

oṁ pūrṇāya svāhā
To He who is full, complete, perfect

- 686 -

ॐ पूरायत्रे स्वाहा

oṁ pūrāyatre svāhā
To He who fulfills the desires of the mind

- 687 -

ॐ पुण्याय स्वाहा

oṁ puṇyāya svāhā
To He who is pure

- 688 -

ॐ पुण्यकीर्तये स्वाहा

oṁ puṇyakīrtaye svāhā
To He whose purity is famous

- 689 -

ॐ अनामयाय स्वाहा

oṁ anāmayāya svāhā
To He who has no disease

- 690 -

ॐ मनोजवाय स्वाहा

oṁ manojavāya svāhā
To He who comes with the speed of thought

- 691 -

ॐ तीथकराय स्वाहा

oṁ tīthakarāya svāhā
To He who is the great teacher of knowledge

- 692 -

ॐ वसुरेतसे स्वाहा

oṁ vasuretase svāhā
To He who is the seed of all things

- 693 -

ॐ वसुप्रदाय स्वाहा

oṁ vasupradāya svāhā
To He who gives imperishable wealth

- 694 -

ॐ वसुप्रदाय स्वाहा

oṁ vasupradāya svāhā
To He who gives imperishable wealth

- 695 -

ॐ वासुदेवाय स्वाहा

oṁ vāsudevāya svāhā
To He who is the God that dwells within all

- 696 -

ॐ वसवे स्वाहा

oṁ vasave svāhā
To He within whom all take refuge

- 697 -

ॐ वसुमनसे स्वाहा

oṁ vasumanase svāhā
To He who dwells within the thoughts of all

-698 -

ॐ हविषे स्वाहा

oṁ haviṣe svāhā
To He who is the sacred offering in sacrifice

- 699 -

ॐ सद्गतये स्वाहा

oṁ sadgataye svāhā
To He who is the goal of the truthful

- 700 -

ॐ सत्कृतये स्वाहा

oṁ satkṛtaye svāhā
To He whose every action is truth

- 701 -

ॐ सत्तायै स्वाहा

oṁ sattāyai svāhā
To He who is the one true existence

- 702 -

ॐ सद्भूतये स्वाहा

oṁ sadbhūtaye svāhā
To He who has extensive greatness

- 703 -

ॐ सत्परायणाय स्वाहा

oṁ satprāyaṇāya svāhā
To He who is the path and goal of the truthful

- 704 -

ॐ शूरसेनाय स्वाहा

oṁ śūrasenāya svāhā
To He who has a strong army

- 705 -

ॐ यदुश्रेष्ठाय स्वाहा

oṁ yaduśreṣṭhāya svāhā

To He who is most the excellent among cow herders

- 706 -

ॐ सन्निवासाय स्वाहा

oṁ sannivāsāya svāhā

To He who dwells with pure souls

- 707 -

ॐ सुयामुनाय स्वाहा

oṁ suyāmunāya svāhā

To He who is the excellent inhabitants along the Yamunā River

- 708 -

ॐ भूतावासाय स्वाहा

oṁ bhūtāvāsāya svāhā

To He who dwells in the great elements

- 709 -

ॐ वासुदेवाय स्वाहा

oṁ vāsudevāya svāhā

To He who is the God who dwells within all

- 710 -

ॐ सर्वासुनिलयाय स्वाहा

oṁ sarvāsunilayāya svāhā

To He who is the indestructible energy of life

- 711 -

ॐ अनलाय स्वाहा

oṁ analāya svāhā

To He whose energy has no limit

- 712 -

ॐ दर्पघ्ने स्वाहा

oṁ darpaghne svāhā

To He who destroys pride

- 713 -

ॐ दर्पदाय स्वाहा

oṁ darpadāya svāhā

To He who grants respect to those who move with God

- 714 -

ॐ दृप्ताय स्वाहा

oṁ dṛptāya svāhā

To He who gives bliss to the truthful

- 715 -

ॐ दुर्धराय स्वाहा

oṁ durdharāya svāhā

To He who is attained through difficult austerities

- 716 -

ॐ अपराजिताय स्वाहा

oṁ aparājitāya svāhā

To He who is undefeatable

- 717 -

ॐ विश्वमुर्तये स्वाहा

oṁ viśvamurtaye svāhā

To He who is the worshipful embodiment of the universe

- 718 -

ॐ महामूर्तये स्वाहा

oṁ mahāmūrtaye svāhā

To He who is the great form of worship

- 719 -

ॐ दीप्तमूर्तये स्वाहा

oṁ dīptamūrtaye svāhā

To He who is the worshipped embodiment of light

- 720 -

ॐ अमूर्तिमते स्वाहा

oṁ amūrtimate svāhā

To He who is beyond form

- 721 -

ॐ अनेकमूर्तये स्वाहा

oṁ anekamūrtaye svāhā

To He who has many forms

- 722 -

ॐ अव्यक्ताय स्वाहा

oṁ avyaktāya svāhā

To He who cannot be illuminated

- 723 -

ॐ शतमूर्तये स्वाहा

oṁ śatamūrtaye svāhā

To He who has innumerable forms

- 724 -

ॐ शताननाय स्वाहा

oṁ śatānanāya svāhā

To He who has innumerable heads

- 725 -

ॐ एकाय स्वाहा

oṁ ekāya svāhā

To He who is one

- 726 -

ॐ नैकाय स्वाहा

oṁ naikāya svāhā

To He who is many

- 727 -

ॐ सवाय स्वाहा

oṁ savāya svāhā

To He who is offered the soma with devotion

- 728 -

ॐ काय स्वाहा

oṁ kāya svāhā

To He whose intrinsic nature is bliss

- 729 -

ॐ कस्मै स्वाहा

oṁ kasmai svāhā
To He who is the unknown goal of life

- 730 -

ॐ यस्मै स्वाहा

oṁ yasmai svāhā
To He who is that which is self-existent

- 731 -

ॐ तस्मै स्वाहा

oṁ tasmai svāhā
To He who is that

- 732 -

ॐ पदमनुत्तमाय स्वाहा

oṁ padamanuttamāya svāhā
To He who has unequaled perfection

- 733 -

ॐ लोकबन्धवे स्वाहा

oṁ lokabandhave svāhā
To He who is the friend of the universe

- 734 -

ॐ लोकनाथाय स्वाहा

oṁ lokanāthāya svāhā
To He who is the lord of the universe

- 735 -

ॐ माधवाय स्वाहा

oṁ mādhavāya svāhā
To He who is sweet

- 736 -

ॐ भक्तवत्सलाय स्वाहा

oṁ bhaktavatsalāya svāhā
To He who is the most beloved by devotees

- 737 -

ॐ सुवर्णवर्णाय स्वाहा

oṁ suvarṇavarṇāya svāhā
To He who is of the color of excellent gold

- 738 -

ॐ हेमाङ्गाय स्वाहा

oṁ hemāṅgāya svāhā
To He whose body is golden

- 739 -

ॐ वराङ्गाय स्वाहा

oṁ varāṅgāya svāhā
To He whose body is extremely beautiful

- 740 -

ॐ चन्दनाङ्गदिने स्वाहा

oṁ candanāṅgadine svāhā
To He who wears beautiful armlets

- 741 -

ॐ वीरघ्ने स्वाहा

oṁ vīraghne svāhā
To He who destroys heroes

- 742 -

ॐ विषमाय स्वाहा

oṁ viṣamāya svāhā
To He who has no equal

- 743 -

ॐ शून्याय स्वाहा

oṁ śūnyāya svāhā
To He who is void

- 744 -

ॐ घृताशिषे स्वाहा

oṁ ghṛtāśiṣe svāhā
To He who is free from desire

- 745 -

ॐ अचलाय स्वाहा

oṁ acalāya svāhā
To He who does not move

- 746 -

ॐ चलाय स्वाहा

oṁ calāya svāhā
To He who always moves

- 747 -

ॐ अमानिने स्वाहा

oṁ amānine svāhā
To He who has no false pride

- 748 -

ॐ मानदाय स्वाहा

oṁ mānadāya svāhā
To He who confers respect upon devotees

- 749 -

ॐ मान्याय स्वाहा

oṁ mānyāya svāhā
To He who is the object of respect

- 750 -

ॐ लोकस्वामिने स्वाहा

oṁ lokasvāmine svāhā
To He who is the lord of the worlds

- 751 -

ॐ त्रिलोकधृषे स्वाहा

oṁ trilokadhṛṣe svāhā
To He who is the support of the three worlds

- 752 -

ॐ सुमेधसे स्वाहा

oṁ sumedhase svāhā
To He who has an excellent intellect filled with love

- 753 -

ॐ मेधजाय स्वाहा

oṁ medhajāya svāhā
To He who is born from the yajña

- 754 -

ॐ धन्याय स्वाहा

oṁ dhanyāya svāhā
To He to whom we are grateful

- 755 -

ॐ सत्यमेधसे स्वाहा

oṁ satyamedhase svāhā
To He who is the intellect of loving truth

- 756 -

ॐ धराधराय स्वाहा

oṁ dharādharāya svāhā
To He who is the support of all supports

- 757 -

ॐ तेजोवृषाय स्वाहा

oṁ tejovṛṣāya svāhā
To He who illuminates all souls

- 758 -

ॐ द्युतिधराय स्वाहा

oṁ dyutidharāya svāhā
To He who expresses the various natures of creation

- 759 -

ॐ सर्वशस्त्रभृतांवराय स्वाहा

oṁ sarvaśastrabhṛtāṁvarāya svāhā
To He who holds the most excellent weapons

- 760 -

ॐ प्रग्रहाय स्वाहा

oṁ pragrahāya svāhā
To He who accepts the worship of all

- 761 -

ॐ निग्रहाय स्वाहा

oṁ nigrahāya svāhā
To He who has disciplined the senses

- 762 -

ॐ व्यग्रहाय स्वाहा

oṁ vyagrahāya svāhā
To He who is free from desire

- 763 -

ॐ नैकशृङ्गाय स्वाहा

oṁ naikaśṛṅgāya svāhā
To He whose consciousness is always aware

- 764 -

ॐ गदाग्रजाय स्वाहा

oṁ gadāgrajāya svāhā
To He who is called with mantras

- 765 -

ॐ चतुर्मूर्त्तये स्वाहा

oṁ caturmūrttaye svāhā
To He who is worshipped in four forms

- 766 -

ॐ चतुर्बाहवे स्वाहा

oṁ caturbāhave svāhā
To He who has four arms

- 767 -

ॐ चतुर्व्यूहाय स्वाहा

oṁ caturvyūhāya svāhā
To He who has four formations

- 768 -

ॐ चतुर्गतये स्वाहा

oṁ caturgataye svāhā
To He who is the goal of the four castes

\- 769 -

ॐ चतुरात्मने स्वाहा

oṁ caturātmane svāhā

To He who is free from desires and ego

\- 770 -

ॐ चतुर्भावाय स्वाहा

oṁ caturbhāvāya svāhā

To He who has four attitudes

\- 771 -

ॐ चतुर्वेदविदे स्वाहा

oṁ caturvedavide svāhā

To He who knows the four Vedas

\- 772 -

ॐ एकपदे स्वाहा

oṁ ekapade svāhā

To He of whom only a small part can be perceived

\- 773 -

ॐ समावर्ताय स्वाहा

oṁ samāvartāya svāhā

To He who turns the wheel of life

\- 774 -

ॐ निवृत्तात्मने स्वाहा

oṁ nivṛttātmane svāhā

To He whose soul never changes

\- 775 -

ॐ दुर्जयाय स्वाहा

oṁ durjayāya svāhā

To He who is impossible to defeat

\- 776 -

ॐ दुरतिक्रमाय स्वाहा

oṁ duratikramāya svāhā

To He whose orders are obeyed

- 777 -

ॐ दुर्लभाय स्वाहा

oṁ durlabhāya svāhā

To He who is difficult to attain

- 778 -

ॐ दुर्गमाय स्वाहा

oṁ durgamāya svāhā

To He who is understood with difficulty

- 779 -

ॐ दुर्गाय स्वाहा

oṁ durgāya svāhā

To He who can only be reached with difficulty

- 780 -

ॐ दुरावासाय स्वाहा

oṁ durāvāsāya svāhā

To He who is found by those with great self-control

- 781 -

ॐ दुरारिघ्ने स्वाहा

oṁ durārighne svāhā

To He who destroys the performers of evil

- 782 -

ॐ शुभाङ्गाय स्वाहा

oṁ śubhāṅgāya svāhā

To He whose body is beautiful

- 783 -

ॐ लोकसारङ्गाय स्वाहा

oṁ lokasāraṅgāya svāhā

To He who knows all individual phenomena

- 784 -

ॐ सुतन्तवे स्वाहा

oṁ sutantave svāhā

To He who has an excellent body

- 785 -

ॐ तन्तुवर्धनाय स्वाहा

oṁ tantuvardhanāya svāhā
To He who protects all his children

- 786 -

ॐ इन्द्रकर्मणे स्वाहा

oṁ indrakarmaṇe svāhā
To He who rules over all action

- 787 -

ॐ महाकर्मणे स्वाहा

oṁ mahākarmaṇe svāhā
To He who performs all great action

- 788 -

ॐ कृतकर्मणे स्वाहा

oṁ kṛtakarmaṇe svāhā
To He whose every action is fulfilled

- 789 -

ॐ कृतागमाय स्वाहा

oṁ kṛtāgamāya svāhā
To He who has elucidated the Vedas

- 790 -

ॐ ऊद्भवाय स्वाहा

oṁ ūdbhavāya svāhā
To He who is the essence of all creation

- 791 -

ॐ सुन्दराय स्वाहा

oṁ sundarāya svāhā
To He who is beautiful

- 792 -

ॐ सुन्दाय स्वाहा

oṁ sundāya svāhā
To He who is compassionate

- 793 -

ॐ रत्नाभाय स्वाहा

oṁ ratnanābhāya svāhā
To He who has a jewel in his navel

- 794 -

ॐ सुलोचनाय स्वाहा

oṁ sulocanāya svāhā
To He who has excellent eyes

- 795 -

ॐ अर्काय स्वाहा

oṁ arkāya svāhā
To He who illuminates the sun

- 796 -

ॐ वाजसनाय स्वाहा

oṁ vājasanāya svāhā
To He who grows all food

- 797 -

ॐ शृङ्गिणे स्वाहा

oṁ śṛiṅgiṇe svāhā
To He who has a horn

- 798 -

ॐ जयन्ताय स्वाहा

oṁ jayantāya svāhā
To He who is victorious over enemies

- 799 -

ॐ सर्वविज्ञयिने स्वाहा

oṁ sarvavijjayine svāhā
To He whose knowledge conquers all

- 800 -

ॐ सुवर्णबिन्दवे स्वाहा

oṁ suvarṇabindave svāhā
To He who is the excellent golden origin of existence

- 801 -

ॐ अक्षोभ्याय स्वाहा

oṁ akṣobhyāya svāhā

To He who is fixed in the infinite

- 802 -

ॐ सर्ववागीश्वरेश्वराय स्वाहा

oṁ sarvavāgīśvareśvarāya svāhā

To He who is the supreme lord of the goddess of all vibrations

- 803 -

ॐ महाह्रदाय स्वाहा

oṁ mahāhradāya svāhā

To He who gives great delight

- 804 -

ॐ महागर्त्ताय स्वाहा

oṁ mahāgarttāya svāhā

To He whose māyā is unknowable

- 805 -

ॐ महाभूताय स्वाहा

oṁ mahābhūtāya svāhā

To He who is the great existence

- 806 -

ॐ महानिधये स्वाहा

oṁ mahānidhaye svāhā

To He who is the great refuge

- 807 -

ॐ कुमुदाय स्वाहा

oṁ kumudāya svāhā

To He who gives bliss to the earth

- 808 -

ॐ कुन्दराय स्वाहा

oṁ kundarāya svāhā

To He who wore the form of a boar to raise the earth

\- 809 -

ॐ कुन्दाय स्वाहा

oṁ kundāya svāhā
To He who is like a beautiful flower

\- 810 -

ॐ पर्जन्याय स्वाहा

oṁ parjanyāya svāhā
To He who showers his grace

\- 811 -

ॐ पावनाय स्वाहा

oṁ pāvanāya svāhā
To He who makes all pure

\- 812 -

ॐ अनिलाय स्वाहा

oṁ anilāya svāhā
To He who is the breath of all life

\- 813 -

ॐ अमृताशाय स्वाहा

oṁ amṛitāśāya svāhā
To He whose desire is immortal bliss

\- 814 -

ॐ अमृतवपुषे स्वाहा

oṁ amṛtavapuṣe svāhā
To He who embodies immortal bliss

\- 815 -

ॐ सर्वज्ञाय स्वाहा

oṁ sarvajñāya svāhā
To He who knows all

\- 816 -

ॐ सर्वतोमुखाय स्वाहा

oṁ sarvatomukhāya svāhā
To He who is the face of all

- 817 -

ॐ सुलभाय स्वाहा

oṁ sulabhāya svāhā
To He who is easily attained

- 818 -

ॐ सुव्रताय स्वाहा

oṁ suvratāya svāhā
To He who has excellent vows

- 819 -

ॐ सिद्धाय स्वाहा

oṁ siddhāya svāhā
To He who has attained

- 820 -

ॐ शत्रुजिते स्वाहा

oṁ śatrujite svāhā
To He who destroys enemies

- 821 -

ॐ शत्रुतापनाय स्वाहा

oṁ śatrutāpanāya svāhā
To He who destroys enemies through austerities

- 822 -

ॐ न्यग्रोधाय स्वाहा

oṁ nyagrodhāya svāhā
To He who deludes all with his māyā

- 823 -

ॐ उदुम्बराय स्वाहा

oṁ udumbarāya svāhā
To He who nourishes all according to their needs

- 824 -

ॐ अश्वत्थाय स्वाहा

oṁ aśvatthāya svāhā
To He who takes the form of a tree

- 825 -

ॐ चाणूरान्ध्रनिषूदनाय स्वाहा

oṁ cāṇūrāndhraniṣūdanāya svāhā
To He who defeated the wrestler Chānūr

- 826 -

ॐ सहस्राचिर्षे स्वाहा

oṁ sahasrācirṣe svāhā
To He who emits a thousand rays

- 827 -

ॐ सप्तजिह्वाय स्वाहा

oṁ saptajihvāya svāhā
To He who is the seven tongues of fire

- 828 -

ॐ सप्तैधसे स्वाहा

oṁ saptaidhase svāhā
To He who bears the seven tongues of fire

- 829 -

ॐ सप्तवाहनाय स्वाहा

oṁ saptavāhanāya svāhā
To He who is carried by seven horses (the sun)

- 830 -

ॐ अमूर्तये स्वाहा

oṁ amūrtaye svāhā
To He who is beyond form

- 831 -

ॐ अनघाय स्वाहा

oṁ anaghāya svāhā
To He who has no fault or sin

- 832 -

ॐ अचिन्त्याय स्वाहा

oṁ acintyāya svāhā
To He who cannot be conceived

- 833 -

ॐ भयकृते स्वाहा

oṁ bhayakṛte svāhā
To He who instills fear

- 834 -

ॐ भयनाशनाय स्वाहा

oṁ bhayanāśanāya svāhā
To He who destroys fear

- 835 -

ॐ अणवे स्वाहा

oṁ aṇave svāhā
To He who is as small as an atom

- 836 -

ॐ वृहते स्वाहा

oṁ vṛhate svāhā
To He who is immense

- 837 -

ॐ कृशाय स्वाहा

oṁ kṛśāya svāhā
To He who is subtle

- 838 -

ॐ स्थूलाय स्वाहा

oṁ sthūlāya svāhā
To He who is gross

- 839 -

ॐ गुणभृते स्वाहा

oṁ guṇabhṛte svāhā
To He who is illuminated within qualities

- 840 -

ॐ निर्गुणाय स्वाहा

oṁ nigurṇāya svāhā
To He who is beyond all qualities

- 841 -

ॐ महते स्वाहा

oṁ mahate svāhā

To He who is great

- 842 -

ॐ अधृताय स्वाहा

oṁ adhṛtāya svāhā

To He who cannot be supported but is the support of all

- 843 -

ॐ स्वधृताय स्वाहा

oṁ svadhṛtāya svāhā

To He who supports himself

- 844 -

ॐ स्वास्याय स्वाहा

oṁ svāsyāya svāhā

To He whose face emits light

- 845 -

ॐ प्राग्वंशाय स्वाहा

oṁ prāgvaṁśāya svāhā

To He whose ancestors are ancient

- 846 -

ॐ वंशवर्द्धनाय स्वाहा

oṁ vaṁśavarddhanāya svāhā

To He whose relatives extend everywhere

- 847 -

ॐ भारभृते स्वाहा

oṁ bhārabhṛte svāhā

To He who carries the entire responsibility

- 848 -

ॐ कथिताय स्वाहा

oṁ kathitāya svāhā

To He whose story is continuously told

- 849 -

ॐ योगिने स्वाहा

oṁ yogine svāhā
To He who is known through yoga

- 850 -

ॐ योगीशाय स्वाहा

oṁ yogīśāya svāhā
To He who is the lord of all yogis

- 851 -

ॐ सर्वकामदाय स्वाहा

oṁ sarvakāmadāya svāhā
To He fulfills all desires

- 852 -

ॐ आश्रमाय स्वाहा

oṁ āśramāya svāhā
To He who gives refuge to all

- 853 -

ॐ श्रमणाय स्वाहा

oṁ śramaṇāya svāh
To He who performs all hard work

- 854 -

ॐ क्षामाय स्वाहा

oṁ kṣāmāya svāhā
To He who is the end for all beings

- 855 -

ॐ सुपर्णाय स्वाहा

oṁ suparṇāya svāhā
To He who is of excellent gold

- 856 -

ॐ वायुवाहनाय स्वाहा

oṁ vāyuvāhanāya svāhā
To He who is the carrier of the wind

- 857 -

ॐ धनुर्धराय स्वाहा

oṁ dhanurdharāya svāhā
To He who is the most excellent of those who carry a bow

- 858 -

ॐ धनुर्वेदाय स्वाहा

oṁ dhanurvedāya svāhā
To He who has the wisdom of weaponry

- 859 -

ॐ दण्डाय स्वाहा

oṁ daṇḍāya svāhā
To He who disciplines the evil

- 860 -

ॐ दमयित्रे स्वाहा

oṁ damayitre svāhā
To He who gives peace to the wicked

- 861 -

ॐ दमाय स्वाहा

oṁ damāya avāhā
To He who controls the senses

- 862 -

ॐ अपराजिताय स्वाहा

oṁ aparājitāya svāhā
To He who cannot be defeated

- 863 -

ॐ सर्वसहाय स्वाहा

oṁ sarvasahāya svāhā
To He who helps all

- 864 -

ॐ नियन्त्रे स्वाहा

oṁ niyantre svāhā
To He who controls the cosmos

- 865 -

ॐ नियमाय स्वाहा

oṁ niyamāya svāhā

To He who cannot be controlled

- 866 -

ॐ यमाय स्वाहा

oṁ yamāya svāhā

To He who is the ultimate controller

- 867 -

ॐ सत्त्ववते स्वाहा

oṁ sattvavate svāhā

To He who is the repository of truth

- 868 -

ॐ सात्त्विकाय स्वाहा

oṁ sāttvikāya svāhā

To He whose ornament is truth

- 869 -

ॐ सत्याय स्वाहा

oṁ satyāya svāhā

To He whose intrinsic nature is truth

- 870 -

ॐ सत्यधर्मपरायणाय स्वाहा

oṁ satyadharmaparāyaṇāya svāhā

To He who always acts in the ideal of perfection of truth

- 871 -

ॐ अभिप्रायाय स्वाहा

oṁ abhiprāyāya svāhā

To He who supports spiritual seekers from within the creation

- 872 -

ॐ प्रियार्हाय स्वाहा

oṁ priyārhāya svāhā

To He who is worthy of receiving love from all

- 873 -

ॐ अर्हाय स्वाहा

oṁ arhāya svāhā
To He who is worthy of worship from all

- 874 -

ॐ प्रियकृते स्वाहा

oṁ priyakṛte svāhā
To He who fulfills all that is dear to devotees

- 875 -

ॐ प्रीतिवर्धनाय स्वाहा

oṁ prītivardhanāya svāhā
To He whose love continually grows in devotee's hearts

- 876 -

ॐ विहायसगतये स्वाहा

oṁ vihāyasagataye svāhā
To He who dwells in the sky

- 877 -

ॐ ज्योतिषे स्वाहा

oṁ jyotiṣe svāhā
To He who is light

- 878 -

ॐ सुरुचये स्वाहा

oṁ surucaye svāhā
To He who has excellent illumination

- 879 -

ॐ हुतभुजे स्वाहा

oṁ hutabhuje svāhā
To He who enjoys all oblations

- 880 -

ॐ विभवे स्वाहा

oṁ vibhave svāhā
To He who is omnipresent

- 881 -

ॐ रवये स्वाहा

oṁ ravaye svāhā
To He who is the sun

- 882 -

ॐ विरोचनाय स्वाहा

oṁ virocanāya svāhā
To He who shines in various forms

- 883 -

ॐ सूर्याय स्वाहा

oṁ sūryāya svāhā
To He who is the sun

- 884 -

ॐ सवित्रे स्वाहा

oṁ savitre svāhā
To He who is the source of light

- 885 -

ॐ रविर्लोचनाय स्वाहा

oṁ ravirlocanāya svāhā
To He whose eyes are the sun

- 886 -

ॐ अनन्ताय स्वाहा

oṁ anantāya svāhā
To He who has no end

- 887 -

ॐ हुतभुजे स्वाहा

oṁ hutabhuje svāhā
To He who enjoys all offerings

- 888 -

ॐ भोक्त्रे स्वाहा

oṁ bhoktre svāhā
To He who is the enjoyer

- 889 -

ॐ सुखदाय स्वाहा

oṁ sukhadāya svāhā
To He who gives comfort

- 890 -

ॐ नैकजाय स्वाहा

oṁ naikajāya svāhā
To He who is unborn

- 891 -

ॐ अग्रजाय स्वाहा

oṁ agrajāya svāhā
To He who is before all who are born

- 892 -

ॐ अनिर्विण्णाय स्वाहा

oṁ anirviṇṇāya svāhā
To He who is full of hope

- 893 -

ॐ सदामर्षिणे स्वाहा

oṁ sadāmarṣiṇe svāhā
To He who always gives forgiveness

- 894 -

ॐ लोकाधिष्ठानाय स्वाहा

oṁ lokādhiṣṭhānāya svāhā
To He who worships for all beings

- 895 -

ॐ अद्भुताय स्वाहा

oṁ adbhutāya svāhā
To He who is wonderful and fantastic

- 896 -

ॐ सनाताय स्वाहा

oṁ sanātāya svāhā
To He who is primary existence from beginning to end

- 897 -

ॐ सनातनतमाय स्वाहा

oṁ sanātanatamāya svāhā
To He who is as old as eternity

- 898 -

ॐ कपिलाय स्वाहा

oṁ kapilāya svāhā
To He who came as Kapilā muni

- 899 -

ॐ कपये स्वाहा

oṁ kapaye svāhā
To He who came as a monkey

- 900 -

ॐ अपचयाय स्वाहा

oṁ apyayāya svāhā
To He who is infinite

- 901 -

ॐ स्वस्तिदाय स्वाहा

oṁ svastidāya svāhā
To He who gives imperishable blessings

- 902 -

ॐ स्वस्तिकृते स्वाहा

oṁ svastikṛte svāhā
To He who makes imperishable blessings

- 903 -

ॐ स्वस्तिने स्वाहा

oṁ svastine svāhā
To He who loves imperishable blessings

- 904 -

ॐ स्वस्तिभुजे स्वाहा

oṁ svastibhuje svāhā
To He who enjoys imperishable blessings

- 905 -

ॐ स्वस्तिदक्षिणाय स्वाहा

oṁ svastidakṣiṇāya svāhā
To He who has the ability to give imperishable blessings

- 906 -

ॐ अरौद्राय स्वाहा

oṁ araudrāya svāhā
To He who has no anger

- 907 -

ॐ कुण्डलिने स्वाहा

oṁ kuṇḍaline svāhā
To He who has beautiful earrings

- 908 -

ॐ चक्रिणे स्वाहा

oṁ cakriṇe svāhā
To He who holds a discus

- 909 -

ॐ विक्रमिने स्वाहा

oṁ vikramine svāhā
To He who is most heroic

- 910 -

ॐ ऊर्जितशासनाय स्वाहा

oṁ ūjitaśāsanāya svāhā
To He whose orders must be followed

- 911-

ॐ सब्दातिगाय स्वाहा

oṁ sabdātigāya svāhā
To He whose meaning is beyond words

- 912 -

ॐ शब्दसहाय स्वाहा

oṁ śabdasahāya svāhā
To He who is propitiated by words

- 913 -

ॐ शिशिराय स्वाहा

oṁ śiśirāya svāhā
To He who is propitiated in cold and silent places

- 914 -

ॐ सर्वरीकराय स्वाहा

oṁ sarvarīkarāya svāhā
To He who creates darkness

- 915 -

ॐ अक्रूराय स्वाहा

oṁ akrūrāya svāhā
To He within whom there is no cruelty

- 916 -

ॐ पेशलाय स्वाहा

oṁ peśalāya svāhā
To He whose compassion has no end

- 917 -

ॐ दक्षाय स्वाहा

oṁ dakṣāya svāhā
To He who has ability

- 918 -

ॐ दक्षिणाय स्वाहा

oṁ dakṣiṇāya svāhā
To He who is the respectful offering to the guru or priest

- 919 -

ॐ क्षमिणांवराय स्वाहा

oṁ kṣamiṇāṁvarāya svāhā
To He who gives blessings of forgiveness

- 920 -

ॐ विद्वत्तमाय स्वाहा

oṁ vidvattamāya svāhā
To He who has excellent wisdom

- 921 -

ॐ वीतभयाय स्वाहा

oṁ vītabhayāya svāhā
To He who is free from fear

- 922 -

ॐ पुण्यश्रवणकीर्तनाय स्वाहा

oṁ puṇyaśravaṇakīrtanāya svāhā
To He who gives merit to devotees who hear or sing his songs of praise

- 923 -

ॐ उत्तारणाय स्वाहा

oṁ uttāraṇāya svāhā
To He who saves all from the ocean of attachment

- 924 -

ॐ दुष्कृतिघ्ने स्वाहा

oṁ duṣkṛtighne svāhā
To He who destroys impure actions

- 925 -

ॐ पुण्याय स्वाहा

oṁ puṇyāya svāhā
To He who is extremely pure

- 926 -

ॐ दुःस्वप्ननाशनाय स्वाहा

oṁ duḥsvapnanāśanāya svāhā
To He who destroys bad dreams

- 927 -

ॐ वीरघ्ने स्वाहा

oṁ vīraghne svāhā
To He who destroys the cycle of birth and death

- 928 -

ॐ रक्षणाय स्वाहा

oṁ rakṣaṇāya svāhā
To He who protects all beings

- 929 -

ॐ सद्भ्यो स्वाहा

oṁ sadbhyo svāhā
To He who dwells with great souls

- 930 -

ॐ जीवनाय स्वाहा

oṁ jīvanāya svāhā
To He who dwells with all life

- 931 -

ॐ पर्यवस्थिताय स्वाहा

oṁ paryavasthitāya svāhā
To He who dwells with all life in all places

- 932 -

ॐ अनन्तरूपाय स्वाहा

oṁ anantarūpāya svāhā
To He who has infinite form

- 933 -

ॐ अनन्तश्रिये स्वाहा

oṁ anantaśriye svāhā
To He who has infinite respect

- 934 -

ॐ जितमन्यवे स्वाहा

oṁ jitamanyave svāhā
To He who has conquered anger

- 935 -

ॐ भयापहाय स्वाहा

oṁ bhayāpahāya svāhā
To He who destroys fear

- 936 -

ॐ चतुरस्राय स्वाहा

oṁ caturasrāya svāhā
To He who treats all equally

- 937 -

ॐ गभीरात्मने स्वाहा

oṁ gabhīrātmane svāha
To He whose soul is unfanthomable

- 938 -

ॐ विदिशाय स्वाहा

oṁ vidiśāya svāhā
To He who has great generosity

- 939 -

ॐ व्यादिशाय स्वाहा

oṁ vyādiśāya svāhā
To He who rules with both the capacity to order and to forgive

- 940 -

ॐ दिशाय स्वाहा

oṁ diśāya svāhā
To He who gives wisdom freely

- 941 -

ॐ अनादये स्वाहा

oṁ anādaye svāhā
To He who is the first cause of creation

- 942 -

ॐ भूर्भुवाय स्वाहा

oṁ bhūrbhuvāya svāhā
To He who is the gross body and the subtle body

- 943 -

ॐ लक्ष्म्यै स्वाहा

oṁ lakṣmyai svāhā
To He who is the goal of all

- 944 -

ॐ सुवीराय स्वाहा

oṁ suvīrāya svāhā
To He who incarnates to save the world

- 945 -

ॐ रुचिराङ्गदाय स्वाहा

oṁ rucirāṅgadāya svāhā
To He who has beautiful armlets

- 946 -

ॐ जननाय स्वाहा

oṁ jananāya svāhā
To He who is the father of creation

- 947 -

ॐ जनजन्मादये स्वाहा

oṁ janajanmādaye svāhā
To He who is the cause of the mother of all

- 948 -

ॐ भीमाय स्वाहा

oṁ bhīmāya svāhā
To He who appears fearful to the selfish

- 949 -

ॐ भीमपराक्रमाय स्वाहा

oṁ bhīmaparākramāya svāhā
To He whose prowess is terrifying to enemies

- 950 -

ॐ आधारनिलयाय स्वाहा

oṁ ādhāranilayāya svāhā
To He who is the fundamental support of all beings

- 951 -

ॐ धात्रे स्वाहा

oṁ dhātre svāhā
To He who is the creator

- 952 -

ॐ पुष्पहासाय स्वाहा

oṁ puṣpahāsāya svāhā
To He who shines like a flower

- 953 -

ॐ प्रजागराय स्वाहा

oṁ prajāgarāya svāhā
To He who is free from I and mine

- 954 -

ॐ ऊर्ध्वगाय स्वाहा

oṁ ūrdhvagāya svāhā
To He who adheres to the highest truth

- 955 -

ॐ सत्पथाचाराय स्वाहा

oṁ satpathācārāya svāhā
To He who moves along the path of truth

- 956 -

ॐ प्राणदाय स्वाहा

oṁ prāṇadāya svāhā
To He who is the giver of life

- 957 -

ॐ प्रणवाय स्वाहा

oṁ praṇavāya svāhā
To He who is expressed by Oṁ

- 958 -

ॐ पणाय स्वाहा

oṁ paṇāya svāhā
To He who gives names to all forms

- 959 -

ॐ प्रमाणाय स्वाहा

oṁ pramāṇāya svāhā
To He who is the proof of truth

- 960 -

ॐ प्राणनिलयाय स्वाहा

oṁ prāṇanilayāya svāhā
To He within whom resides all life

- 961 -

ॐ प्राणभृते स्वाहा

oṁ prāṇabhṛte svāhā
To He who supports all life

- 962 -

ॐ प्राणजीवनाय स्वाहा

oṁ prāṇajīvanāya svāhā
To He who is the life force of all that lives

- 963 -

ॐ तत्त्वाय स्वाहा

oṁ tattvāya svāhā
To He who is the principles of truth

- 964 -

ॐ तत्त्वविदे स्वाहा

oṁ tattvavide svāhā
To He who knows the principles

- 965 -

ॐ एकात्मने स्वाहा

oṁ ekātmane svāhā
To He who is the one universal soul

- 966 -

ॐ जन्ममृत्युजरातिगाय स्वाहा

oṁ janmamṛtyujarātigāya svāhā
To He who is beyond birth and death

- 967 -

ॐ भूर्भुवः स्वस्तरवे स्वाहा

oṁ bhūrbhuvaḥ svastarave svāhā
To He who is the nectar of life in the beings of the three worlds

- 968 -

ॐ ताराय स्वाहा

oṁ tārāya svāhā
To He who takes us all across the ocean of worldliness

- 969 -

ॐ सवित्रे स्वाहा

oṁ savitre svāhā
To He who is the light of all

- 970 -

ॐ प्रपितामहाय स्वाहा

oṁ prapitāmahāya svāhā
To He who is the grandfather of all

- 971 -

ॐ यज्ञाय स्वाहा

oṁ yajñāya svāhā
To He who is the essence of all sacrifice

- 972 -

ॐ यज्ञपतये स्वाहा

oṁ yajñapataye svāh
To He who is the lord of sacrifice

- 973 -

ॐ यज्वने स्वाहा

oṁ yajvane svāhā
To He who performs sacrifice

- 974 -

ॐ यज्ञाङ्गाय स्वाहा

oṁ yajñāṅgāya svāhā
To He who is the embodiment of sacrifice

- 975 -

ॐ यज्ञवाहनाय स्वाहा

oṁ yajñavāhanāya svāhā
To He who is the conveyance of sacrifice

- 976 -

ॐ यज्ञभृते स्वाहा

oṁ yajñabhṛte svāhā
To He who makes sacrifice happen

- 977 -

ॐ यज्ञकृते स्वाहा

oṁ yajñakṛte svāhā
To He who perform sacrifice

- 978 -

ॐ यज्ञिने स्वाहा

oṁ yajñine svāhā
To He who enjoys sacrifice

- 979 -

ॐ यज्ञभुजे स्वाहा

oṁ yajñabhuje svāhā
To He who is the supreme enjoyer of all sacrifice

- 980 -

ॐ यज्ञसाधनाय स्वाहा

oṁ yajñasādhanāya svāhā
To He who performs the sādhana of the fire sacrifice

- 981 -

ॐ यज्ञान्तकृते स्वाहा

oṁ yajñāntakṛte svāhā
To He who completes all sacrifices

- 982 -

ॐ यज्ञगुह्याय स्वाहा

oṁ yajñaguhyāya svāhā
To He who is the secret of all sacrifices

- 983 -

ॐ अन्नाय स्वाहा

oṁ annāya svāhā
To He who is the food of all

- 984 -

ॐ अन्नदाय स्वाहा

oṁ annadāya svāhā
To He who is the eater of all food

- 985 -

ॐ आत्मयोनये स्वाहा

oṁ ātmayonaye svāhā
To He who is the womb of the soul

- 986 -

ॐ स्वयञ्जाताय स्वाहा

oṁ svayañjātāya svāhā
To He who gives birth to himself

- 987 -

ॐ वैखानाय स्वाहा

oṁ vaikhānāya svāhā
To He who frees us from gross bondage

- 988 -

ॐ सामगायनाय स्वाहा

oṁ sāmagāyanāya svāhā
To He who sings songs of wisdom

- 989 -

ॐ देवकीनन्दनाय स्वाहा

oṁ devakīnandanāya svāhā
To He who is the son of Devakī, Kṛṣṇa

- 990 -

ॐ स्रष्ट्रे स्वाहा

oṁ sraṣṭre svāhā
To He who creates

- 991 -

ॐ क्षितीशाय स्वाहा

oṁ kṣitīśāya svāhā
To He who is the lord of the earth

- 992 -

ॐ पापनाशनाय स्वाहा

oṁ pāpanāśanāya svāhā
To He who destroys sin

- 993 -

ॐ शङ्खभृते स्वाहा

oṁ śaṅkhabhṛte svāha

To He who holds the conch

- 994 -

ॐ नन्दकिने स्वाहा

oṁ nandakine svāhā

To He who bestows great bliss

- 995 -

ॐ चक्रिणे स्वाहा

oṁ cakriṇe svāhā

To He who holds the discuss

- 996 -

ॐ शार्ङ्गधन्वने स्वाहा

oṁ śārṅgadhanvane svāhā

To He who holds the bow

- 997 -

ॐ गदाधराय स्वाहा

oṁ gadādharāya svāhā

To He who holds the club

- 998 -

ॐ रथाङ्गपाणये स्वाहा

oṁ rathāṅgapāṇaye svāhā

To He who sings the praise of God

- 999 -

ॐ अक्षोभ्याय स्वाहा

oṁ akṣobhyāya svāhā

To He who never loses his peace

- 1000 -

ॐ सर्वप्रहरणायुधाय स्वाहा

oṁ sarvapraharaṇāyudhāya svāhā

To He who is always armed for battle

ॐ नमः इति

oṁ namaḥ iti
Oṁ we bow to the completion

इति विष्णुसहस्रनामावल्याः स्वाहाकारः समाप्तः

iti viṣṇusahasranāmāvalyāḥ svāhākāraḥ samāptaḥ
Thus ends the thousand names of Viṣṇu

भीष्मस्तवराजः
bhīṣmastavarājaḥ

जनमेजय उवाच
janamejaya uvāca
Janamejaya said:

शरतल्पे शयानस्तु भरतानां पितामहः ।
कथमुत्सृष्टवान् देहं कं च योगमधारयत् ॥ १ ॥
śaratalpe śayānastu bharatānāṁ pitāmahaḥ |
kathamutsṛṣṭavān dehaṁ kaṁ ca yogamadhārayat || 1 ||
1. Tell how the Great Grandfather of all Bharat (the land where the light of wisdom always shines) left his body and entered in to union when he was laying on a bed of arrows.

वैशम्पायन उवाच
vaiśampāyana uvāca
Vaishampayana said:

शृणुष्वावहितो राजन् शुचिर्भूत्वा समाहितः ।
भीष्मस्य कुरुशार्दूल देहोत्सर्गं महात्मनः ॥ २ ॥
śṛṇuṣvāvahito rājan śucirbhūtvā samāhitaḥ |
bhīṣmasya kuruśārdūla dehotsargaṁ mahātmanaḥ || 2 ||
2. Listen to this story which will make you pure, Oh King, of how the great soul, Bhishma, the most eminent among the Kuru family, left his body and ascended to heaven.

निवृत्तमात्रे त्वयन उत्तरे वै दिवाकरे ।
समावेशयदात्मानमात्मन्येव समाहितः ॥ ३ ॥

nivṛttamātre tvayana uttare vai divākare |
samāveśayadātmānamātmanyeva samāhitaḥ || 3 ||

3. When the sun moved into the northern hemisphere, his time (course) of evolution was complete, he drew his soul into complete absorption only in the supreme soul.

विकीर्णांशुरिवादित्यो भीष्मः शरशतैश्चितः ।
शुशुभे परया लक्ष्म्या वृतो ब्राह्मणसत्तमैः ॥ ४ ॥

vikīrṇāṁśurivādityo bhīṣmaḥ śaraśataiścitaḥ |
śuśubhe parayā lakṣmyā vṛto brāhmaṇasattamaiḥ || 4 ||

4. The celebrated one of great strength, Bhishma, resting on a bed of arrows, shining brilliantly, defining the highest, surrounded by many true brahmins, began to speak.

व्यासेन वेदविदुषा नारदेन सुरर्षिणा ।
देवस्थानेन वात्स्येन तथाश्मकसुमन्तुना ॥ ५ ॥

vyāsena vedaviduṣā nāradena surarṣiṇā |
devasthānena vātsyena tathāśmakasumantunā || 5 ||

5. Present were Vyasa, expounder of the Vedas; Narada, the Seer among the gods; Devasthā, a great rishi; Vatsya, and then Maka, the son of a Vaishya; Sumantu, who is well known.

तथा जैमिनिना चैव पैलेन च महात्मना ।
शाण्डिल्यदेवलाभ्यां च मैत्रेयेण च धीमता ॥ ६ ॥

tathā jaimininā caiva pailena ca mahātmanā |
śāṇḍilyadevalābhyāṁ ca maitreyeṇa ca dhīmatā || 6 ||

6. Then there was Jaimini and Paila, both great souls; and Shandilya, Devala, and Maitreya all great thinkers.

असितेन वसिष्ठेन कौशिकेन महात्मना ।
हारीतलोमशाभ्यां च तथाऽऽत्रेयेण धीमता ॥ ७ ॥

asitena vasiṣṭhena kauśikena mahātmanā |
hārītalomaśābhyāṁ ca tathā--treyeṇa dhīmatā || 7 ||

7. Asita, Vasishtha, Kaushik great souls; Harit, Lamasha, and then Atri all great thinkers.

बृहस्पतिश्च शुक्रश्च च्यवनश्च महामुनिः ।
सनत्कुमारः कपिलो वाल्मीकिस्तुम्बुरुः कुरुः ॥ ८ ॥

bṛhaspatiśca śukraśca cyavanaśca mahāmuniḥ |
sanatkumāraḥ kapilo vālmīkistumburuḥ kuruḥ || 8 ||

8. Brihaspati and Shukra, Chyavana all great munis; Sanatkumar, Kapila, Valmiki, Tumburu, and Kuru.

मौद्गल्यो भार्गवो रामस्तृणबिन्दुर्महामुनिः
पिप्पलादोऽथ वायुश्च संवर्तः पुलहः कचः ॥ ९ ॥

maudgalyo bhārgavo rāmastṛṇabindurmahāmuniḥ
pippalādo-tha vāyuśca saṁvartaḥ pulahaḥ kacaḥ || 9 ||

9. Maudgalyo, Bhargava, Rama, Trianabindu, all great wise beings. Pipalad then Vayu, and Samvarta, Pulaha, Kaca;

काश्यपश्च पुलस्त्यश्च क्रतुर्दक्षः पराशरः ।
मरीचिरङ्गिराः काश्यो गौतमो गालवो मुनिः ॥ १० ॥

kāśyapaśca pulastyaśca kraturdakṣaḥ parāśaraḥ |
marīciraṅgirāḥ kāśyo gautamo gālavo muniḥ || 10 ||

10. Kashyapa and Pulastya and Kratu, Daksha, and Parasara; Marichi, Angirasa, Kashyo, Gautam, and Galava great munis.

धौम्यो विभाण्डो माण्डव्यो धौम्रः कृष्णानुभौतिकः ।
उलूकः परमो विप्रो मार्कण्डेयो महामुनिः ॥ ११ ॥

dhaumyo vibhāṇḍo māṇḍavyo
dhaumraḥ kṛṣṇānubhautikaḥ |
ulūkaḥ paramo vipro mārkaṇḍeyo mahāmuniḥ || 11 ||

11. Dhaumya, Vibhanda, Mandavya, Dhauma, Krishna-anubhotika, Uluka, and the supreme among the twice-born, the great soul Markendeya.

भास्करिः पूरणः कृष्णः सूतः परमधार्मिकः ।
एतैश्चान्यैर्मुनिगणैर्महाभागैर्महात्मभिः ॥ १२ ॥

bhāskariḥ pūraṇaḥ kṛṣṇaḥ sūtaḥ paramadhārmikaḥ |
etaiścānyairmunigaṇairmahābhāgairmahātmabhiḥ || 12 ||

12. Bhaskari, Purana, Krishna, Suta, all beings with supreme ideals. These and others of the multitude of wise and divine beings were fortunate to be with that great soul (Bhishma).

श्रद्धादमशमोपेतैर्वृतश्चन्द्र इव ग्रहैः ।
भीष्मस्तु पुरुषव्याघ्रः कर्मणा मनसा गिरा ॥ १३ ॥

śraddhādamaśamopetairvṛtaścandra iva grahaiḥ |
bhīṣmastu puruṣavyāghraḥ karmaṇā manasā girā || 13 ||

13. With faith, humility, peace, and tranquility, he appeared even like the Moon in the midst of the planets. Bhishma, supreme among men, with actions, thoughts, and words,

शरतल्पगतः कृष्णं प्रदध्यौ प्राञ्जलिः शुचिः ।
स्वरेण हृष्टपुष्टेन तुष्टाव मधुसूदनम् ॥ १४ ॥

śaratalpagataḥ kṛṣṇaṁ pradadhyau prāñjaliḥ śuciḥ |
svareṇa hṛṣṭapuṣṭena tuṣṭāva madhusūdanam || 14 ||

14. lying on a bed of arrows, praised Krishna with folded palms and purity. With great satisfaction, great nourishment, and great delight, he remembered the Slayer of Too Much (Madhusudan, who is always sweet),

योगेश्वरं पद्मनाभं विष्णुं जिष्णुं जगत्पतिम् ।
कृताञ्जलिपुटो भूत्वा वाग्विदां प्रवरः प्रभुः ।
भीष्मः परमधर्मात्मा वासुदेवमथास्तुवत् ॥ १५ ॥

yogeśvaraṁ padmanābhaṁ viṣṇuṁ jiṣṇuṁ jagatpatim |
kṛtāñjalipuṭo bhūtvā vāgvidāṁ pravaraḥ prabhuḥ |
bhīṣmaḥ paramadharmātmā vāsudevamathāstuvat || 15 ||

15. the supreme lord of union, who has a lotus-like naval, Vishnu, the lord of the perceivable world. Assuming the posture of respect with folded hands, the chief among men began to pronounce the invocation. Bhishma, supreme among ideal souls, then sang praise to Vasudeva, the lord of the earth.

भीष्म उवाच

bhīṣma uvāca

Bhishma said:

आरिराधयिषुः कृष्णं वाचं जिगदिषामि याम् ।
तया व्याससमासिन्या प्रीयतां पुरुषोत्तमः ॥ १६ ॥

ārirādhayiṣuḥ kṛṣṇaṁ vācaṁ jigadiṣāmi yām |
tayā vyāsasamāsinyā prīyatāṁ puruṣottamaḥ || 16 ||

16. Oh most excellent among men, Krishna, desiring to speak words of worship for you, I intend to practice self-restraint and to expound like Vyasa.

शिचिं शुचिपदं हंसं तत्पदं परमेष्ठिनम् ।
युक्त्वा सर्वात्मनाऽऽत्मानं तं प्रपद्ये प्रजापतिम् ॥ १७ ॥

śiciṁ śucipadaṁ haṁsaṁ tatpadaṁ parameṣṭhinam |
yuktvā sarvātmanā--tmānaṁ
taṁ prapadye prajāpatim || 17 ||

17. You are the swan of discrimination, the chosen form of the supreme deity, whose feet are most pure of the pure, steadfastly united with the soul of all souls, I fully surrender to you, to the lord of all beings born.

अनाद्यन्तं परं ब्रह्म न देवा नर्षयो विदुः ।
एको यं वेद भगवान्धाता नारायणो हरिः ॥ १८ ॥

anādyantaṁ paraṁ brahma na devā narṣayo viduḥ |
eko yaṁ veda bhagavāndhātā nārāyaṇo hariḥ || 18 ||
18. You are the highest supreme creator, without beginning or end, unknown by gods nor rishis nor intelligent wise people, spoken of in the Vedas as the One Supreme Divinity, the Creator, Narayan, Hari.

नारायणादृषिगणास्तथा सिद्धमहोरगाः ।
देवा देवर्षयश्चैव यं विदुः परमव्ययम् ॥ १९ ॥

nārāyaṇādṛṣigaṇāstathā siddhamahoragāḥ |
devā devarṣayaścaiva yaṁ viduḥ paramavyayam || 19 ||
19. From Narayan to the multitude of rishis, then to the attained ones down to the demons, the gods and the godly rishis, you are known as the supreme unchanging imperishable.

देवदानवगन्धर्वा यक्षराक्षसपन्नगाः ।
यं न जानन्ति को ह्येष कुतो वा भगवानिति ॥ २० ॥

devadānavagandharvā yakṣarākṣasapannagāḥ |
yaṁ na jānanti ko hyeṣa kuto vā bhagavāniti || 20 ||
20. Not the gods, demons, gandarvas, yakshas, demons, nor snakes know from where in what manner you came to be the supreme divinity thusly (like this).

यस्मिन् विश्वानि भूतानि तिष्ठन्ति च विशन्ति च ।
गुणभूतानि भूतेशे सूत्रे मणिगणा इव ॥ २१ ॥

yasmin viśvāni bhūtāni tiṣṭhanti ca viśanti ca |
guṇabhūtāni bhūteśe sūtre maṇigaṇā iva || 21 ||
21. You are the supreme of all existence in which the entire universe and all created beings enter and are situated, like a multitude of gems upon a string.

यस्मिन्निन्ये तते तन्तौ दृढे स्रगिव तिष्ठति ।
सदसद्ग्रथितं विश्वं विश्वाङ्गे विश्वकर्मणि ॥ २२ ॥

yasminninye tate tantau dṛḍhe sragiva tiṣṭhati I
sadasadgrathitaṁ viśvaṁ viśvāṅge viśvakarmaṇi II 22 II

22. You bring together the universe, being and non-being, stringing together (uniting) all limbs of the universe and all actions in the universe, you firmly establish (all the parts) like a garland on a string.

हरिं सहस्रशिरसं सहस्रचरणेक्षणम् ।
सहस्रबाहुमुकुटं सहस्रवदनोज्ज्वलम् ॥ २३ ॥

hariṁ sahasraśirasaṁ sahasracaraṇekṣaṇam I
sahasrabāhumukuṭaṁ sahasravadanojjvalam II 23 II

23. You are Hari, shining with a thousand heads, a thousand feet and eyes, a thousand arms, a thousand faces wearing a thousand crowns.

प्राहुर्नारायणं देवं यं विश्वस्य परायणम् ।
अणीयसामणीयांसं स्थविष्ठं च स्थवीयसाम् ॥ २४ ॥

prāhurnārāyaṇaṁ devaṁ yaṁ viśvasya parāyaṇam I
aṇīyasāmaṇīyāṁsaṁ sthaviṣṭhaṁ ca sthavīyasām II 24 II

24. You are called Narayana, the divinity which manifests as the eternal universe, the most subtle of the subtle and the most gross of the gross.

गरीयसां गरिष्ठं च श्रेष्ठं च श्रेयसामपि ।
यं वाकेष्वनुवाकेषु निषत्सूपनिषत्सु च ॥ २५ ॥

garīyasāṁ gariṣṭhaṁ ca śreṣṭhaṁ ca śreyasāmapi I
yaṁ vākeṣvanuvākeṣu niṣatsūpaniṣatsu ca II 25 II

25. You are the heaviest of the heavy and most excellent of the excellent; of all words or vibrations, you are the most excellent vibration; of all esoteric philosophies, you are sitting in worship.

गृणन्ति सत्यकर्माणं सत्यं सत्येषु सामसु ।
चतुर्भिश्चतुरात्मानं सत्त्वस्थं सात्वतां पतिम् ॥ २६ ॥

gṛṇanti satyakarmāṇaṁ satyaṁ satyeṣu sāmasu |
caturbhiścaturātmānaṁ
sattvasthaṁ sātvatāṁ patim || 26 ||

26. In the Sama Veda (in all songs) you are sung of as the truth of the lord of truth, performing truthful activities. In the four Vedas you are established as the soul of the four, as the true lord who is the cause of true being.

यं दिव्यैर्देवमर्चन्ति गुह्यैः परमनामभिः ।
यस्मिन्नित्यं तपस्तप्तं मदङ्गेष्वनुतिष्ठति ॥ २७ ॥

yaṁ divyairdevamarcanti guhyaiḥ paramanāmabhiḥ |
yasminnityaṁ tapastaptaṁ madaṅgeṣvanutiṣṭhati || 27 ||

27. In secret the gods and other divine ones offer to your supreme name. Thus (in this situation) you have been established as the eternal ruler of inspiration, performing great purifying austerities.

सर्वात्मा सर्ववित् सर्वः सर्वज्ञः सर्वभावनः ।
यं देवं देवकी देवी वसुदेवादजीजनत् ॥ २८ ॥

sarvātmā sarvavit sarvaḥ sarvajñaḥ sarvabhāvanaḥ |
yaṁ devaṁ devakī devī vasudevādajījanat || 28 ||

28. You are the soul of all, all that can be known, who is all, the knower of all, and all attitudes in existence. You are the God to whom birth was given by the Goddess Devaki and Vasudeva.

भौमस्य ब्रह्मणो गुप्त्यै दीप्तमग्निमिवारणिः ।
यमनन्यो व्यपेताशीरात्मानं वीतकल्मषम् ॥ २९ ॥

bhaumasya brahmaṇo guptyai dīptamagnimivāraṇiḥ |
yamananyo vyapetāśīrātmānaṁ vītakalmaṣam || 29 ||

29. You are the supreme divinity of the earth, secretly hidden within like fire is hidden in the sacrificial wood. You are the indestructible soul, who through self-control and others, separated the light and caused the darkness to vanish.

दृष्ट्यानन्त्याय गोविन्दं पश्यत्यात्मानमात्मनि ।
अतिवाय्विन्द्रकर्माणमतिसूर्यातितेजसम् ॥ ३० ॥

dṛṣṭyānantyāya govindaṁ paśyatyātmānamātmani |
ativāyvindrakarmāṇamatisūryātitejasam || 30 ||

30. To see the soul of all souls, Govinda (who is one pointed light) with infinite perception, the extremely strong ruler of all activities, the radiant Sun emits brilliant illumination.

अतिबुद्धीन्द्रियात्मानं तं प्रपद्ये प्रजापतिम् ।
पुराणे पुरुषं प्रोक्तं ब्रह्म प्रोक्तं युगादिषु ॥ ३१ ॥

atibuddhīndriyātmānaṁ taṁ prapadye prajāpatim |
purāṇe puruṣaṁ proktaṁ
brahma proktaṁ yugādiṣu || 31 ||

31. You are the extremely intelligent soul of the senses. I surrender to the lord of all beings born; the ancient, full, complete, and perfect being. In all activities in all time, you are addressed as the supreme divinity.

क्षये सङ्कर्षणं प्रोक्तं तमुपास्यमुपास्महे ।
यमेकं बहुधाऽऽत्मानं प्रादुर्भूतमधोक्षजम् ॥ ३२ ॥

kṣaye saṅkarṣaṇaṁ proktaṁ tamupāsyamupāsmahe |
yamekaṁ bahudhā--tmānaṁ
prādurbhūtamadhokṣajam || 32 ||

32. You are addressed as the end of cultivating conflict (a name of Balaram), worshiped sitting near me in my darkness; the one soul who bestows the diversity of existence, the supreme transcendental lord.

नान्यभक्ताः क्रियावन्तो यजन्ते सर्वकामदम् ।
यमाहुर्जगतः कोशं यस्मिन् संनिहिताः प्रजाः ॥ ३३ ॥

nānyabhaktāḥ kriyāvanto yajante sarvakāmadam |
yamāhurjagataḥ kośaṁ yasmin saṁnihitāḥ prajāḥ || 33 ||

33. All desires pursued or performed by all devotees ultimately unite in you. Controlling the entire perceivable universe, you are the sheath or covering in which all beings born are deposited or fixed together.

यस्मिन् लोकाः स्फुरन्तीमे जले शकुनयो यथा ।
ऋतमेकाक्षरं ब्रह्म यत्तत्सदसतोः परम् ॥ ३४ ॥

yasmin lokāḥ sphurantīme jale śakunayo yathā |
ṛtamekākṣaraṁ brahma yattatsadasatoḥ param || 34 ||

34. In which all the worlds shake or tremble, including the waters and birds; the one, undivided (eternal), imperishable, supreme divinity, that is the supreme truth of all truths (true being of all existence).

अनादिमध्यपर्यन्तं न देवा नर्षयो विदुः ।
यं सुरासुरगन्धर्वाः सिद्धा ऋषिमहोरगाः ॥ ३५ ॥

anādimadhyaparyantaṁ na devā narṣayo viduḥ |
yaṁ surāsuragandharvāḥ siddhā ṛṣimahoragāḥ || 35 ||

35. You are known as the origin, the middle, and the end by the gods and the rishis. The gods, asuras, gandarvas, siddhas (attained beings), rishis, and demons

प्रयता नित्यमर्चन्ति परमं दुःखभेषजम् ।
अनादिनिधनं देवमात्मयोनिं सनातनम् ॥ ३६ ॥

prayatā nityamarcanti paramaṁ duḥkhabheṣajam |
anādinidhanaṁ devamātmayoniṁ sanātanam || 36 ||

36. eternally strive in offering to you, the supreme who eradicates pain. At the conclusion of existence you are invariably the eternal womb of the soul of the gods.

अप्रेक्ष्यमनभिज्ञेयं हरिं नारायणं प्रभुम् ।
यं वै विश्वस्य कर्तारं जगतस्तस्थुषां पतिम् ।
वदन्ति जगतोऽध्यक्षमक्षरं परमं पदम् ॥ ३७ ॥

aprekṣyamanabhijñeyaṁ
hariṁ nārāyaṇaṁ prabhum |
yaṁ vai viśvasya kartāraṁ
jagatastasthuṣāṁ patim |
vadanti jagato-dhyakṣam
akṣaraṁ paramaṁ padam || 37 ||

37. You are known by the knowledgable as Hari (the gross, subtle and causal bodies; or who creates, protects, and transforms), Narayana (who sees all), Lord; Lord over all actions and actors in the perceivable universe.

हिरण्यवर्णं यं गर्भमदितेर्दैत्यनाशनम् ।
एकं द्वादशधा जज्ञे तस्मै सूर्यात्मने नमः ॥ ३८ ॥

hiraṇyavarṇaṁ yaṁ garbhamaditerdaityanāśanam |
ekaṁ dvādaśadhā jajñe tasmai sūryātmane namaḥ || 38 ||

38. In the womb of non-duality, you of golden color destroy duality. Being One, you appeared as twelve, and therefore, we bow to the soul of the Sun (the light of wisdom).

(The 12 sons of Aditi, aka Adaityas, are the first of the Vedic Gods.)

शुक्ले देवान् पितॄन् कृष्णे तर्पयत्यमृतेन यः ।
यश्च राजा द्विजातीनां तस्मै सोमात्मने नमः ॥ ३९ ॥

śukle devān pitṝn kṛṣṇe tarpayatyamṛtena yaḥ |
yaśca rājā dvijātīnāṁ tasmai somātmane namaḥ || 39 ||

39. Oh Krishna, you are bright (illuminated) among the gods and ancestors, you who are honored in worship with the nectar of immortal bliss. You are the king, who has taken birth twice (once from the womb of wisdom and once from his mother, Devaki), and therefore, we bow to the soul of the Moon (the emblem of devotion).

महतस्तमसः पारे पुरुषं ह्यतितेजसम् ।
यं ज्ञात्वा मृत्युमत्येति तस्मै ज्ञेयात्मने नमः ॥ ४० ॥

mahatastamasaḥ pāre puruṣaṁ hyatitejasam |
yaṁ jñātvā mṛtyumatyeti
tasmai jñeyātmane namaḥ || 40 ||

40. You are the supreme full, complete, and perfect consciousness, of extreme illumination, whose greatness shines in the darkness; those who have wisdom of you put an end to thoughts of death, and therefore, we bow to the soul of Wisdom.

यं बृहन्तं बृहत्युक्थे यमग्नौ यं महाध्वरे ।
यं विप्रसङ्घा गायन्ति तस्मै वेदात्मने नमः ॥ ४१ ॥

yaṁ bṛhantaṁ bṛhatyukthe yamagnau yaṁ mahādhvare |
yaṁ viprasaṅghā gāyanti
tasmai vedātmane namaḥ || 41 ||

41. You are great and strong, united with strength, the great destructive power of Yama (Death) and Agni (Fire). The assembly of twice-born (brahmins) sing about you, and therefore, we bow to the soul of the Vedas (the wisdom to be known).

ऋग्यजुःसामधामानं दशार्धहविरात्मकम् ।
यं सप्ततन्तुं तन्वन्ति तस्मै यज्ञात्मने नमः ॥ ४२ ॥

ṛgyajuḥsāmadhāmānaṁ daśārdhahavirātmakam |
yaṁ saptatantuṁ tanvanti
tasmai yajñātmane namaḥ || 42 ||

42. You support the Rig, Yajur, and Sama Vedas, the soul of the five kinds of offerings to the fire; seven preceded you in the line of your descendants, and therefore, we bow to the soul of Yajna (sacrifice in union).

चतुर्भिश्च चतुर्भिश्च द्वाभ्यां पञ्चभिरेव च ।
हूयते च पुनर्द्वाभ्यां तस्मै होमात्मने नमः ॥ ४३ ॥

caturbhiśca caturbhiśca dvābhyāṁ pañcabhireva ca |
hūyate ca punardvābhyāṁ
tasmai homātmane namaḥ || 43 ||

43. With four and with four and with two and even with five; and offer again with two (the various meters of Sanskrit), and therefore, we bow to the soul of Homa (the shorter fire sacrifice to maintain divine union).

यः सुपर्णा यजुर्नाम छन्दोगात्रस्त्रिवृच्छिराः ।
रथन्तरं बृहत्साम तस्मै स्तोत्रात्मने नमः ॥ ४४ ॥

yaḥ suparṇā yajurnāma chandogātrastrivṛcchirāḥ |
rathantaraṁ bṛhatsāma tasmai stotrātmane namaḥ || 44 ||

44. In your collections of hymns, like the Yajur Veda and the Sama Veda, you arrange meters like Gayatri in the great songs of praise, and therefore, we bow to the soul of Stotrams (songs in praise of divinity).

यं सहस्रसमे सत्रे जज्ञे विश्वसृजामृषिः ।
हिरण्यपक्षः शकुनिस्तस्मै हंसात्मने नमः ॥ ४५ ॥

yaṁ sahasrasame satre jajñe viśvasṛjāmṛṣiḥ |
hiraṇyapakṣaḥ śakunistasmai haṁsātmane namaḥ || 45 ||

45. By concentrating together thousands, you created this universe; as a rishi perceiving the birth of discrimination in the golden (bright) fortnight, and therefore, we bow to the soul of the swan (discrimination).

पदाङ्गं सन्धिपर्वाणं स्वरव्यञ्जनभूषणम् ।
यमाहुरक्षरं दिव्यं तस्मै वागात्मने नमः ॥ ४६ ॥

padāṅgaṁ sandhiparvāṇaṁ svaravyañjanabhūṣaṇam |
yamāhurakṣaraṁ divyaṁ
tasmai vāgātmane namaḥ || 46 ||

46. Individual syllables joined together in various ways, displaying a wealth of tunes and melodies; with self-control offered as oblations to the divine, and therefore, we bow to the soul of all vibrations.

यज्ञाङ्गो यो वराहो वै भूत्वा गामुज्जहार ह ।
लोकत्रयहितार्थाय तस्मै वीर्यात्मने नमः ॥ ४७ ॥

yajñāṅgo yo varāho vai bhūtvā gāmujjahāra ha |
lokatrayahitārthāya tasmai vīryātmane namaḥ || 47 ||

47. When the earth was being carried away, uniting the various limbs of sacrifice, in the form of the boar of sacrifice, and therefore, we bow to the soul of heroism and all heroes.

यः शेते योगमास्थाय पर्यङ्के नागभूषिते ।
फणासहस्ररचिते तस्मै निद्रात्मने नमः ॥ ४८ ॥

yaḥ śete yogamāsthāya paryaṅke nāgabhūṣite |
phaṇāsahasraracite tasmai nidrātmane namaḥ || 48 ||

48. You were situated in bliss, sleeping in mystical union, while sitting in a posture for meditation looking like a snake. The snake absorbed in consciousness in the sahasrara chakra (crown of the head), and therefore, we bow to the soul of sleep.

यस्तनोति सतां सेतुमृतेनामृतयोनिना ।
धर्मार्थव्यवहाराङ्गैस्तस्मै सत्यात्मने नमः ॥ ४९ ॥

yastanoti satāṁ setumṛtenāmṛtayoninā |
dharmārthavyavahārāṅgais
tasmai satyātmane namaḥ || 49 ||

49. You established all things in true existence as the bridge from death to the womb of eternal life; dharma, artha, the limbs of behavior, and therefore, we bow to the soul of truth.

यं पृथग्धर्मचरणाः पृथग्धर्मफलैषिणः ।
पृथग्धर्मैः समर्चन्ति तस्मै धर्मात्मने नमः ॥ ५० ॥

yaṁ pṛthagdharmacaraṇāḥ pṛthagdharmaphalaiṣiṇaḥ |
pṛthagdharmaiḥ samarcanti
tasmai dharmātmane namaḥ || 50 ||

50. You are the individual limbs of moving or behaving with dharma, the individual fruits of acting with dharma, the individual ways of offering with dharma, and therefore, we bow to the soul of dharma.

यतः सर्वे प्रसूयन्ते ह्यनङ्गात्माङ्गदेहिनः ।
उन्मादः सर्वभूतानां तस्मै कामात्मने नमः ॥ ५१ ॥

yataḥ sarve prasūyante hyanaṅgātmāṅgadehinaḥ |
unmādaḥ sarvabhūtānāṁ
tasmai kāmātmane namaḥ || 51 ||

51. The soul of the body became manifest in the embodiment of all children (creation) through restraint or self-control; making all manifested creation mad (with desire), and therefore, we bow to the soul of desire.

यं च व्यक्तस्थमव्यक्तं विचिन्वन्ति महर्षयः ।
क्षेत्रे क्षेत्रज्ञमासीनं तस्मै क्षेत्रात्मने नमः ॥ ५२ ॥

yaṁ ca vyaktasthamavyaktaṁ vicinvanti maharṣayaḥ |
kṣetre kṣetrajñamāsīnaṁ
tasmai kṣetrātmane namaḥ || 52 ||

52. The great rishis contemplate you as the being who is individual and universal; who is the field, who is the knower of the field without end, and therefore, we bow to the soul of the field.

यं त्रिधाऽऽत्मानमात्मस्थं वृतं षोडशभिर्गुणैः ।
प्राहुः सप्तदशं सांख्यास्तस्मै सांख्यात्मने नमः ॥ ५३ ॥

yaṁ tridhā--tmānamātmasthaṁ vṛtaṁ ṣoḍaśabhirguṇaiḥ |
prāhuḥ saptadaśaṁ sāṁkhyās
tasmai sāṁkhyātmane namaḥ || 53 ||

53. You are established with the three gunas as the soul of all souls existing, worshiped with sixteen articles; expressed in the enumeration of the seventeen (Stoma-17 parts of a Sanskrit Hymn), and therefore, we bow to the soul of the enumeration of the (twenty-four) principles.

यं विनिद्रा जितश्वासाः सत्त्वस्थाः संयतेन्द्रियाः ।
ज्योतिः पश्यन्ति युञ्जानास्तस्मै योगात्मने नमः ॥ ५४ ॥

yaṁ vinidrā jitaśvāsāḥ sattvasthāḥ saṁyatendriyāḥ |
jyotiḥ paśyanti yuñjānāstasmai yogātmane namaḥ || 54 ||

54. In wakefulness you are the breath of life established in truth, controlling the senses. You are successful at seeing the light, and therefore, we bow to the soul of yoga (the perfection of union).

अपुण्यपुण्योपरमे यं पुनर्भवनिर्भयाः ।
शान्ताः संन्यासिनो यान्ति तस्मै मोक्षात्मने नमः ॥ ५५ ॥

apuṇyapuṇyoparame yaṁ punarbhavanirbhayāḥ |
śāntāḥ saṁnyāsino yānti
tasmai mokṣātmane namaḥ || 55 ||

55. You are the supreme merit of all merits, again granting freedom from fear to all existence. Sannyasis (renunciates) attain to peace, and therefore, we bow to the soul of liberation.

योऽसौ युगसहस्रान्ते प्रदीप्तार्चिर्विभावसुः ।
सम्भक्षयति भूतानि तस्मै घोरात्मने नमः ॥ ५६ ॥

yo-sau yugasahasrānte pradīptārcirvibhāvasuḥ |
sambhakṣayati bhūtāni tasmai ghorātmane namaḥ || 56 ||

56. You offer light until the destruction of the worlds at the end of a thousand ages of time, and therefore, we bow to the soul of the frightful.

संभक्ष्य सर्वभूतानि कृत्वा चैकार्णवं जगत् ।
बालः स्वपिति यश्चैकस्तस्मै मायात्मने नमः ॥ ५७ ॥

saṁbhakṣya sarvabhūtāni kṛtvā caikārṇavaṁ jagat |
bālaḥ svapiti yaścaikastasmai māyātmane namaḥ || 57 ||

57. You devoured the perceivable world as one ocean of all existence. Children thus dream of you as the One, and therefore, we bow to the soul of Maya (the measurement of all that can be perceived).

तद्यस्य नाभ्यां सम्भूतं यस्मिन् विश्वं प्रतिष्ठितम् ।
पुष्करे पुष्कराक्षस्य तस्मै पद्मात्मने नमः ॥ ५८ ॥

tadyasya nābhyāṁ sambhūtaṁ
yasmin viśvaṁ pratiṣṭhitam |
puṣkare puṣkarākṣasya
tasmai padmātmane namaḥ || 58 ||

58. All existence and the entire universe is established within your naval, most excellent of all excellence, and therefore, we bow to the soul of the lotus (the wealth of peace).

सहस्रशिरसे चैव पुरुषायामितात्मने ।
चतुःसमुद्रपर्यायययोगनिद्रात्मने नमः ॥ ५९ ॥

sahasraśirase caiva puruṣāyāmitātmane |
catuḥsamudraparyāyayoganidrātmane namaḥ || 59 ||

59. The full, complete, and perfect consciousness, the soul of that which cannot be measured, has a thousand heads, pervading the four (ages of time), the ocean of creation, and therefore, we bow to the soul of the sleep of mystical union.

यस्य केशेषु जीमूता नद्यः सर्वाङ्गसन्धिषु ।
कुक्षौ समुद्राश्चत्वारस्तस्मै तोयात्मने नमः ॥ ६० ॥

yasya keśeṣu jīmūtā nadyaḥ sarvāṅgasandhiṣu |
kukṣau samudrāścatvārastasmai toyātmane namaḥ || 60 ||

60. In the hair (on the summit) the sustainer of all is praised, and in the abdomen where all limbs are joined and the many oceans meet, and therefore, we bow to the soul of water.

यस्मात् सर्वाः प्रसूयन्ते सर्गप्रलयविक्रियाः ।
यस्मिंश्चैव प्रलीयन्ते तस्मै हेत्वात्मने नमः ॥ ६१ ॥

yasmāt sarvāḥ prasūyante sargapralayavikriyāḥ |
yasmiṁścaiva pralīyante
tasmai hetvātmane namaḥ || 61 ||

61. In which all of the children of existence, all created beings in manifestation, dissolved; and in which they even disappear, and therefore, we bow to the soul of motivation.

यो निषण्णो भवेद्रात्रौ दिवा भवति विष्ठितः ।
इष्टानिष्टस्य च द्रष्टा तस्मै द्रष्टात्मने नमः ॥ ६२ ॥

yo niṣaṇṇo bhavedrātrau divā bhavati viṣṭhitaḥ |
iṣṭāniṣṭasya ca draṣṭā tasmai draṣṭātmane namaḥ || 62 ||

62. While still or stationary night becomes day and the two become separated (distinguished), the judge or witness who discriminates (distinguishes) between the desirable and the not desired, and therefore, we bow to the soul of judgment.

अकुण्ठं सर्वकार्येषु धर्मकार्यार्थमुद्यतम् ।
वैकुण्ठस्य च तद्रूपं तस्मै कार्यात्मने नमः ॥ ६३ ॥

akuṇṭhaṁ sarvakāryeṣu dharmakāryārthamudyatam |
vaikuṇṭhasya ca tadrūpaṁ
tasmai kāryātmane namaḥ || 63 ||

63. Eternal in the performance of all appropriate actions, laboring diligently in causing the ideal of perfection and necessary resources, intrinsic to that form, and therefore, we bow to the soul of appropriate actions.

त्रिःसप्तकृत्वो यः क्षत्रं धर्मव्युत्क्रान्तगौरवम् ।
क्रुद्धो निजघ्ने समरे तस्मै क्रौर्यात्मने नमः ॥ ६४ ॥

triḥsaptakṛtvo yaḥ kṣatraṁ dharmavyutkrāntagauravam |
kruddho nijaghne samare
tasmai krauryātmane namaḥ || 64 ||

64. You fiercely destroyed the warrior and administrative class who transgressed dharma (the ideal of perfection) twenty-one times, striking down cruelty coming together in hostile encounter, and therefore, we bow to the soul of cruelty.

विभज्य पञ्चधाऽऽत्मानं वायुर्भूत्वा शरीरगः ।
यश्चेष्टयति भूतानि तस्मै वाय्वात्मने नमः ॥ ६५ ॥

vibhajya pañcadhā--tmānaṁ vāyurbhūtvā śarīragaḥ |
yaśceṣṭayati bhūtāni tasmai vāyvātmane namaḥ || 65 ||

65. Distinguishing the five elements of the supreme soul, like wind, existence became embodied; you make efforts for all existence, and therefore, we bow to the soul of the wind.

युगेष्वावर्तते योगैर्मासर्त्वयनहायनैः ।
सर्गप्रलययोः कर्ता तस्मै कालात्मने नमः ॥ ६६ ॥

yugeṣvāvartate yogairmāsartvayanahāyanaiḥ |
sargapralayayoḥ kartā tasmai kālātmane namaḥ || 66 ||

66. You are Lord in union, helper to revolve the months in the ages of time. You extinguish all created beings at the time of dissolution, and therefore, we bow to the soul of the Time.

ब्रह्म वक्त्रं भुजौ क्षत्रं कृत्स्नमूरूदरं विशः ।
पादौ यस्याश्रिताः शूद्रास्तस्मै वर्णात्मने नमः ॥ ६७ ॥

brahma vaktraṁ bhujau kṣatraṁ
kṛtsnamūrūdaraṁ viśaḥ |
pādau yasyāśritāḥ śūdrās
tasmai varṇātmane namaḥ || 67 ||

67. Brahmins were created as your head, your arms are kshatriya, vaishyas are in the thighs, and shudras take refuge in your feet, and therefore, we bow to the soul of all colors, creeds, and tribes.

यस्याग्निरास्यं द्यौर्मूर्द्धा खं नाभिश्चरणौ क्षितिः ।
सूर्यश्चक्षुर्दिशः श्रोत्रे तस्मै लोकात्मने नमः ॥ ६८ ॥

yasyāgnirāsyaṁ dyaurmūrddhā
khaṁ nābhiścaraṇau kṣitiḥ |
sūryaścakṣurdiśaḥ śrotre tasmai lokātmane namaḥ || 68 ||

68. You apportioned fire to the sun, the highest portion of the heavens and space to the naval, the earth to the feet, eyes and ears to all the directions, and therefore, we bow to the soul of the worlds.

परः कालात् परो यज्ञात् परात्परतरश्च यः ।
अनादिरादिर्विश्वस्य तस्मै विश्वात्मने नमः ॥ ६९ ॥

paraḥ kālāt paro yajñāt parātparataraśca yaḥ |
anādirādirviśvasya tasmai viśvātmane namaḥ || 69 ||

69. You are superior to time, superior to sacrifice, above and beyond and more superior still. You are one and the same among the multitude of variables of the universe, and therefore, we bow to the soul of the universe.

विषये वर्तमानानां यं तं वैशेषिकैर्गुणैः ।
प्राहुर्विषयगोप्तारं तस्मै गोप्त्रात्मने नमः ॥ ७० ॥

viṣaye vartamānānāṁ yaṁ taṁ vaiśeṣikairguṇaiḥ |
prāhurviṣayagoptāraṁ tasmai goptrātmane namaḥ || 70 ||

70. You are the qualities enumerated in the Vaisheshika Philosophy, the various ideas of the present time, expression of the concepts most secret, and therefore, we bow to the soul of He who is concealed within the universe (also protector of the universe).

अन्नपानेन्धनमयो रसप्राणविवर्धनः ।
यो धारयति भूतानि तस्मै प्राणात्मने नमः ॥ ७१ ॥

annapānendhanamayo rasaprāṇavivardhanaḥ |
yo dhārayati bhūtāni tasmai prāṇātmane namaḥ || 71 ||

71. Food, drink, manifestations of wealth increasing the nectar of life, you who support all beings, and therefore, we bow to the soul of the life force.

प्राणानां धारणार्थाय योऽन्नं भुङ्क्ते चतुर्विधम् ।
अन्तर्भूतः पचत्यग्निस्तस्मै पाकात्मने नमः ॥ ७२ ॥

prāṇānāṁ dhāraṇārthāya yo-nnaṁ bhuṅkte caturvidham |
antarbhūtaḥ pacatyagnistasmai pākātmane namaḥ || 72 ||

72. You are the meaning (objective) of all living beings who enjoy various kinds of foods in various ways. Fire devours the elements within, and therefore, we bow to the soul of fire.

पिङ्गेक्षणसटं यस्य रूपं दंष्ट्रानखायुधम् ।
दानवेन्द्रान्तकरणं तस्मै दृप्तात्मने नमः ॥ ७३ ॥

piṅgekṣaṇasaṭaṁ yasya rūpaṁ daṁṣṭrānakhāyudham |
dānavendrāntakaraṇaṁ tasmai dṛptātmane namaḥ || 73 ||

73. Your form with eyes red with anger fighting with tusks and nails (claws) (Varaha) is the cause of the end of the king of the Danavas (Hiranyaksha), and therefore, we bow to the soul of arrogance or pride.

यं न देवा न गन्धर्वा न दैत्या न च दानवाः ।
तत्त्वतो हि विजानन्ति तस्मै सूक्ष्मात्मने नमः ॥ ७४ ॥

yaṁ na devā na gandharvā na daityā na ca dānavāḥ |
tattvato hi vijānanti tasmai sūkṣmātmane namaḥ || 74 ||

74. Neither the gods, nor the gandarvas, nor the daityas (beings of duality), nor the danavas (enemies of the gods), none of them know you through the principles (of philosophy), and therefore, we bow to the soul of subtle body.

रसातलगतः श्रीमाननन्तो भगवान् विभुः ।
जगद्धारयते कृत्स्नं तस्मै वीर्यात्मने नमः ॥ ७५ ॥

rasātalagataḥ śrīmānananto bhagavān vibhuḥ |
jagaddhārayate kṛtsnaṁ tasmai vīryātmane namaḥ || 75 ||

75. The supreme sovereign, the respected supreme divinity, created the infinite and supports the perceivable universe extending from the lowest worlds, and therefore, we bow to the soul of the hero.

यो मोहयति भूतानि स्नेहपाशानुबन्धनैः ।
सर्गस्य रक्षणार्थाय तस्मै मोहात्मने नमः ॥ ७६ ॥

yo mohayati bhūtāni snehapāśānubandhanaiḥ |
sargasya rakṣaṇārthāya tasmai mohātmane namaḥ || 76 ||

76. You delude all beings born by binding them with the bonds of love. For the purpose of protecting all beings born, and therefore, we bow to the soul of the delusion.

आत्मज्ञानमिदं ज्ञानं ज्ञात्वा पञ्चस्ववस्थितम् ।
यं ज्ञानेनाभिगच्छन्ति तस्मै ज्ञानात्मने नमः ॥ ७७ ॥

ātmajñānamidaṁ jñānaṁ jñātvā pañcasvavasthitam |
yaṁ jñānenābhigacchanti
tasmai jñānātmane namaḥ || 77 ||

77. Remaining with the five senses steady and controlled, they know wisdom and this soul of wisdom, they attain you in the naval of wisdom, and therefore, we bow to the soul of the wisdom.

अप्रमेयशरीराय सर्वतोबुद्धिचक्षुषे ।
अनन्तपरिमेयाय तस्मै दिव्यात्मने नमः ॥ ७८ ॥

aprameyaśarīrāya sarvatobuddhicakṣuṣe |
anantaparimeyāya tasmai divyātmane namaḥ || 78 ||

78. Seeing all with the eyes of intelligence, your immeasurable body is infinite and supreme beyond all measurement, and therefore, we bow to the soul of divinity.

जटिने दण्डिने नित्यं लम्बोदरशरीरिणे ।
कमण्डलुनिषङ्गाय तस्मै ब्रह्मात्मने नमः ॥ ७९ ॥

jaṭine daṇḍine nityaṁ lambodaraśarīriṇe |
kamaṇḍaluniṣaṅgāya tasmai brahmātmane namaḥ || 79 ||

79. With matted locks of hair (a pious mendicant), bearing a staff, eternal, with a body with a big belly; with a water pot, a sword, and therefore, we bow to the soul of the supreme divinity (Brahma the creator).

शूलिने त्रिदशेशाय त्र्यम्बकाय महात्मने ।
भस्मदिग्धाङ्गलिङ्गाय तस्मै रुद्रात्मने नमः ॥ ८० ॥

śūline tridaśeśāya tryambakāya mahātmane |
bhasmadigdhāṅgaliṅgāya
tasmai rudrātmane namaḥ || 80 ||

80. The great soul with a spear, ruler of the three worlds, father of the three; wearing ashes, whose body fills all the directions as the subtle body, and therefore, we bow to the soul of the reliever from sufferings (Rudra).

चन्द्रार्धकृतशीर्षाय व्यालयज्ञोपवीतिने ।
पिनाकशूलहस्ताय तस्मा उग्रात्मने नमः ॥ ८१ ॥

candrārdhakṛtaśīrṣāya vyālayajñopavītine |
pinākaśūlahastāya tasmā ugrātmane namaḥ || 81 ||

81. Who wears the half moon upon his head, a tiger skin, and a sacred thread, in his hand he holds the trident spear named Pinak, and therefore, we bow to the soul of he who is terribly fierce (Shiva).

सर्वभूतात्मभूताय भूतादिनिधनाय च ।
अक्रोधद्रोहमोहाय तस्मै शान्तात्मने नमः ॥ ८२ ॥

sarvabhūtātmabhūtāya bhūtādinidhanāya ca |
akrodhadrohamohāya tasmai śāntātmane namaḥ || 82 ||

82. Who is all the elements, the soul of all existence, the conclusion of all existence as well; free from anger, he causes injury to those deluded by attachment, and therefore, we bow to the soul of peace.

यस्मिन् सर्वं यतः सर्वं यः सर्वं सर्वतश्च यः ।
यश्च सर्वमयो नित्यं तस्मै सर्वात्मने नमः ॥ ८३ ॥

yasmin sarvaṁ yataḥ sarvaṁ
yaḥ sarvaṁ sarvataśca yaḥ |
yaśca sarvamayo nityaṁ
tasmai sarvātmane namaḥ || 83 ||

83. You are all, in which all is controlled, you are totally all and everywhere, you are the eternal manifestation of all, and therefore, we bow to the soul of all.

विश्वकर्मन्नमस्तेऽस्तु विश्वात्मन् विश्वसम्भव ।
अपवर्गोऽसि भूतानां पञ्चानां परतः स्थित ॥ ८४ ॥

viśvakarmannamaste-stu viśvātman viśvasambhava |
apavargo-si bhūtānāṁ pañcānāṁ parataḥ sthita || 84 ||

84. We bow to you creator of the universe, soul of the universe, performer of all actions in the universe; you are the final beatitude of all existence, situated above all the fives.

नमस्ते त्रिषु लोकेषु नमस्ते परतस्त्रिषु ।
नमस्ते दिक्षु सर्वासु त्वं हि सर्वमयो निधिः ॥ ८५ ॥

namaste triṣu lokeṣu namaste paratastriṣu |
namaste dikṣu sarvāsu tvaṁ hi sarvamayo nidhiḥ || 85 ||

85. We bow to you who are the three worlds, we bow to you who are beyond the three worlds; we bow to you who are in every direction, you are the manifestation of the storehouse (ocean) of treasure.

नमस्ते भगवन् विष्णो लोकानां प्रभवाप्यय ।
त्वं हि कर्त्ता हृषीकेश संहर्ता चापराजितः ॥ ८६ ॥

namaste bhagavan viṣṇo lokānāṁ prabhavāpyaya |
tvaṁ hi karttā hṛṣīkeśa saṁhartā cāparājitaḥ || 86 ||

86. We bow to you supreme divinity, Vishnu, who disperses light upon the worlds. You are the creator, the ruler of the senses, into which all dissolves and unable to be defeated.

नहि पश्यामि ते भावं दिव्यं हि त्रिषु वर्त्मसु ।
त्वां तु पश्यामि तत्त्वेन यत्ते रूपं सनातनम् ॥ ८७ ॥

nahi paśyāmi te bhāvaṁ divyaṁ hi triṣu vartmasu |
tvāṁ tu paśyāmi tattvena yatte rūpaṁ sanātanam || 87 ||

87. No one in the three (worlds) can perceive your attitude of divinity according to the standard methods. Your form can only be perceived by means of the eternal principles (of philosophy).

दिवं ते शिरसा व्याप्तं पद्भ्यां देवी वसुन्धरा ।
विक्रमेण त्रयो लोकाः पुरुषोऽसि सनातनः ॥ ८८ ॥

divaṁ te śirasā vyāptaṁ padbhyāṁ devī vasundharā |
vikrameṇa trayo lokāḥ puruṣo-si sanātanaḥ || 88 ||

88. Each day the earth goddess places her head at your feet, to you who traverse the three worlds. You are distinguished as the full, complete, and perfect eternal.

दिशो भुजा रविश्चक्षुर्वीर्ये शुक्रः प्रतिष्ठितः ।
सप्त मार्गा निरुद्धास्ते वायोरमिततेजसः ॥ ८९ ॥

diśo bhujā raviścakṣurvīrye śukraḥ pratiṣṭhitaḥ |
sapta mārgā niruddhāste vāyoramitatejasaḥ || 89 ||

89. Your purity is established as the victorious hero, your arms fill all the directions, the sun is the unmeasured light in your eyes. Unobstructed are the seven paths through which the wind moves.

अतसीपुष्पसंकाशं पीतवाससमच्युतम् ।
ये नमस्यन्ति गोविन्दं न तेषां विद्यते भयम् ॥ ९० ॥

atasīpuṣpasaṁkāśaṁ pītavāsasamacyutam |
ye namasyanti govindaṁ
na teṣāṁ vidyate bhayam || 90 ||

90. You who are dressed in yellow cloth, appearing like a multitude of flowers permanently strung together, those who bow to you Govinda (who is one-pointed light) do not know any fear.

एकोऽपि कृष्णस्य कृतः प्रणामो
दशाश्वमेधावभृथेन तुल्यः ।
दशाश्वमेधी पुनरेति जन्म
कृष्णप्रणामी न पुनर्भवाय ॥ ९१ ॥

eko-pi kṛṣṇasya kṛtaḥ praṇāmo
daśāśvamedhāvabhṛthena tulyaḥ |
daśāśvamedhī punareti janma
kṛṣṇapraṇāmī na punarbhavāya || 91 ||

91. Bowing only to the one Krishna is equal to the performance of ten horse sacrifices. Who performs ten horse sacrifices will not be born again. Again there is no greater benefit than bowing to Krishna.

कृष्णव्रताः कृष्णमनुस्मरन्तो
रात्रौ च कृष्णं पुनरुत्थिता ये ।
ते कृष्णदेहाः प्रविशन्ति कृष्ण-
माज्यं यथा मन्त्रहुतं हुताशे ॥ ९२ ॥

kṛṣṇavratāḥ kṛṣṇamanusmaranto
rātrau ca kṛṣṇaṁ punarutthitā ye |
te kṛṣṇadehāḥ praviśanti kṛṣṇa-
mājyaṁ yathā mantrahutaṁ hutāśe || 92 ||

92. Krishna is the vow of worship, Krishna is the cherished recollection. Again Krishna took his birth in the night. Those who

take shelter in the body of Krishna, enter into Krishna, just like offerings of ghee enter into the divine fire (who eats oblations) with mantras.

नमो नरकसंत्रासरक्षामण्डलकारिणे ।
संसारनिम्नगावर्ततरिकाष्ठाय विष्णवे ॥ ९३ ॥

namo narakasaṁtrāsarakṣāmaṇḍalakāriṇe |
saṁsāranimnagāvartatarikāṣṭhāya viṣṇave || 93 ||

93. We bow to Vishnu, the cause of the circle which protects from the fears of hell, who is a boat which crosses the ocean of world in but an instant.

नमो ब्रह्मण्यदेवाय गोब्राह्मणहिताय च ।
जगद्धिताय कृष्णाय गोविन्दाय नमो नमः ॥ ९४ ॥

namo brahmaṇyadevāya gobrāhmaṇahitāya ca |
jagaddhitāya kṛṣṇāya govindāya namo namaḥ || 94 ||

94. We bow to to the supreme divinity, to god, to the benefactor and illuminator of brahmins, who is pleased by the perceivable universe, to Krishna, to Govinda we bow, we bow.

प्राणकान्तारपाथेयं संसारोच्छेदभेषजम् ।
दुःखशोकपरित्राणं हरिरित्यक्षरद्वयम् ॥ ९५ ॥

prāṇakāntārapātheyaṁ saṁsārocchedabheṣajam |
duḥkhaśokaparitrāṇaṁ haririty akṣaradvayam || 95 ||

95. The two letters, Hari, thus put an end to the journey of the life force through the ocean of worldliness, the remedy for curing or taking away pain and grief.

यथा विष्णुमयं सत्यं यथा विष्णुमयं जगत् ।
यथा विष्णुमयं सर्वं पाप्मा मे नश्यतां तथा ॥ ९६ ॥

yathā viṣṇumayaṁ satyaṁ
yathā viṣṇumayaṁ jagat |
yathā viṣṇumayaṁ sarvaṁ
pāpmā me naśyatāṁ tathā || 96 ||

96. It is this Vishnu that is my truth, and it is this Vishnu that is my world. It is this Vishnu that is my all. Please destroy all sin.

त्वां प्रपन्नाय भक्ताय गतिमिष्टां जिगीषवे ।
यच्छ्रेयः पुण्डरीकाक्ष तद्ध्यायस्व सुरोत्तम ॥ ९७ ॥

tvāṁ prapannāya bhaktāya gatimiṣṭāṁ jigīṣave |
yacchreyaḥ puṇḍarīkākṣa taddhyāyasva surottama || 97 ||
97. You are acknowledged by devotees desiring excellence as the chosen support. Oh one with lotus eyes, chief among the gods, in meditation you are the bliss of final emancipation.

इति विद्यातपोयोनिरयोनिर्विष्णुरीडितः ।
वाग्यज्ञेनार्चितो देवः प्रीयतां मे जनार्दनः ॥ ९८ ॥

iti vidyātapoyonirayonirviṣṇurīḍitaḥ |
vāgyajñenārcito devaḥ prīyatāṁ me janārdanaḥ || 98 ||
98. Thus the unborn Vishnu was praised as the womb of pure knowledge, offering vibrations in sacrifice to the god most beloved by me, Janardana (lord of beings).

नारायणः परं ब्रह्म नारायणपरं तपः ।
नारायणः परो देवः सर्वं नारायणः सदा ॥ ९९ ॥

nārāyaṇaḥ paraṁ brahma nārāyaṇaparaṁ tapaḥ |
nārāyaṇaḥ paro devaḥ sarvaṁ nārāyaṇaḥ sadā || 99 ||
99. The manifestation of consciousness is the supreme divinity, the manifestation of consciousness is the highest austerity, the manifestation of consciousness is the supreme god. Everything is the manifestation of consciousness.

वैशम्पायन उवाच

vaiśampāyana uvāca
Vaishampayana said:

एतावदुक्त्वा वचनं भीष्मस्तद्गतमानसः ।
नम इत्येव कृष्णाय प्रणाममकरोत्तदा ॥ १०० ॥

etāvaduktvā vacanaṁ bhīṣmastadgatamānasaḥ |
nama ityeva kṛṣṇāya praṇāmamakarottadā || 100 ||

100. Having spoken these words with a concentrated mind, Bhishma bowed to Krishna, offering his greatest respect.

अभिगम्य तु योगेन भक्तिं भीष्मस्य माधवः ।
त्रैलोक्यदर्शनं ज्ञानं दिव्यं दत्त्वा ययौ हरिः ॥ १०१ ॥

abhigamya tu yogena bhaktiṁ bhīṣmasya mādhavaḥ |
trailokyadarśanaṁ jñānaṁ
divyaṁ dattvā yayau hariḥ || 101 ||

101. Having been approached with Bhishma's devotion by means of Yoga, Madhava (who is always sweet), another name for Hari (who is the gross, subtle, and causal bodies) bestowed divine wisdom and the intuitive perception of the three worlds.

तस्मिन्नुपरते शब्दे ततस्ते ब्रह्मवादिनः ।
भीष्मं वाग्भिर्वाष्पकण्ठास्तमानर्चुर्महामतिम् ॥ १०२ ॥

tasminnuparate śabde tataste brahmavādinaḥ |
bhīṣmaṁ vāgbhirvāṣpakaṇṭhās
tamānarcurmahāmatim || 102 ||

102. In this way Bhishma shared these supremely divine words with tears in his eyes and his throat choked with the emotions of this great thinker.

ते स्तुवन्तश्च विप्राग्र्याः केशवं पुरुषोत्तमम् ।
भीष्मं च शनकैः सर्वे प्रशशंसुः पुनः पुनः ॥ १०३ ॥

te stuvantaśca viprāgryāḥ keśavaṁ puruṣottamam |
bhīṣmaṁ ca śanakaiḥ sarve
praśaśaṁsuḥ punaḥ punaḥ || 103 ||

103. Praise has been sung to you, Keshava, most excellent among men, by the well versed (proficient) twice born (brahmin). Bhishma and all increasingly offered praise again and again.

विदित्वा भक्तियोगं तु भीष्मस्य पुरुषोत्तमः ।
सहसोत्थाय संहृष्टो यानमेवान्वपद्यत ॥ १०४ ॥

viditvā bhaktiyogaṁ tu bhīṣmasya puruṣottamaḥ |
sahasotthāya saṁhṛṣṭo yānamevānvapadyata || 104 ||

104. You are known by the devotional yoga of Bhishma, most excellent among men, who gave birth to these syllables (verses), the vehicle which produces all delight.

केशवः सात्यकिश्चापि रथेनैकेन जग्मतुः ।
अपरेण महात्मानौ युधिष्ठिरधनञ्जयौ ॥ १०५ ॥

keśavaḥ sātyakiścāpi rathenaikena jagmatuḥ |
apareṇa mahātmānau yudhiṣṭhiradhanañjayau || 105 ||

105. Keshava and Satyaki rose upon one chariot and by its means set out (commenced their journey), followed by those two great souls, Yudhishthira and Dhananjaya (Arjuna - who is victorious over wealth).

भीमसेनो यमौ चोभौ रथमेकं समाश्रिताः ।
कृपो युयुत्सुः सूतश्च सञ्जयश्च परंतपः ॥ १०६ ॥

bhīmaseno yamau cobhau rathamekaṁ samāśritāḥ |
kṛpo yuyutsuḥ sūtaśca sañjayaśca paraṁtapaḥ || 106 ||

106. Bhimasen rode a chariot and the twins (Nakula and Sahadeva) took refuge in one chariot; Kripa, Yuyutsu, and the master charioteer Sanjay, purified through great austerities.

ते रथैर्नगराकारैः प्रयाताः पुरुषर्षभाः ।
नेमिघोषेण महता कम्पयन्तो वसुन्धराम् ॥ १०७ ॥

te rathairnagarākāraiḥ prayātāḥ puruṣarṣabhāḥ |
nemighoṣeṇa mahatā kampayanto vasundharām || 107 ||

107. In that appearance those eminent people arrived by their chariots in the city. The noise from the chariots of those great beings caused the earth to shake.

ततो गिरः पुरुषवरस्तवान्विता
द्विजेरिताः पथि सुमनाः स शुश्रुवे ।
कृताञ्जलिं प्रणतमथापरं जनं
स केशिहा मुदितमनाभ्यनन्दत ॥ १०८ ॥

tato giraḥ puruṣavarastavānvitā
dvijeritāḥ pathi sumanāḥ sa śuśruve |
kṛtāñjaliṁ praṇatamathāparaṁ janaṁ
sa keśihā muditamanābhyanandata || 108 ||

108. This is the speech sung about the full, complete, and perfect being by the excellent twice-born (brahmin) who knows the excellent way to have an excellent mind, which is excellent for all to hear. With hands folded in respect we bow to he who is certainly the supreme individual, who delighted minds and filled them with bliss by destroying the demon Keshi, who has long hair or a wild mane.

इति श्रीमहाभारते शान्तिपर्वणि राजधर्मानुशासनपर्वणि
भीष्मस्तवराजः समाप्तः ॥

iti śrīmahābhārate śāntiparvaṇi
rājadharmānuśāsanaparvaṇi
bhīṣmastavarājaḥ samāptaḥ ||

Thus ends the Bhishma Stava Raj (King of Songs of Bhishma) from the section on the dharma of kings in the Section on Peace within the Respected Mahabharata Scripture.

अथ अनुस्मृतिः

atha anusmṛtiḥ

And now, the Remembrance of the Most Subtle

शतानीक उवाच

śatānīka uvāca

Shatanik Said:

महामते महाप्राज्ञ सर्वशास्त्रविशारद ।
अक्षीणकर्मबन्धस्तु पुरुषो द्विजसत्तम ॥ १ ॥

mahāmate mahāprājña sarvaśāstraviśārada |
akṣīṇakarmabandhastu puruṣo dvijasattama || 1 ||

1. Oh great thinker, great knowledgeable being, having knowledge of all the scriptures, you are united in unfailing actions, full, complete, and perfect consciousness, most excellent among the twice-born.

सततं किं जपेज्ज्ाप्यं विबुधः किमनुस्मरन् ।
मरणे यज्जपेज्ज्ाप्यं यं च भावमनुस्मरन् ॥ २ ॥

satataṁ kiṁ japejjāpyaṁ vibudhaḥ kimanusmaran |
maraṇe yajjapejjāpyaṁ yaṁ ca bhāvamanusmaran || 2 ||

2. Whose mantra do you always recite and think about in the remembrance of the Most Subtle? At the time of death, which mantra do you recite, and with what attitude do you remember the Most Subtle?

यं च ध्यात्वा द्विजश्रेष्ठ पुरुषो मृत्युमागतः ।
परं पदमवाप्नोति तन्मे वद महामुने ॥ ३ ॥

yaṁ ca dhyātvā dvijaśreṣṭha puruṣo mṛtyumāgataḥ |
paraṁ padamavāpnoti tanme vada mahāmune || 3 ||

3. When death is approaching, upon whom do you meditate in order to reach the highest station, most excellent, full, complete, and perfect consciousness among the twice-born? Oh great wise being, please tell me.

शौनक उवाच

śaunaka uvāca
Shaunak said:

इदमेव महाप्राज्ञ पृष्टवांश्च पितामहम् ।
भीष्मं धर्मभृतां श्रेष्ठं धर्मपुत्रो युधिष्ठिरः ॥ ४ ॥

idameva mahāprājña pṛṣṭavāṁśca pitāmaham |
bhīṣmaṁ dharmabhṛtāṁ śreṣṭhaṁ
dharmaputro yudhiṣṭhiraḥ || 4 ||
4. This truly great knowledge was asked from the Great Grandfather, Bhishma, most excellent supporter of the Ideals of Perfection, by the son of Dharma, Yudhishthira.

युधिष्ठिर उवाच

yudhiṣṭhira uvāca
Yudhishthira said

पितामह महाप्राज्ञ सर्वशास्त्रविशारद ।
प्रयाणकाले किं जप्यं मोक्षिभिस्तत्त्वचिन्तकैः ॥ ५ ॥

pitāmaha mahāprājña sarvaśāstraviśārada |
prayāṇakāle kiṁ japyaṁ mokṣibhistattvacintakaiḥ || 5 ||
5. Oh Great Grandfather, great knowledgeable being, having knowledge of all the scriptures, at the time of death, what mantra should we recite, and which principles should we contemplate to attain liberation?

किमनुस्मरन् कुरुश्रेष्ठ मरणे पर्युपस्थिते ।
प्राप्नुयात्परमां सिद्धिं श्रोतुमिच्छामि तत्त्वतः ॥ ६ ॥

kimanusmaran kuruśreṣṭha maraṇe paryupasthite |
prāpnuyātparamāṁ siddhiṁ
śrotumicchāmi tattvataḥ || 6 ||
6. At the time of death how do we remember and honor the Most Subtle, oh most excellent of those who act? How do we attain the Supreme Perfection? I wish to listen to these principles.

भीष्म उवाच

bhīṣma uvāca
Bhishma said:

सद्युक्तिस्वहितः सूक्ष्म उक्तः प्रश्नस्त्वयानघ ।
शृणुष्वावहितो राजन्नारदेन पुरा श्रुतम् ॥ ७ ॥

sadyuktisvahitaḥ sūkṣma uktaḥ praśnastvayānagha |
śṛṇuṣvāvahito rājannāradena purā śrutam || 7 ||
7. Your question is about uniting with the subtle in communion. Listen, oh King, to the answer that Narad heard.

श्रीवत्साङ्कं जगद्बीजमनन्तं लोकसाक्षिणम् ।
पुरा नारायणं देवं नारदः परिपृष्टवान् ॥ ८ ॥

śrīvatsāṅkaṁ jagadbījamanantaṁ lokasākṣiṇam |
purā nārāyaṇaṁ devaṁ nāradaḥ paripṛṣṭavān || 8 ||
8. Vishnu (who embodies all creation), the infinite twice-born (knowledgeable one) of the perceivable universe, is the witness of all the worlds. Once before Narad asked this question of God Narayana.

नारद उवाच

nārada uvāca
Narad said:

त्वमक्षरं परं ब्रह्म निर्गुणं तमसः परम् ।
आहुर्वेद्यं परं धाम ब्रह्मादि कमलोद्भवम् ॥ ९ ॥

tvamakṣaraṁ paraṁ brahma nirguṇaṁ tamasaḥ param |
āhurvedyaṁ paraṁ dhāma
brahmādi kamalodbhavam || 9 ||
9. You are imperishable, the Supreme Creator, beyond all qualities, supreme above the darkness. You are the Supreme Residence of Knowledge for the creator and others who have their being in the lotus.

भगवन् भूतभव्येश श्रद्दधानैर्जितेन्द्रियैः ।
कथं भक्तैर्विचिन्त्योऽसि योगिभिर्मोक्षकाङ्क्षिभिः ॥ १० ॥

bhagavan bhūtabhavyeśa śraddadhānairjitendriyaiḥ |
kathaṁ bhaktairvicintyo-si
yogibhirmokṣakāṅkṣibhiḥ || 10 ||

10. One Supreme Divinity, Lord of All Existence, who has controlled His senses with faith, by thinking upon which words with devotion can we attain to union and liberation?

किं च जाप्यं जपेन्नित्यं कल्यमुत्थाय मानवः ।
कथं युञ्जन् सदा ध्यायेद् ब्रूहि तत्त्वं सनातनम् ॥ ११ ॥

kiṁ ca jāpyaṁ japennityaṁ kalyamutthāya mānavaḥ |
kathaṁ yuñjan sadā dhyāyed
brūhi tattvaṁ sanātanam || 11 ||

11. By which mantras and by which constant recitation can human beings increase in welfare? Continually meditating upon which words? Please tell me this eternal principle.

भीष्म उवाच

bhīṣma uvāca

Bhishma said:

श्रुत्वा तस्य तु देवर्षेर्वाक्यं वाचस्पतिः स्वयं ।
प्रोवाच भगवान्विष्णुर्नारदं वरदः प्रभुः ॥ १२ ॥

śrutvā tasya tu devarṣervākyaṁ vācaspatiḥ svayaṁ |
provāca bhagavānviṣṇurnāradaṁ varadaḥ prabhuḥ || 12 ||

12. Having heard the words from the Devarishi (seer among the Gods, Narad) the Lord of Vibrations himself, the Supreme Lord Vishnu blessed Narad with this answer.

श्रीभगवानुवाच

śrībhagavānuvāca

The Respected Supreme Divinity said:

हन्त ते कथयिष्यामि इमां दिव्यामनुस्मृतिम् ।
यामधीत्य प्रयाणे तु मद्भावायोपपद्यते ॥ १३ ॥

hanta te kathayiṣyāmi imāṁ divyāmanusmṛtim |
yāmadhītya prayāṇe tu madbhāvāyopapadyate || 13 ||

13. Pay attention as I tell you this divine remembrance of the Most Subtle. At the advance of departure (death) by restraining contemplations in my attitude, one becomes qualified.

ॐकारमग्रतः कृत्वा मां नमस्कृत्य नारद ।
एकाग्रः प्रयतो भूत्वा इमं मन्त्रमुदीरयेत् ॥ १४ ॥

oṁkāramagrataḥ kṛtvā māṁ namaskṛtya nārada |
ekāgraḥ prayato bhūtvā imaṁ mantramudīrayet || 14 ||

14. Narad, bowing to Me, while reciting the holy syllable Om, striving for unity with all existence, one should chant my mantra

ॐ नमो भगवते वासुदेवायेति ।
इत्युक्तो नारदः प्राह प्राञ्जलिः प्रणतः स्थितः ।
सर्वदेवेश्वरं विष्णुं सर्वात्मानं हरिं प्रभुम् ॥ १५ ॥

oṁ namo bhagavate vāsudevāyeti |
ityukto nāradaḥ prāha prāñjaliḥ praṇataḥ sthitaḥ |
sarvadeveśvaraṁ viṣṇuṁ
sarvātmānaṁ hariṁ prabhum || 15 ||

15. thusly: "Om Namo Bhagavate Vasudevaya."
Narad, one should remain bowing in union with the hands folded with respect before the Supreme Lord of all Gods, to He who pervades all, to the Soul of all, to Hari (who is the gross body, subtle body, causal body), to the Lord.

नारद उवाच

nārada uvāca
Narad said:

अव्यक्तं शाश्वतं देवं प्रभवं पुरुषोत्तमम् ।
प्रपद्ये प्राञ्जलिर्विष्णुमक्षरं परं पदम् ॥ १६ ॥

avyaktaṁ śāśvataṁ devaṁ prabhavaṁ puruṣottamam |
prapadye prāñjalirviṣṇumakṣaraṁ paraṁ padam || 16 ||
16. He is whole, eternal, God, Lord, the most excellent full, complete, and perfect consciousness. With folded hands I offer my full surrender to Vishnu, the imperishable Supreme Being.

पुराणं प्रभवं नित्यमक्षयं लोकसाक्षिणम् ।
प्रपद्ये पुण्डरीकाक्षमीशं भक्तानुकम्पिनम् ॥ १७ ॥

purāṇaṁ prabhavaṁ nityamakṣayaṁ lokasākṣiṇam |
prapadye puṇḍarīkākṣamīśaṁ bhaktānukampinam || 17 ||
17. Most ancient, Lord, un-decaying, eternal, witness of the worlds; I offer my full surrender to Lord Vishnu (who has lotus eyes), who is compassionate to devotees.

लोकनाथं सहस्राक्षमद्भुतं परमं पदम् ।
भगवन्तं प्रपन्नोऽस्मि भूतभव्यभवत्प्रभुम् ॥ १८ ॥

lokanāthaṁ sahasrākṣamadbhutaṁ paramaṁ padam |
bhagavantaṁ prapanno-smi
bhūtabhavyabhavatprabhum || 18 ||
18. Lord of the Worlds, who has a thousand parts, who is whole, the incredible Supreme Being. I acknowledge him as the Supreme Being, Lord of past, present, and future.

स्रष्टारं सर्वलोकानामनन्तं विश्वतोमुखम् ।
पद्मनाभं हृषीकेशं प्रपद्ये सत्यमच्युतम् ॥ १९ ॥

sraṣṭāraṁ sarvalokānāmanantaṁ viśvatomukham |
padmanābhaṁ hṛṣīkeśaṁ
prapadye satyamacyutam || 19 ||

19. Creator of all the worlds, without name, infinite, the mouth of the universe; with a lotus in his naval, ruler of the senses, I offer my full surrender to imperishable Truth.

हिरण्यगर्भममृतं भूगर्भं परतः परम् ।
प्रभोः प्रभुमनाद्यन्तं प्रपद्ये तं रविप्रभम् ॥ २० ॥

hiraṇyagarbhamamṛtaṁ bhūgarbhaṁ parataḥ param |
prabhoḥ prabhumanādyantaṁ
prapadye taṁ raviprabham || 20 ||

20. The nectar of eternal bliss in the golden womb, the womb of existence, the Supreme, and again superior; the Lord, Lord who is infinite, without beginning or end, I offer my full surrender to the source of the sun.

सहस्रशीर्षं पुरुषं महर्षिं तत्त्वभावनम् ।
प्रपद्ये सूक्ष्ममचलं वरेण्यमभयप्रदम् ॥ २१ ॥

sahasraśīrṣaṁ puruṣaṁ maharṣiṁ tattvabhāvanam |
prapadye sūkṣmamacalaṁ
vareṇyamabhayapradam || 21 ||

21. The great seers who contemplate the principles see Him as the full, complete, and perfect consciousness with a thousand heads. I offer my full surrender to the subtle beyond movement, to the highest, who grants freedom from fear.

नारायणं पुराणर्षिं योगात्मानं सनातनम् ।
संस्थानं सर्वतत्त्वानां प्रपद्ये ध्रुवमीश्वरम् ॥ २२ ॥

nārāyaṇaṁ purāṇarṣiṁ yogātmānaṁ sanātanam |
saṁsthānaṁ sarvatattvānāṁ
prapadye dhruvamīśvaram || 22 ||

22. Narayana, the ancient seer, the Soul of Union, who is eternal; established within all principles, I offer my full surrender to the supreme lord of Druva, the north star (who is full of devotion).

यः प्रभुः सर्वभूतानां येन सर्वमिदं ततम् ।
चराचरगुरुर्विष्णुः स मे देवः प्रसीदतु ॥ २३ ॥

**yaḥ prabhuḥ sarvabhūtānāṁ yena sarvamidaṁ tatam |
carācaragururviṣṇuḥ sa me devaḥ prasīdatu || 23 ||**

23. You are Lord of all existence by means of which all this and that exists. Vishnu, the Guru of all that moves and moves not, may that God be gracious to me.

यस्मादुत्पद्यते ब्रह्मा पद्मयोनिः पितामहः ।
ब्रह्मयोनिर्हि विश्वात्मा स मे विष्णुः प्रसीदतु ॥ २४ ॥

**yasmādutpadyate brahmā padmayoniḥ pitāmahaḥ |
brahmayonirhi viśvātmā sa me viṣṇuḥ prasīdatu || 24 ||**

24. From whence came forth the creator who was born in the lotus womb, the great-grandfather; the Womb of the Creator, the Soul of the Universe, may that Vishnu be gracious to me.

यः पुरा प्रलये प्राप्ते नष्टे स्थावरजङ्गमे ।
ब्रह्मादिषु प्रलिनेषु नष्टे लोके परावरे ॥ २५ ॥

**yaḥ purā pralaye prāpte naṣṭe sthāvarajaṅgame |
brahmādiṣu pralineṣu naṣṭe loke parāvare || 25 ||**

25. That most ancient Being, existing from the beginning as the cause of dissolution, whether gained or lost, that which is still or which changes; who is both divine consciousness and worldly unconsciousness, who is both cause and effect.

आभूतसंप्लवे चैव प्रलीने प्रकृतौ महान् ।
एकस्तिष्ठति विश्वात्मा स मे विष्णुः प्रसीदतु ॥ २६ ॥

**ābhūtasaṁplave caiva pralīne prakṛtau mahān |
ekastiṣṭhati viśvātmā sa me viṣṇuḥ prasīdatu || 26 ||**

26. Incredible is the submersion of unconsciousness in the greatness (vastness) of Nature; and also the Soul of the Universe established in the One, may that Vishnu be gracious to me.

चतुर्भिश्च चतुर्भिश्च द्वाभ्यां पञ्चभिरेव च ।
हूयते च पुनर्द्वाभ्यां स मे विष्णुः प्रसीदतु ॥ २७ ॥

caturbhiśca caturbhiśca dvābhyāṁ pañcabhireva ca |
hūyate ca punardvābhyāṁ sa me viṣṇuḥ prasīdatu || 27 ||

27. By four and by four, by two and even by five, offered again to the original two, may that Vishnu be gracious to me.

पर्जन्यः पृथिवी सस्यं कालो धर्मः क्रियाक्रिये ।
गुणाकरः स मे बभ्रुर्वासुदेवः प्रसीदतु ॥ २८ ॥

parjanyaḥ pṛthivī sasyaṁ kālo dharmaḥ kriyākriye |
guṇākaraḥ sa me babhrurvāsudevaḥ prasīdatu || 28 ||

28. Because of the merits of Dharma, the Ideal of Perfection, both what has been done and what has not been done, rain comes to earth; the fiery horse of sacrifice, manifesting its qualities, may that Vasudeva be gracious to me.

अग्निषोमार्कताराणां ब्रह्मरुद्रेन्द्रयोगिनाम् ।
यस्तेजयति तेजांसि स मे विष्णुः प्रसीदतु ॥ २९ ॥

agniṣomārkatārāṇāṁ brahmarudrendrayogināṁ |
yastejayati tejāṁsi sa me viṣṇuḥ prasīdatu || 29 ||

29. Fire, the moon, the sun, and the stars, Brahma the Creator, Rudra the Reliever of Suffering, Indra the Rule of the Pure, and the yogis; they illuminate That with their brilliant illumination, may that Vishnu be gracious to me.

योगावास नमस्तुभ्यं सर्वावास वरप्रद ।
यज्ञगर्भ हिरण्याङ्ग पञ्चयज्ञ नमोऽस्तु ते ॥ ३० ॥

yogāvāsa namastubhyaṁ sarvāvāsa varaprada |
yajñagarbha hiraṇyāṅga pañcayajña namo-stu te || 30 ||

30. I bow down to the practices of yoga, which grant the boon of all control; the womb of sacrifice, with golden limbs, I bow down to the five sacrifices.

चतुर्मूर्ते परं धाम लक्ष्म्यावास परार्चित ।
सर्ववास नमस्तेऽस्तु वासुदेव प्रधानकृत् ॥ ३१ ॥

caturmūrte paraṁ dhāma lakṣmyāvāsa parārcita |
sarvavāsa namaste-stu vāsudeva pradhānakṛt || 31 ||

31. The four images of divinity residing in the Supreme Residence are the goal of the Supreme Offering. I bow to you, Vasudeva, the Supreme Universal Soul, who controls all.

अजस्त्वमगमः पन्था ह्यमूर्तिर्विश्वमूर्तिधृक् ।
विकर्तः पञ्चकालज्ञ नमस्ते ज्ञानसागर ॥ ३२ ॥

ajastvamagamaḥ panthā hyamūrtirviśvamūrtidhṛk |
vikartaḥ pañcakālajña namaste jñānasāgara || 32 ||

32. You are the image of divinity, the leader, the universal image of divine support, who came by this ancient path; dividing the five seasons, I bow to the Ocean of Wisdom.

अव्यक्ताद्व्यक्तमुत्पन्नं व्यक्ताद्यस्तु परोऽक्षरः ।
यस्मात् परतरं नास्ति तमस्मि शरणं गतः ॥ ३३ ॥

avyaktādvyaktamutpannaṁ vyaktādyastu paro-kṣaraḥ |
yasmāt parataraṁ nāsti tamasmi śaraṇaṁ gataḥ || 33 ||

33. The Supreme Imperishable, which gives birth to both the individual and the universal, from which there is nothing greater than His Being, this is understood as taking refuge.

न प्रधानो न च महान् पुरुषश्चेतनो ह्यजः ।
अनयोर्यः परतरस्तमस्मि शरणं गतः ॥ ३४ ॥

na pradhāno na ca mahān puruṣaścetano hyajaḥ |
anayoryaḥ paratarastamasmi śaraṇaṁ gataḥ || 34 ||

34. There is no superior and no greater of which humans can be conscious; for both speakers and listeners there is nothing greater than His Being, this is understood as taking refuge.

चिन्तयन्तो हि यं नित्यं ब्रह्मेशानादयः प्रभुम् ।
निश्चयं नाधिगच्छन्ति तमस्मि शरणं गतः ॥ ३५ ॥

cintayanto hi yaṁ nityaṁ brahmeśānādayaḥ prabhum |
niścayaṁ nādhigacchanti tamasmi śaraṇaṁ gataḥ || 35 ||
35. Brahma and Shiva contemplate you eternally as the subtle body of sound, oh Lord; without a doubt they come into union, this is understood as taking refuge.

जितेन्द्रिया महात्मानो ज्ञानध्यानपरायणाः ।
यं प्राप्य न निवर्तन्ते तमस्मि शरणं गतः ॥ ३६ ॥

jitendriyā mahātmāno jñānadhyānaparāyaṇāḥ |
yaṁ prāpya na nivartante tamasmi śaraṇaṁ gataḥ || 36 ||
36. Who has conquered the senses, the Great Soul, whose only goal is wisdom and meditation; he achieves and in return he gives, this is understood as taking refuge.

एकांशेन जगत्सर्वमवष्ठभ्य विभुः स्थितः ।
अग्राह्यो निर्गुणो नित्यस्तमस्मि शरणं गतः ॥ ३७ ॥

ekāṁśena jagatsarvamavaṣṭhabhya vibhuḥ sthitaḥ |
agrāhyo nirguṇo nityastamasmi śaraṇaṁ gataḥ || 37 ||
37. Who is established in all circumstances, by means of which the perceivable universe is known, whose perception is eternally rejected (not to be perceived) because it is beyond all qualities, this is understood as taking refuge.

सोमार्काग्निमयं तेजो या च तारामयी द्युतिः ।
दिवि संजायते योऽयं स महात्मा प्रसीदतु ॥ ३८ ॥

somārkāgnimayaṁ tejo yā ca tārāmayī dyutiḥ |
divi saṁjāyate yo-yaṁ sa mahātmā prasīdatu || 38 ||

38. The brightness of the light of the moon, the sun, the fire, and the stars in the sky, is victorious when that Great Soul is pleased.

गुणादिर्निर्गुणश्चाद्यो लक्ष्मीवांश्चेतनो ह्यजः ।
सूक्ष्मः सर्वगतो योगी स महात्मा प्रसीदतु ॥ ३९ ॥

guṇādirnirguṇaścādyo lakṣmīvāṁścetano hyajaḥ |
sūkṣmaḥ sarvagato yogī sa mahātmā prasīdatu || 39 ||

39. Who is with qualities and beyond qualities, illuminates that ancient consciousness, is the wealth of the Goddess of Wealth. When a yogi completely merges in the subtle body, that great soul is pleased.

सांख्ययोगाश्च ये चान्ये सिद्धाश्च परमर्षयः ।
यं विदित्वा विमुच्यन्ते स महात्मा प्रसीदतु ॥ ४० ॥

sāṁkhyayogāśca ye cānye siddhāśca paramarṣayaḥ |
yaṁ viditvā vimucyante sa mahātmā prasīdatu || 40 ||

40. The union with the enumeration of the principles and other principles by the adepts who attained perfection, the supreme seers of eternal truth; with this knowledge they are liberated, that Great Soul is pleased.

अव्यक्तः समधिष्ठाता ह्यचिन्त्यः सदसत्परः ।
आस्थितिः प्रकृतिश्रेष्ठः स महात्मा प्रसीदतु ॥ ४२ ॥

avyaktaḥ samadhiṣṭhātā hyacintyaḥ sadasatparaḥ |
āsthitiḥ prakṛtiśreṣṭhaḥ sa mahātmā prasīdatu || 42 ||

41. Presiding over the undivided existence, always thinking of the highest truth; in constant motion, the ultimate of nature, that Great Soul is pleased.

क्षेत्रज्ञः पञ्चधा भुङ्क्ते प्रकृतिं पञ्चभिर्मुखैः ।
महान् गुणांश्च यो भुङ्क्ते स महात्मा प्रसीदतु ॥ ४२ ॥

kṣetrajñaḥ pañcadhā bhuṅkte
prakṛtiṁpañcabhirmukhaiḥ |
mahān guṇāṁśca yo bhuṅkte
sa mahātmā prasīdatu || 42 ||

42. Knower of the field, supporter and chief, who enjoys the five elements of nature; and who enjoys great qualities, that Great Soul is pleased.

सूर्यमध्ये स्थितः सोमस्तस्य मध्ये च या स्थिता ।
भूतबाह्या च या दीप्तिः स महात्मा प्रसीदतु ॥ ४३ ॥

sūryamadhye sthitaḥ somastasya madhye ca yā sthitā |
bhūtabāhyā ca yā dīptiḥ sa mahātmā prasīdatu || 43 ||

43. Stationed in the midst of the sun, and stationed in the middle of the moon; illuminating all existence with light, that Great Soul is pleased.

नमस्ते सर्वतः सर्व सर्वतोऽक्षिशिरोमुख ।
निर्विकार नमस्तेऽस्तु साक्षी क्षेत्रे व्यवस्थितः ॥ ४४ ॥

namaste sarvataḥ sarva sarvato-kṣiśiromukha |
nirvikāra namaste-stu sākṣī kṣetre vyavasthitaḥ || 44 ||

44. I bow to your All, the Totality, to You, whose head is above all; I bow to You who does not change, witness of the field of circumstances.

अतीन्द्रिय नमस्तुभ्यं लिङ्गैर्व्यक्तैर्न मीयसे ।
ये च त्वां नाभिजानन्ति संसारे संसरन्ति ते ॥ ४५ ॥

atīndriya namastubhyaṁ liṅgairvyaktairna mīyase |
ye ca tvāṁ nābhijānanti saṁsāre saṁsaranti te || 45 ||

45. I bow to You who is beyond the senses, whose subtle and individual forms will not perish. They know you as the chief, or center, in the ocean of objects and relationships, revolving through the cycles of birth and death.

कामक्रोधविनिर्मुक्ता रागद्वेषविवर्जिताः ।
नान्यभक्ता विजानन्ति न पुनर्नारिका द्विजाः ॥ ४६ ॥

kāmakrodhavinirmuktā rāgadveṣavivarjitāḥ |
nānyabhaktā vijānanti na punarnārakā dvijāḥ || 46 ||

46. Becoming liberated from desire and anger, prohibiting enmity with the vicissitudes of life, You cannot be known by those who are not devotees, such as the twice-born who purify the inhabitants of hell.

एकान्तिनो हि निर्द्वन्द्वा निराशीः कर्मकारिणः ।
ज्ञानाग्निदग्धकर्माणस्त्वां विशन्ति विनिश्चिताः ॥ ४७ ॥

ekāntino hi nirdvandvā nirāśīḥ karmakāriṇaḥ |
jñānāgnidagdhakarmāṇastvāṁ viśanti viniścitāḥ || 47 ||

47. You are One, the Ultimate Being without conflict, without desires, the cause of all action; inauspicious actions have a decided meaning as they enter the fire of Your Wisdom.

अशरीरं शरीरस्थं समं सर्वेषु देहिषु ।
पुण्यपापविनिर्मुक्ता भक्तास्त्वां प्रविशन्त्युत ॥ ४८ ॥

aśarīraṁ śarīrasthaṁ samaṁ sarveṣu dehiṣu |
puṇyapāpavinirmuktā bhaktāstvāṁ praviśantyuta || 48 ||

48. You are the same wearer of the body in all, whether situated in a body or without. Liberated from both merit and sin, Your devotees enter into You or take shelter in You.

अव्यक्तं बुद्ध्यहंकारमनोभूतेन्द्रियाणि च ।
त्वयि तानि च तेषु त्वं न तेषु त्वं न ते त्वयि ॥ ४९ ॥

avyaktaṁ buddhyahaṁkāramanobhūtendriyāṇi ca |
tvayi tāni ca teṣu tvaṁ na teṣu tvaṁ na te tvayi || 49 ||

49. Beyond individuality, intellect, ego, mind, and the senses of all beings; all of them, all living entities are in You, and You are in all living entities, all of them.

एकत्वान्यत्वनानत्वं ये विदुर्यान्ति ते परम् ।
समोऽसि सर्वभूतेषु न ते द्वेष्योऽस्ति न प्रियः ॥ ५० ॥

ekatvānyatvanānatvaṁ ye viduryānti te param |
samo-si sarvabhūteṣu na te dveṣyo-sti na priyaḥ || 50 ||

50. You are understood as the Supreme by those who love You as the one beloved; the same in all existence with no duality or enmity.

समत्वमभिकाङ्क्षेऽहं भक्त्या वै नान्यचेतसा ।
चराचरमिदं सर्वं भूतग्रामं चतुर्विधम् ॥ ५१ ॥

samatvamabhikāṅkṣe-haṁ bhaktyā vai nānyacetasā |
carācaramidaṁ sarvaṁ bhūtagrāmaṁ caturvidham || 51 ||

51. Longing for You exclusively in four ways (dhyan, jnan, bhakti, karma), with no other thoughts, like other devotees, I (perceive) this all, moving and unmoving, as the village of existence.

त्वया त्वय्येव तत्प्रोतं सूत्रे मणिगणा इव ।
स्रष्टा भोक्तासि कूटस्थो ह्यतत्त्वस्तत्त्वसंज्ञितः ॥ ५२ ॥

tvayā tvayyeva tatprotaṁ sūtre maṇigaṇā iva |
sraṣṭā bhoktāsi kūṭastho hyatattvastattvasaṁjñitaḥ || 52 ||

52. By You and You alone all is strung together like a number of gems on a thread. In the beginning, the creator established the multitude of principles and knowledge of the principles for His enjoyment.

अकर्महेतुरचलः पृथगात्मन्यवस्थितः ।
न मे भूतेषु संयोगो भूततत्त्वगुनातिगः ॥ ५३ ॥

akarmaheturacalaḥ pṛthagātmanyavasthitaḥ |
na me bhūteṣu saṁyogo bhūtatattvagunātigaḥ || 53 ||

53. The circumstances of the individual soul are motivated by non-action and non-movement. You are in all existence completely united with all, as the principle beyond all qualities.

अहंकारेण बुद्ध्या वा न ते योगस्त्रिभिर्गुणैः ।
न ते धर्मोऽस्त्यधर्मो वा नारम्भो जन्म वा पुनः ॥ ५४ ॥

ahaṁkāreṇa buddhyā vā na te yogastribhirguṇaiḥ |
na te dharmo-styadharmo vā
nārambho janma vā punaḥ || 54 ||

54. You are the cause of the ego "I", the intellect, and in union with the three qualities (satya, raja, tamas). You are the Ideal of Perfection, and human beings who understand You as the Ideal of Perfection, will not take birth again.

जरामरणमोक्षार्थं त्वां प्रपन्नोऽस्मि सर्वशः ।
ईश्वरोऽसि जगन्नाथ ततः परम उच्यसे ॥ ५५ ॥

jarāmaraṇamokṣārthaṁ tvāṁ prapanno-smi sarvaśaḥ |
īśvaro-si jagannātha tataḥ parama ucyase || 55 ||

55. Oh all powerful, for the purpose of (achieving) liberation from old age and death, I am propitiating you! You are the Supreme Consciousness, Lord of the Perceivable World, from whence you rise to the highest extreme limit.

भक्तानां यद्धितं देव तद्ध्याहि त्रिदशेश्वर ।
विषयैरिन्द्रियैर्वापि न मे भूयः समागमः ॥ ५६ ॥

bhaktānāṁ yaddhitaṁ deva taddhyāhi tridaśeśvara |
viṣayairindriyairvāpi na me bhūyaḥ samāgamaḥ || 56 ||

56. The thirty Vedic Gods (Indra, Agni, etc.) meditate on the God with Devotion and Knowledge. The senses provide an abundance for my well of thoughts, you assemble together in unity.

पृथिवीं यातु मे घ्राणं यातु मे रसना जलम् ।
रूपं हुताशनं यातु स्पर्शो यातु च मारुतम् ॥ ५७ ॥

pṛthivīṁ yātu me ghrāṇaṁ yātu me rasanā jalam |
rūpaṁ hutāśanaṁ yātu sparśo yātu ca mārutam || 57 ||

57. Earth incites my sense of smell, water incites my sense of taste; fire incites my sense of form (sight), wind incites my sense of touch.

श्रोत्रमाकाशमप्येतु मनो वैकारिकं पुनः ।
इन्द्रियाण्यपि संयान्तु स्वासु स्वासु च योनिषु ॥ ५८ ॥

śrotramākāśamapyetu mano vaikārikaṁ punaḥ |
indriyāṇyapi saṁyāntu svāsu svāsu ca yoniṣu || 58 ||
58. Hearing comes from the ether, the mind from intuitive feeling again; all the senses come together, and one's own being is in the womb.

पृथिवी यातु सलिलमापोऽग्निमनलोऽनिलम् ।
वायुराकाशमप्येतु मनश्चाकाश एव च ॥ ५९ ॥

pṛthivī yātu salilamāpo-gnimanalo-nilam |
vāyurākāśamapyetu manaścākāśa eva ca || 59 ||
59. Earth incites rain from the waters, the fire from fire, and the wind from the wind; the ether is connected with the ether, and the ether is connected with thought.

अहंकारं मनो यातु मोहनं सर्वदेहिनाम् ।
अहंकारस्ततो बुद्धिं बुद्धिरव्यक्तमच्युत ॥ ६० ॥

ahaṁkāraṁ mano yātu mohanaṁ sarvadehinām |
ahaṁkārastato buddhiṁ buddhiravyaktamacyuta || 60 ||
60. The sense of ego "I" compels all to manifest in individual bodies, which incites the delusion of the mind. Then the sense of ego "I" brings forth intelligence, and from the intellect arises understanding of individual separation.

प्रधाने प्रकृतिं याते गुणसाम्ये व्यवस्थिते ।
वियोगः सर्वकरणैर्गुणभूतैश्च मे भवेत् ॥ ६१ ॥

pradhāne prakṛtiṁ yāte guṇasāmye vyavasthite |
viyogaḥ sarvakaraṇairguṇabhūtaiśca me bhavet || 61 ||
61. Foremost is Nature which controls the circumstances and conditions of the qualities. For the one who is in union, all the causes of all qualities of existence become me.

निष्कैवल्यपदं तात काङ्क्षेऽहं परमं तव ।
एकीभावस्त्वया मेऽस्तु न मे जन्म भवेत् पुनः ॥ ६२ ॥

niṣkaivalyapadaṁ tāta kāṅkṣe-haṁ paramaṁ tava |
ekībhāvastvayā me-stu na me janma bhavet punaḥ || 62 ||

62. In that condition of absolute unity I only desire the Highest Supreme. Only one attitude of me being in You, and for me there will not be birth again.

त्वद्बुद्धिस्त्वद्गतप्राणस्त्वद्भक्तस्त्वत्परायणः ।
त्वामेवाहं स्मरिष्यामि मरणे पर्युपस्थिते ॥ ६३ ॥

tvadbuddhistvadgataprāṇastvadbhaktastvatparāyaṇaḥ |
tvāmevāhaṁ smariṣyāmi maraṇe paryupasthite || 63 ||

63. That understanding, that movement, that life force, that devotion, that is the highest goal. I am actually You! I wish to remember THAT at the time when death is imminent.

पूर्वदेहकृता ये मे व्याधयः प्रविशन्तु माम् ।
अर्दयन्तु च दुःखानि ऋणं मे प्रतिमुञ्चतु ॥ ६४ ॥

pūrvadehakṛtā ye me vyādhayaḥ praviśantu mām |
ardayantu ca duḥkhāni ṛṇaṁ me pratimuñcatu || 64 ||

64. Father allowed disease to take shelter in me, which distresses me with pains, and debts which must be repaid.

अनुध्यातोऽसि देवेश न मे जन्म भवेत्पुनः ।
तस्माद् ब्रवीमि कर्माणि ऋणं मे न भवेदिति ॥ ६५ ॥

anudhyāto-si deveśa na me janma bhavetpunaḥ |
tasmād bravīmi karmāṇi ṛṇaṁ me na bhavediti || 65 ||

65. I meditate upon the Subtle Lord of Gods, and for me there will not be birth again. Therefore, I am speaking about karma, and in this way debts will not be incurred.

उपतिष्ठन्तु मां सर्वे व्याधयः पूर्वसंचिताः ।
अनृणो गन्तुमिच्छामि तद्विष्णोः परमं पदम् ॥ ६६ ॥

upatiṣṭhantu māṁ sarve vyādhayaḥ pūrvasaṁcitāḥ |
anṛṇo gantumicchāmi tadviṣṇoḥ paramaṁ padam || 66 ||
66. All maladies and old thoughts honor and follow me. I desire to be a traveler free from debt, with Vishnu as the attainment.

श्रीभगवानुवाच

śrībhagavānuvāca
The Respected Supreme Divinity said:

अहं भगवतस्तस्य मम चासौ सनातनः ।
तस्याहं न प्रणश्यामि स च मे न प्रणश्यति ॥ ६७ ॥

ahaṁ bhagavatastasya mama cāsau sanātanaḥ |
tasyāhaṁ na praṇaśyāmi sa ca me na praṇaśyati || 67 ||
67. I am the Supreme Divinity that is eternal. I am not lost to him, and he is not lost to me.

कर्मेन्द्रियाणि संयम्य पञ्च बुद्धिन्द्रियाणि च ।
दशेन्द्रियाणि मनसि अहंकारे तथा मनः ॥ ६८ ॥

karmendriyāṇi saṁyamya pañca buddhindriyāṇi ca |
daśendriyāṇi manasi ahaṁkāre tathā manaḥ || 68 ||
68. Controlling the five organs of action and the five organs of knowledge as well; bring the ten senses into the mind, then the intellect, mind, and ego "I".

अहंकारं तथा बुद्धौ बुद्धिमात्मनि योजयेत् ।
यतबुद्धीन्द्रियः पश्यन् बुद्ध्या बुद्ध्येत् परात्परम् ॥ ६९ ॥

ahaṁkāraṁ tathā buddhau buddhimātmani yojayet |
yatabuddhīndriyaḥ paśyan
buddhyā buddhyet parātparam || 69 ||

69. Uniting the ego "I" with the intellect, reveals the soul of intelligence. Controlling the organs of knowledge with intelligent perception, the knower unites with knowledge supreme and again superior.

ममायमिति यस्याहं येन सर्वमिदं ततम् ।
आत्मनाऽऽत्मनि संयोज्य परमात्मन्यनुस्मरेत् ॥ ७० ॥

mamāyamiti yasyāhaṁ yena sarvamidaṁ tatam |
ātmanā--tmani saṁyojya paramātmanyanusmaret || 70 ||

70. Thus, by means of such control, all of this manifests as That. The supreme soul unites with the individual soul, the remembrance of which is the Most Subtle Supreme Universal Soul.

ततो बुद्धेः परं बुद्ध्वा लभते न पुनर्भवम् ।
मरणे समनुप्राप्ते यश्चैवं मामनुस्मरेत् ॥ ७१ ॥

tato buddheḥ paraṁ buddhvā labhate na punarbhavam |
maraṇe samanuprāpte yaścaivaṁ māmanusmaret || 71 ||

71. Then those who know gain the highest intelligence, and they need not take birth again. In death he assumes only That, my remembrance which is Most Subtle.

अपि पापसमाचारः स याति परमां गतिम् ।
ॐ नमो भगवते तस्मै देहिनां परमात्मने ॥ ७२ ॥

api pāpasamācāraḥ sa yāti paramāṁ gatim |
oṁ namo bhagavate tasmai
dehināṁ paramātmane || 72 ||

72. Even if he had been guilty of bad conduct, he goes to the supreme refuge. I bow to the manifestation of Supreme Divinity, to the Infinite Beyond Conception, Om, to Him, the Supreme Soul of Consciousness, who wears a body;

नारायणाय भक्तानामेकनिष्ठाय शाश्वते ।
इमामनुस्मृतिं दिव्यां वैष्णवीं सुसमाहितः ॥ ७३ ॥

nārāyaṇāya bhaktānāmekaniṣṭhāya śāśvate |
imāmanusmṛtiṁ divyāṁ vaiṣṇavīṁ susamāhitaḥ || 73 ||

73. to Narayana, to the one name to which devotees offer loyalty and allegiance, who is eternal. This remembrance of the Most Subtle Divinity is the excellent grantor of welfare for followers of the Supreme Lord who pervades all, Vishnu.

स्वपन्विबुध्यंश्च पठन् यत्र तत्र समभ्यसेत् ।
पौर्णमास्याममायां च द्वादश्यां च विशेषतः ॥ ७४ ॥

svapanvibudhyaṁśca paṭhan yatra tatra samabhyaset |
paurṇamāsyāmamāyāṁ ca
dvādaśyāṁ ca viśeṣataḥ || 74 ||

74. Wherever someone recites this with understanding, there one should carefully practice this. On the full moon, on the new moon, and especially on the twelfth day,

श्रावयेच्छ्रद्दधानांश्च मद्भक्तांश्च विशेषतः ।
यद्यहंकारमाश्रित्य यज्ञदानतपःक्रियाः ॥ ७५ ॥

śrāvayecchraddadhānāṁśca madbhaktāṁśca viśeṣataḥ |
yadyahaṁkāramāśritya yajñadānatapaḥkriyāḥ || 75 ||

75. listening to this creates the greatest wealth, especially for those who are devoted to Me by surrendering the ego "I". He takes shelter in the performance of sacrifice, philanthropy, and purifying austerities,

कुर्वंस्तत्फलमाप्नोति पुनरावर्तनं तु तत् ।
अभ्यर्चयन् पितॄन् देवान् पठन् जुह्वन् बलिं ददत् ॥ ७६ ॥

kurvaṁstatphalamāpnoti punarāvartanaṁ tu tat |
abhyarcayan pitṝn devān
paṭhan juhvan baliṁ dadat || 76 ||

76. obtaining the fruits of repetitive actions, making offerings to the ancestors, to the Gods, offerings in sacrifice, and recitation of mantras.

ज्वलन्नग्निं स्मरेद्यो मां स याति परमां गतिम् ।
यज्ञो दानं तपश्चैव पावनानि मनीषिणाम् ॥ ७७ ॥

jvalannagniṁ smaredyo māṁ sa yāti paramāṁ gatim |
yajño dānaṁ tapaścaiva pāvanāni manīṣiṇām || 77 ||

77. Remembering Me in the radiant fire, he goes to the supreme refuge. Sacrifice, charity, purifying austerities make all pure, oh most excellent among men.

यज्ञं दानं तपस्तस्मात्कुर्यादाशीर्विवर्जितः ।
नम इत्येव यो ब्रूयान्मद्भक्तः श्रद्धयान्वितः ॥ ७८ ॥

yajñaṁ dānaṁ tapastasmātkuryādāśīrvivarjitaḥ |
nama ityeva yo brūyān
madbhaktaḥ śraddhayānvitaḥ || 78 ||

78. By sacrifice, charity, and purifying austerities he and his family receive all blessings. In this way My devotees bow with full faith.

तस्याक्षयो भवेल्लोकः श्वपाकस्यापि नारद ।
किं पुनर्ये यजन्ते मां साधका विधिपूर्वकम् ॥ ७९ ॥

tasyākṣayo bhavellokaḥ śvapākasyāpi nārada |
kiṁ punarye yajante māṁ sādhakā vidhipūrvakam || 79 ||

79. This un-decaying, imperishable, being of all the worlds, is true for all, from the lowest of men to Narad Muni, a seer among the Gods. This is how the efficient spiritual aspirants (sadhus) sacrifice to me again and again according to the ancient discipline.

श्रद्धावन्तो यतात्मानस्ते मां यान्ति मदाश्रिताः ।
कर्माण्याद्यन्तवन्तीह मद्भक्तो नान्तमश्नुते ॥ ८० ॥

śraddhāvanto yatātmānaste māṁ yānti madāśritāḥ |
karmāṇyādyantavantīha madbhakto nāntamaśnute || 80 ||

80. Because of his faith, he controls his soul and mind, becoming intoxicated with Me. The actions by My devotees are not destroyed and are never ending.

मामेव तस्माद्देवर्षे ध्याहि नित्यमतन्द्रितः ।
अवाप्स्यसि ततः सिद्धिं द्रक्ष्यस्येव पदं मम ॥ ८१ ॥

māmeva tasmāddevarṣe dhyāhi nityamatandritaḥ |
avāpsyasi tataḥ siddhiṁ
drakṣyasyeva padaṁ mama || 81 ||

81. That seer among the Gods meditates eternally on me without any laziness. Attaining that perfection, my divine position shall surely be perceived.

अज्ञानाय च यो ज्ञानं दद्याद्धर्मोपदेशतः ।
कृत्स्नां वा पृथिवीं दद्यात्तेन तुल्यं न तत् फलम् ॥ ८२ ॥

ajñānāya ca yo jñānaṁ dadyāddharmopadeśataḥ |
kṛtsnāṁ vā pṛthivīṁ dadyāt
tena tulyaṁ na tat phalam || 82 ||

82. He gives instructions on the Ideals of Perfection so that wisdom will illuminate ignorance. He offers the fruits of that offering to the earth as a father.

तस्मात्प्रदेयं साधुभ्यो जन्मबन्धभयापहम् ।
एवं दत्त्वा नरश्रेष्ठ श्रेयो वीर्यं च विन्दति ॥ ८३ ॥

tasmātpradeyaṁ sādhubhyo janmabandhabhayāpaham |
evaṁ dattvā naraśreṣṭha śreyo vīryaṁ ca vindati || 83 ||

83. By means of these instructions (these knowledge) efficient spiritual aspirants (sadhus) remove the fear of attachment to birth. And whoever gives knowledge is a respected hero, excellent among men.

अश्वमेधसहस्राणां सहस्रं यः समाचरेत् ।
नासौ पदमवाप्नोति मद्भक्तैर्यदवाप्यते ॥ ८४ ॥

aśvamedhasahasrāṇāṁ sahasraṁ yaḥ samācaret |
nāsau padamavāpnoti madbhaktairyadavāpyate || 84 ||
84. Achieving that station is equal to performing one thousand horse sacrifices, sounding a thousand syllables for those who achieve.

भीष्म उवाच

bhīṣma uvāca
Bhishma said:

एवं पृष्टः पुरा तेन नारदेन सुरर्षिणा ।
यदुवाच तदा शम्भुस्तदुक्तं तव सुव्रत ॥ ८५ ॥

evaṁ pṛṣṭaḥ purā tena nāradena surarṣiṇā |
yaduvāca tadā śambhustaduktaṁ tava suvrata || 85 ||
85. Thus was the ancient inquiry posed by Narad, Seer Among the Gods. From that time forward the performers of excellent vows are in union with Shambhu, who manifests peace.

त्वमप्येकमना भूत्वा ध्याहि ध्येयं गुणातिगम् ।
भजस्व सर्वभावेन परमात्मानमव्ययम् ॥ ८६ ॥

tvamapyekamanā bhūtvā dhyāhi dhyeyaṁ guṇātigam |
bhajasva sarvabhāvena paramātmānamavyayam || 86 ||
86. Meditate upon the one mind of all existence, beyond all qualities. Meditate by extolling this all with an attitude of the eternal Supreme Soul.

श्रुत्वैतन्नारदो वाक्यं दिव्यं नारायणेरितम् ।
अत्यन्तभक्तिमान् देव एकान्तत्वमुपेयिवान् ॥ ८७ ॥

śrutvaitannārado vākyaṁ divyaṁ nārāyaṇeritam |
atyantabhaktimān deva ekāntatvamupeyivān || 87 ||
87. By listening to these divine words of Narayana, Narad became filled with extreme devotion, and approached God alone in solitude.

नारायणमृषिं देवं दशवर्षाण्यनन्यभाक् ।
इमं जपिन् वै प्राप्नोति तद्विष्णोः परमं पदम् ॥ ८८ ॥

**nārāyaṇamṛṣiṁ devaṁ daśavarṣāṇyananyabhāk |
imaṁ japin vai prāpnoti
tadviṣṇoḥ paramaṁ padam || 88 ||**

88. The seer worshiped the god Narayana for ten years without distraction or deviation, and through this recitation achieved that supreme realization of Vishnu.

किं तस्य बहुभिर्मन्त्रैर्भक्तिर्यस्य जनार्दने ।
नमो नारायणायेति मन्त्रः सर्वार्थसाधकः ॥ ८९ ॥

**kiṁ tasya bahubhirmantrairbhaktiryasya janārdane |
namo nārāyaṇāyeti mantraḥ sarvārthasādhakaḥ || 89 ||**

89. With great frequency which mantras did he recite with devotion to Janardana? "Namo Narayanāya - I bow to Narayana" is the mantra to accomplish all the purposes of an efficient spiritual aspirant.

इमां रहस्यां परमामनुस्मृति
मधीत्य बुद्धिं लभते च नैष्ठिकीम् ।
विहाय दुःखान्यपमुच्य सङ्कटात्
स वीतरागो विचरेन्महीमिमाम् ॥ ९० ॥

**imāṁ rahasyāṁ paramāmanusmṛti-
madhītya buddhiṁ labhate ca naiṣṭhikīm |
vihāya duḥkhānyapamucya saṅkaṭāt
sa vītarāgo vicarenmahīmimām || 90 ||**

90. This is the secret of the supreme remembrance of the Subtle. When contemplated, intelligence is gained, and the highest, perfect, complete definition. Disregarding all pains and erasing all conflict, free from passion, calm and tranquil, one will wander the great earth.

इति श्रीमन्महाभारते सान्तिपुर्वनि मोक्षधर्मपर्वनि श्रीविष्णोर्दिव्यमनुस्मृतिस्तोत्रं संपूर्णम् ॥

iti śrīmanmahābhārate sāntipurvani mokṣadharmaparvani śrīviṣṇordivyamanusmṛtistotraṁ saṁpūrṇam ||

Thus completes the Divine Song of Praise of the Respected Viṣṇu, Anusmṛti, from the Respected Mahābhārat, from the section on Peace, Liberation and the Ideals of Perfection.

अथ गजेन्द्र मोक्ष

atha gajendra mokṣa
And Now, the Liberation of the King of Elephants

नारद उवाच

nārada uvāca
Narad said:

यान् जप्यान् भगवद् भक्त्या प्रह्लादो दानवोऽजपत् ।
गजेन्द्रमोक्षणादींस्तु चतुरस्तान् वदस्व मे ॥ १ ॥

yān japyān bhagavad bhaktyā prahlādo dānavo-japat |
gajendramokṣaṇādīṁstu caturastān vadasva me || 1 ||
1. Please kindly describe for me the recitation about the liberation of the King of Elephants, which gives the four aims of life (dharma, artha, kama, moksha), made by Prahlad, the devotee of the Supreme Divinity, King of the enemies of the gods.

पुलस्त्य उवाच

pulastya uvāca
Pulastya said:

शृणुष्व कथयिष्यामि जप्यानेतांस्तपोधन ।
दुःस्वप्ननाशो भवति यैरुक्तैः संश्रुतैः स्मृतैः ॥ २ ॥

śṛṇuṣva kathayiṣyāmi japyānetāṁstapodhana |
duḥsvapnanāśo bhavati
yairuktaiḥ saṁśrutaiḥ smṛtaiḥ || 2 ||
2. Please listen as I speak to you about the recitation which bears the wealth of purifying austerities. When remembered or listened to by souls in union, it destroys bad dreams.

गजेन्द्रमोक्षणं त्वादौ शृणुष्व तदनन्तरम् ।
सारस्वतं ततः पुण्यौ पापप्रशमनौ स्तवौ ॥ ३ ॥

gajendramokṣaṇaṁ tvādau śṛṇuṣva tadanantaram |
sārasvataṁ tataḥ puṇyau pāpapraśamanau stavau || 3 ||

3. Immediately upon listening to this hymn about the liberation of the King of Elephants, all sin (confusion) will be destroyed and those who are eloquent will receive all merits.

सर्वरत्नमयः श्रीमांस्त्रिकूटो नाम पर्वतः ।
सुतः पर्वतराजस्य सुमेरोर्भास्करद्युतेः ॥ ४ ॥

sarvaratnamayaḥ śrīmāṁstrikūṭo nāma parvataḥ |
sutaḥ parvatarājasya sumerorbhāskaradyuteḥ || 4 ||

4. The respected Trikut is the name of the mountain, which is the manifestation of all jewels, the child of the King of mountains, Sumeru, with the illumination of the sun shining upon it.

क्षीरोदजलवीच्यग्रैर्धौतामलशिलातलः ।
उत्थितः सागरं भित्त्वा देवर्षिगणसेवितः ॥ ५ ॥

kṣīrodajalavīcyagrairdhautāmalaśilātalaḥ |
utthitaḥ sāgaraṁ bhittvā devarṣigaṇasevitaḥ || 5 ||

5. The waves of the ocean of milk rise in the ocean and break on the surface of the rocky shores, shining in the darkness like a seer among the gods performing loving service to the multitudes.

अप्सरोभिः परिवृतः श्रीमान्प्रस्रवणाकुलः ।
गन्धर्वैः किन्नरैर्यक्षैः सिद्धचारणपन्नगैः ॥ ६ ॥

apsarobhiḥ parivṛtaḥ śrīmānprasravaṇākulaḥ |
gandharvaiḥ kinnarairyakṣaiḥ
siddhacāraṇapannagaiḥ || 6 ||

6. Streams and waterfalls within that range of mountains conceal a community of heavenly maidens, celestial singers, desirable beings, lords of wealth, attained ones, wandering singers, and snakes.

विद्याधरैः सपत्नीकैः संयतैश्च तपस्विभिः ।
वृकद्वीपिगजेन्द्रैश्च वृतगात्रो विराजते ॥ ७ ॥

vidyādharaiḥ sapatnīkaiḥ saṁyataiśca tapasvibhiḥ |
vṛkadvīpigajendraiśca vṛtagātro virājate || 7 ||

7. The supporters of knowledge with their wives, those who practice self control, and those who perform purifying austerities; the King of elephants majestically advanced towards the river with his body beautifully shining.

पुन्नागैः कर्णिकारैश्च बिल्वामलकपाटलैः ।
चूतनीपकदम्बैश्च चन्दनागुरुचम्पकैः ॥ ८ ॥

punnāgaiḥ karṇikāraiśca bilvāmalakapāṭalaiḥ |
cūtanīpakadambaiśca candanāgurucampakaiḥ || 8 ||

8. There were many kinds of trees, like punnag, karnikar, bilva, and malika; mango, ashok, kadamba (turmeric, white mustard), sandal, wood-apple, bread-fruit;

शालैस्तालैस्तमालैश्च सरलार्जुनपर्पटैः ।
तथान्यैर्विविधैर्वृक्षैः सर्वतः समलंकृतः ॥ ९ ॥

śālaistālaistamālaiśca saralārjunaparpaṭaiḥ |
tathānyairvividhairvṛkṣaiḥ sarvataḥ samalaṁkṛtaḥ || 9 ||

9. shal trees, palmyra palm trees, trees with dark bark (tobacco), pine trees, and trees with white bark; trees were on display in many various ways.

नानाधात्वङ्कितैः शृङ्गैः प्रस्रवद्भिः समन्ततः ।
शोभितो रुचिरप्रख्यैस्त्रिभिर्विस्तीर्णसानुभिः ॥ १० ॥

nānādhātvaṅkitaiḥ śṛṅgaiḥ prasravadbhiḥ samantataḥ |
śobhito ruciraprakhyaistribhirvistīrṇasānubhiḥ || 10 ||

10. There were innumerable rocks and minerals with streams on every side of those expansive mountain ridges, and three mountain peaks were displayed, the perception of which was very pleasing.

मृगैः शाखामृगैः सिंहैर्मातङ्गैश्च सदामदैः ।
जीवंजीवकसंघुष्टैश्चकोरशिखिनादितैः ॥ ११ ॥

mṛgaiḥ śākhāmṛgaiḥ siṁhairmātaṅgaiśca sadāmadaiḥ |
jīvaṁjīvakasaṁghuṣṭaiścakoraśikhināditaiḥ || 11 ||

11. Present were deer, monkeys, lions, and elephants, who were always delighted. The live sounds of peacocks and other birds combined with the sounds of various forms of life.

तस्यैकं काञ्चनं शृङ्गं सेवते यं दिवाकरः ।
नानापुष्पसमाकीर्णं नानागन्धाधिवासितम् ॥ १२ ॥

tasyaikaṁ kāñcanaṁ śṛṅgaṁ sevate yaṁ divākaraḥ |
nānāpuṣpasamākīrṇaṁ nānāgandhādhivāsitam || 12 ||

12. The first peak was of a golden color, which reflected the light of the sun, reflecting rays of light like various flowers exuding many and various scents.

द्वितीयं राजतं शृङ्गं सेवते यं निशाकरः ।
पाण्डुराम्बुदसंकाशं तुषारचयसंनिभम् ॥ १३ ॥

dvitīyaṁ rājataṁ śṛṅgaṁ sevate yaṁ niśākaraḥ |
pāṇḍurāmbudasaṁkāśaṁ tuṣāracayasaṁnibham || 13 ||

13. The second peak was of a silver color, which reflected the light of the moon, having the appearance of a lotus emanating bright light, similar to camphor,

वज्रेन्द्रनीलवैडूर्यतेजोभिर्भासयन् दिशः ।
तृतीयं ब्रह्मसदनं प्रकृष्टं शृङ्गमुत्तमम् ॥ १४ ॥

vajrendranīlavaiḍūryatejobhirbhāsayan diśaḥ |
tṛtīyaṁ brahmasadanaṁ
prakṛṣṭaṁ śṛṅgamuttamam || 14 ||

14. shining like Indra's thunderbolt with the radiance of excellent gold, gems, or sapphires illuminating the directions. The third peak was most superior and excellent being the abode of the Creator.

न तत्कृतघ्नाः पश्यन्ति न नृशंसा न नास्तिकाः ।
नातप्ततपसो लोके ये च पापकृतो जनाः ॥ १५ ॥

**na tatkṛtaghnāḥ paśyanti na nṛśaṁsā na nāstikāḥ |
nātaptatapaso loke ye ca pāpakṛto janāḥ || 15 ||**

15. The mischievous and the non-believers, those without appreciation, those who perform un-illuminated purifying austerities in the worlds, and those people who perform sin cannot see it.

तस्य सानुमतः पृष्ठे सरः काञ्चनपङ्कजम् ।
कारण्डवसमाकीर्णं राजहंसोपशोभितम् ॥ १६ ॥

**tasya sānumataḥ pṛṣṭhe saraḥ kāñcanapaṅkajam |
kāraṇḍavasamākīrṇaṁ rājahaṁsopaśobhitam || 16 ||**

16. There was a lake completely covered with golden lotuses on the back side of the summit of this mountain peak. A flock of ducks were shining along with royal swans.

कुमुदोत्पलकह्लारैः पुण्डरीकैश्च मण्डितम् ।
कमलैः शतपत्रैश्च काञ्चनैः समलङ्कृतम् ॥ १७ ॥

**kumudotpalakahlāraiḥ puṇḍarīkaiśca maṇḍitam |
kamalaiḥ śatapatraiśca kāñcanaiḥ samalaṅkṛtam || 17 ||**

17. There were red lotuses, blue lotuses, lotuses of various kinds, with hundreds of petals and golden adornments;

पत्रैर्मरकतप्रख्यैः पुष्पैः काञ्चनसंनिभैः ।
गुल्मैः कीचकवेणूनां समन्तात् परिवेष्टितम् ॥ १८ ॥

**patrairmarakataprakhyaiḥ puṣpaiḥ kāñcanasaṁnibhaiḥ |
gulmaiḥ kīcakaveṇūnāṁ samantāt pariveṣṭitam || 18 ||**

18. with leaves appearing like emeralds and flowers resembling gold. The commander of the herd of elephants was surrounded on every side by bamboo.

तस्मिन् सरसि दुष्टात्मा विरूपोऽन्तर्जलेशयः ।
आसीद् ग्राहो गजेन्द्राणां रिपुराकेकरेक्षणः ॥ १९ ॥

tasmin sarasi duṣṭātmā virūpo-ntarjaleśayaḥ |
āsīd grāho gajendrāṇāṁ ripurākekarekṣaṇaḥ || 19 ||

19. In this lake there was seated an ugly, evil soul, in the form of a crocodile with squinted eyes, lurking beneath the waters, waiting to grasp Gajendra (the King of elephants) as an enemy.

अथ दन्तोज्ज्वलमुखः कदाचिद् गजयूथपः ।
मदस्रावी जलाकाङ्क्षी पादचारीव पर्वतः ॥ २० ॥

atha dantojjvalamukhaḥ kadācid gajayūthapaḥ |
madasrāvī jalākāṅkṣī pādacārīva parvataḥ || 20 ||

20. And then on this one occasion, the one with shining tusks on his face, the chief protector of the herd of elephants, was filled with delight and had the desire for water, walking on his feet like a mountain.

वासयन्मदगन्धेन गिरिमैरावतोपमः ।
गजो ह्यञ्जनसंकाशो मदाच्चलितलोचनः ॥ २१ ॥

vāsayanmadagandhena girimairāvatopamaḥ |
gajo hyañjanasaṁkāśo madāccalitalocanaḥ || 21 ||

21. There in the mountains the excellent Airavat (the King of elephants), dwelling in the intoxication of that circumstance, now appeared amongst his subjects with darting eyes from that intoxication.

तृषितः पातुकामोऽसौ अवतीर्णश्च तज्जलम् ।
सलीलः पङ्कजवने यूथमध्यगतश्चरन् ॥ २२ ॥

tṛṣitaḥ pātukāmo-sau avatīrṇaśca tajjalam |
salīlaḥ paṅkajavane yūthamadhyagataścaran || 22 ||

22. Being thirsty, desiring to protect his female (companions), he came down to the water to play in sport in the forest of lotuses, and he went to the middle of the herd,

गृहीतस्तेन रौद्रेण ग्राहेणाव्यक्तमूर्तिना ।
पश्यन्तीनां करेणूनां क्रोशन्तीनां च दारुणम् ॥ २३ ॥

gṛhītastena raudreṇa grāheṇāvyaktamūrtinā |
paśyantīnāṁ kareṇūnāṁ krośantīnāṁ ca dāruṇam || 23 ||

23. where he was grasped (taken, seized) fiercely by the imperceptible (hidden) form of the crocodile, as the female elephants watched and cried in horror.

ह्रियते पङ्कजवने ग्राहेणातिबलीयसा ।
वारुणैः संयतः पाशैर्निष्प्रयत्नगतिः कृतः ॥ २४ ॥

hriyate paṅkajavane grāheṇātibalīyasā |
vāruṇaiḥ saṁyataḥ pāśairniṣprayatnagatiḥ kṛtaḥ || 24 ||

24. Seized (taken) in the forest of lotuses by the very strong crocodile, he was bound (fettered, imprisoned) by the web (net) of that water animal, which created the condition of an inability to act (move).

वेष्ट्यमानः सुघोरैस्तु पाशैर्नागो दृढैस्तथा ।
विस्फूर्य च यथाशक्ति विक्रोसंश्च महारवान् ॥ २५ ॥

veṣṭyamānaḥ sughoraistu pāśairnāgo dṛḍhaistathā |
visphūrya ca yathāśakti vikrosaṁśca mahāravān || 25 ||

25. Surrounded (bound) by those dreadful (fearful) bonds, the elephant was firmly fastened in that way. Roaring and losing all his energy, he was crying in alarm for help with a great tumultuous sound.

व्यथितः स निरुत्साहो गृहीतो घोरकर्मणा ।
परमापदमापन्नो मनसाऽचिन्तयद्धरिम् ॥ २६ ॥

vyathitaḥ sa nirutsāho gṛhīto ghorakarmaṇā |
paramāpadamāpanno manasā-cintayaddharim || 26 ||

26. He was in pain and perturbation, without energy or courage, seized by the performer of terrible deeds. Afflicted by this supreme calamity, he began to consider the following thoughts:

स तु नागवरः श्रीमन् नारायणपरायणः ।
तमेव शरणं देवं गतः सर्वात्मना तदा ॥ २७ ॥

sa tu nāgavaraḥ śrīman nārāyaṇaparāyaṇaḥ |
tameva śaraṇaṁ devaṁ gataḥ sarvātmanā tadā || 27 ||

27. He, the best of elephants, (thought) the respected Narayana (the consciousness of human beings), is the highest goal. You are the only refuge, oh God, you are situated in all, as the soul of all,

एकात्मा निगृहीतात्मा विशुद्धेनान्तरात्मना ।
जन्मजन्मान्तराभ्यासाद्भक्तिमान्गरुडध्वजे ॥ २८ ॥

ekātmā nigṛhītātmā viśuddhenāntarātmanā |
janmajanmāntarābhyāsādbhaktimāngaruḍadhvaje || 28 ||

28. the one soul which cannot be seized (grasped), the immaculate (completely) pure soul within all souls. From repeated spiritual practices in birth after birth, one attains to Your devotion, oh You who have Garuda (the eagle) on Your flag (Vishnu).

नान्यं देवं महादेवात् पूजयामास केशवात् ।
मथितामृतफेनाभं शङ्खचक्रगदाधरम् ॥ २९ ॥

nānyaṁ devaṁ mahādevāt pūjayāmāsa keśavāt |
mathitāmṛtaphenābhaṁ śaṅkhacakragadādharam || 29 ||

29. He worshiped no other god, only the Great God, Keshava (one with beautiful hair; the beginning, middle, and end of all). Being afflicted, he roared forth with the nectar of immortal bliss to He who holds the conch, discuss, and club.

सहस्रशुभनामानमादिदेवमजं विभुम् ।
प्रगृह्य पुष्करागेण काञ्चनं कमलोत्तमम् ।
आपद्विमोक्षमन्विच्छन् गजः स्तोत्रमुदीरयत् ॥ ३० ॥

sahasraśubhanāmānamādidevamajaṁ vibhum |
pragṛhya puṣkarāgreṇa kāñcanaṁ kamalottamam |
āpadvimokṣamanvicchan gajaḥ stotramudīrayat || 30 ||

30. I bow to He with a thousand pure names, who pervades all other gods. Having been seized (grabbed) in this lake in front of these excellent golden lotuses, (pursuing) liberation from difficulties and to render homage, the elephant began to chant this hymn.

गजेन्द्र उवाच ।

gajendra uvāca |
The King of the Elephants said:

ॐ नमो मूलप्रकृतये अजिताय महात्मने ।
अनाश्रिताय देवाय निःस्पृहाय नमोऽस्तु ते ॥ ३१ ॥

oṁ namo mūlaprakṛtaye ajitāya mahātmane |
anāśritāya devāya niḥspṛhāya namo-stu te || 31 ||
31. Om I bow to the Primordial Nature, who is unable to be defeated, to the Great Soul; who has no other support, to the God, who is without desire, I bow to You.

नम आद्याय बीजाय आर्षेयाय प्रवर्तिने ।
अनन्तराय चैकाय अव्यक्ताय नमो नमः ॥ ३२ ॥

nama ādyāya bījāya ārṣeyāya pravartine |
anantarāya caikāya avyaktāya namo namaḥ || 32 ||
32. I bow to the Foremost, to the seed of all, to the venerable (respected) Cause of all; to He who is Infinite, and embodies the One, to the Universal Spirit, I bow, I bow.

नमो गुह्याय गूढाय गुणाय गुणवर्तिने ।
अप्रतर्क्याप्रमेयाय अतुलाय नमो नमः ॥ ३३ ॥

namo guhyāya gūḍhāya guṇāya guṇavartine |
apratarkyāprameyāya atulāya namo namaḥ || 33 ||
33. I bow to the Secret, to the place where the secret is hidden, to the qualities, to He who is unimpeded by the qualities; to He who is unable to be known through conjecture or reasoning, unable to be measured, who is incomparable, I bow, I bow.

नमः शिवाय शान्ताय निश्चिन्ताय यशस्विने ।
सनातनाय पूर्वाय पुराणाय नमो नमः ॥ ३४ ॥

namaḥ śivāya śāntāya niścintāya yaśasvine |
sanātanāya pūrvāya purāṇāya namo namaḥ || 34 ||

34. I bow to the Consciousness of Infinite Goodness, to Peace, beyond thought, who gives fame and welfare; to He who is eternal, most old, to the ancient One, I bow, I bow.

नमो देवाधिदेवाय स्वभावाय नमो नमः ।
नमो जगत्प्रतिष्ठाय गोविन्दाय नमो नमः ॥ ३५ ॥

namo devādhidevāya svabhāvāya namo namaḥ |
namo jagatpratiṣṭhāya govindāya namo namaḥ || 35 ||

35. I bow to the God of all gods, to the Intrinsic Nature of all, I bow, I bow. I bow to He who establishes the perceivable world, to He who is one pointed light, I bow, I bow.

नमोऽस्तु पद्मनाभाय नमो योगोद्भवाय च ।
विश्वेश्वराय देवाय शिवाय हरये नमः ॥ ३६ ॥

namo-stu padmanābhāya namo yogodbhavāya ca |
viśveśvarāya devāya śivāya haraye namaḥ || 36 ||

36. I bow to you who has a lotus in His naval, and I bow to the Attitude of Yogis; to the Lord of the universe, to the God, to the Consciousness of Infinite Goodness, to He who is the embodiment of the gross body, the subtle body, and the causal body, I bow.

नमोऽस्तु तस्मै देवाय निर्गुणाय गुणात्मने ।
नारायणाय विश्वाय देवानां परमात्मने ॥ ३७ ॥

namo-stu tasmai devāya nirguṇāya guṇātmane |
nārāyaṇāya viśvāya devānāṁ paramātmane || 37 ||

37. I bow to He who is God, beyond all qualities, the soul of all qualities; to Narayana (the consciousness of human beings), to He who is the universe, to God, to the Supreme Soul.

नमो नमः कारणवामनाय
नारायणायामितविक्रमाय ।
श्रीशार्ङ्गचक्रासिगदाधराय
नमोऽस्तु तस्मै पुरुषोत्तमाय ॥ ३८ ॥

namo namaḥ kāraṇavāmanāya
nārāyaṇāyāmitavikramāya |
śrīśārṅgacakrāsigadādharāya
namo-stu tasmai puruṣottamāya || 38 ||

38. I bow, I bow to the Cause, who came as a dwarf, to Narayana (the consciousness of human beings), who is all movement beyond limitations; to the respected One, who holds a conch, a discus, a sword, and a club. I bow to He who is the most excellent, full, complete, and perfect consciousness.

गुह्याय वेदनिलयाय महोदराय
सिंहाय दैत्यनिधनाय चतुर्भुजाय ।
ब्रह्मेन्द्ररुद्रमुनिचारणसंस्तुताय
देवोत्तमाय वरदाय नमोऽच्युताय ॥ ३९ ॥

guhyāya vedanilayāya mahodarāya
siṁhāya daityanidhanāya caturbhujāya |
brahmendrarudramunicāraṇasaṁstutāya
devottamāya varadāya namo-cyutāya || 39 ||

39. I bow to the repository of secrets, the dwelling place of wisdom (vedas), who is mighty and powerful, who is most eminent, who has four arms and causes the destruction of duality. Brahma (the Creator), Indra (the Rule of the Pure), Rudra (the Reliever of Sufferings), the munis (the wise beings) sing praises (worship) to His feet, most excellent among the gods, grantor of boons, I bow to He who is Imperishable.

नागेन्द्रदेहशयनासनसुप्रियाय
गोक्षीरहेमशुकनीलघनोपमाय ।
पीताम्बराय मधुकैटभनाशनाय
विश्वाय चारुमुकुटाय नमोऽजराय ॥ ४० ॥

nāgendradehaśayanāsanasupriyāya
gokṣīrahemaśukanīlaghanopamāya |
pītāmbarāya madhukaiṭabhanāśanāya
viśvāya cārumukuṭāya namo-jarāya || 40 ||

40. He loves to rest on the body of the king of snakes, enjoys cow's milk, wears a blue turban with gold upon it; wears a yellow cloth, destroys Too Much and Too Little, who is the universe, who has a beautiful crown, I bow to He who is immortal.

नाभिप्रजातकमलस्थचतुर्मुखाय
क्षीरोदकार्णवनिकेतयशोधराय ।
नानाविचित्रमुकुटाङ्गदभूषणाय
सर्वेश्वराय वरदाय नमो वराय ॥ ४१ ॥

nābhiprajātakamalasthacaturmukhāya
kṣīrodakārṇavaniketayaśodharāya |
nānāvicitramukuṭāṅgadabhūṣaṇāya
sarveśvarāya varadāya namo varāya || 41 ||

41. The One with four faces, who gives birth to all, is situated in the lotus of His naval. He supports fame and welfare from his habitation on the waves of the milk ocean. He displays various and assorted jewels on His body and crown. I bow to the Lord of All, to the Giver of boons, who manifests the boon.

भक्तिप्रियाय वरदीप्तसुदर्शनाय
फुल्लारविन्दविपुलायतलोचनाय ।
देवेन्द्रविघ्नशमनोद्यतपौरुषाय
योगेश्वराय विरजाय नमो वराय ॥ ४२ ॥

bhaktipriyāya varadīptasudarśanāya
phullāravindavipulāyatalocanāya |
devendravighnaśamanodyatapauruṣāya
yogeśvarāya virajāya namo varāya || 42 ||

42. To the Lover of devotion, who gives the boon of the excellent intuitive vision of light, whose eyes are extensive like a lotus in blossom; who is the cause of the full, complete, and perfect consciousness, who brings peace to the obstacles encountered by the Ruler of the gods, I bow to He who resides as the Supreme Lord of Union, who manifests the boon.

ब्रह्मायनाय त्रिदशायनाय
लोकाधिनाथाय भवापनाय ।
नारायणायात्महितायनाय
महावराहाय नमस्करोमि ॥ ४३ ॥

brahmāyanāya tridaśāyanāya
lokādhināthāya bhavāpanāya |
nārāyaṇāyātmahitāyanāya
mahāvarāhāya namaskaromi || 43 ||

43. To He who causes Brahma (the Creator) and the thirty (Vedic gods) to come, to He who is the Lord of the worlds, who has obtained creation; to Narayana (the consciousness of human beings) who has obtained the benefit of the soul, to the greatest of boons, I bow with respect.

कूटस्थमव्यक्तमचिन्त्यरूपं
नारायणं कारणमादिदेवम् ।
युगान्तशेषं पुरुषं पुराणं
तं देवदेवं शरणं प्रपद्ये ॥ ४४ ॥

kūṭasthamavyaktamacintyarūpaṁ
nārāyaṇaṁ kāraṇamādidevam |
yugāntaśeṣaṁ puruṣaṁ purāṇaṁ
taṁ devadevaṁ śaraṇaṁ prapadye || 44 ||

44. Whose unthinkable infinite form does not change, Narayana (the consciousness of human beings), the God who is the first Cause; who is the full, complete, and perfect consciousness most ancient from the end of time, I surrender and take refuge in Him, the God of gods.

योगेश्वरं चारुविचित्रमौलि-
मज्ञेयमग्रयं प्रकृतेः परस्थम् ।
क्षेत्रज्ञमात्मप्रभवं वरेण्यं
तं वासुदेवं शरणं प्रपद्य ॥ ४५ ॥

yogeśvaraṁ cāruvicitramauli-
majñeyamagryaṁ prakṛteḥ parastham |
kṣetrajñamātmaprabhavaṁ vareṇyaṁ
taṁ vāsudevaṁ śaraṇaṁ prapadya || 45 ||

45. He is the Supreme Lord of Union, who is known as the foremost, best, and most beautiful, Supreme above Nature. He is the highest, who gives birth to the knowledge of the field (creation). I surrender and take refuge in Him, the Supreme Soul of the universe.

अदृश्यमव्यक्तमचिन्त्यमव्ययं
महर्षयो ब्रह्मयं सनातनम् ।
वदन्ति यं वै पुरुषं सनातनं
तं देवगुह्यं शरणं प्रपद्ये ॥ ४६ ॥

adṛśyamavyaktamacintyamavyayaṁ
maharṣayo brahmayaṁ sanātanam ।
vadanti yaṁ vai puruṣaṁ sanātanaṁ
taṁ devaguhyaṁ śaraṇaṁ prapadye ॥ 46 ॥

46. He is imperishable, unthinkable, infinite, imperceptible, the great seers call Him the manifestation of the Supreme, who is Eternal; the full, complete, and perfect eternal consciousness, I surrender and take refuge in Him, the God most hidden or secret.

यदक्षरं ब्रह्म वदन्ति सर्वगं
निशम्य यं मृत्युमुखात् प्रमुच्यते ।
तमीश्वरं तृप्तमनुत्तमैर्गुणैः
परायणं विष्णुमुपैमि साश्वतम् ॥ ४७ ॥

yadakṣaraṁ brahma vadanti sarvagaṁ
niśamya yaṁ mṛtyumukhāt pramucyate ।
tamīśvaraṁ tṛptamanuttamairguṇaiḥ
parāyaṇaṁ viṣṇumupaimi sāśvatam ॥ 47 ॥

47. Who is called the imperishable soul of the Supreme Divinity, the foremost; those who perceive Him become completely liberated from death. He is the Supreme Lord whose excellent qualities bring satisfaction, achieving the eternal Vishnu is the chief objective or goal.

कार्यं क्रिया कारणमप्रमेयं
हिरण्यबाहुं वरपद्मनाभम् ।
महाबलं वेदनिधिं सुरेशं
व्रजामि विष्णुं शरणं जनार्दनम् ॥ ४८ ॥

kāryaṁ kriyā kāraṇamaprameyaṁ
hiraṇyabāhuṁ varapadmanābham |
mahābalaṁ vedanidhiṁ sureśaṁ
vrajāmi viṣṇuṁ śaraṇaṁ janārdanam || 48 ||

48. He is the unmeasurable Cause of all causes and effects, who gives boons, and has a lotus in His naval and golden arms. He is the Lord of the gods, has great strength, and the discipline of the Vedas. I prostrate myself before Vishnu (He who pervades the universe), taking refuge in the Lord of all beings.

किरीटकेयूरमहार्हनिष्कै-
र्मण्युत्तमालंकृतसर्वगात्रम् ।
पीताम्बरं काञ्चनभक्तिचित्रं
मालाधरं केशवमभ्युपैमि ॥ ४९ ॥

kirīṭakeyūramahārhaniṣkai-
rmaṇyuttamālaṁkṛtasarvagātram |
pītāmbaraṁ kāñcanabhakticitraṁ
mālādharaṁ keśavamabhyupaimi || 49 ||

49. Displaying a crown and ornaments on His arms, excellent gems as ornaments on all the parts of his body; wearing a yellow cloth, whose wealth is the variety of devotion, who wears a garland, I shall achieve that Keshava (One with beautiful hair; the beginning, middle, and end of all).

भवोद्भवं वेदविदां वरिष्ठं

योगात्मनां सांख्यविदां वरिष्ठम् ।

आदित्यरुद्राश्विवसुप्रभावं

प्रभुं प्रपद्येऽच्युतमात्मवन्तम् ॥ ५० ॥

bhavodbhavaṁ vedavidāṁ variṣṭhaṁ
yogātmanāṁ sāṁkhyavidāṁ variṣṭham |
ādityarudrāśvivasuprabhāvaṁ
prabhuṁ prapadye-cyutamātmavantam || 50 ||

50. I surrender with perfect consciousness to the Lord, to the infinite soul in all manifestations of all existence, in knowledge and wisdom, to the highest, the soul of union, known as the highest enumeration of the principles; who is the strength and power of the sons of non-duality (gods), the Reliever of Sufferings (Rudra), the Consciousness of Infinite Goodness (Shiva), the lords of wealth with supernatural powers and beauty.

श्रीवत्साङ्कं महादेवं देवगुह्यमनौपमम् ।

प्रपद्ये सूक्ष्ममचलं वरेण्यमभयप्रदम् ॥ ५१ ॥

śrīvatsāṅkaṁ mahādevaṁ devaguhyamanaupamam |
prapadye sūkṣmamacalaṁ
vareṇyamabhayapradam || 51 ||

51. I surrender to the respected Vishnu, the Great God, who hides the most excellent thoughts of God, to the highest, most subtle, which does not move, which bestows freedom from fear.

प्रभवं सर्वभूतानां निर्गुणं परमेश्वरम् ।

प्रपद्ये मुक्तसंगानां यतीनां परमां गतिम् ॥ ५२ ॥

prabhavaṁ sarvabhūtānāṁ nirguṇaṁ parameśvaram |
prapadye muktasaṁgānāṁ
yatīnāṁ paramāṁ gatim || 52 ||

52. Those who make efforts with the desire for liberation, who move towards the Supreme, surrender to the Supreme Lord who is beyond all qualities, who is the cause of the existence of all the elements.

भगवन्तं गुणाध्यक्षमक्षरं पुष्करेक्षणम् ।
शरण्यं शरणं भक्त्या प्रपद्ये भक्तवत्सलम् ॥ ५३ ॥

bhagavantaṁ guṇādhyakṣamakṣaraṁ puṣkarekṣaṇam |
śaraṇyaṁ śaraṇaṁ bhaktyā
prapadye bhaktavatsalam || 53 ||

53. With perfect consciousness devotees take refuge and surrender to the imperishable leader of all qualities, who has lotus-like eyes, and who is kind to those who worship.

त्रिविक्रमं त्रिलोकेशं सर्वेषां प्रपितामहम् ।
योगात्मानं महात्मानं प्रपद्येऽहं जनार्दनम् ॥ ५४ ॥

trivikramaṁ trilokeśaṁ sarveṣāṁ prapitāmaham |
yogātmānaṁ mahātmānaṁ
prapadye-haṁ janārdanam || 54 ||

54. The Supreme Lord of the three worlds, who moves in the three, who is in all, who is the great-grandfather (Supreme Spirit); the soul of union, the great soul, I take refuge in the Lord of all beings born.

आदिदेवमजं शभुं व्यक्ताव्यक्तं सनातनम् ।
नारायणमणीयांसं प्रपद्ये ब्राह्मणप्रियम् ॥ ५५ ॥

ādidevamajaṁ śabhuṁ vyaktāvyaktaṁ sanātanam |
nārāyaṇamaṇīyāṁsaṁ prapadye brāhmaṇapriyam || 55 ||

55. Who is foremost of all the Gods, whose existence is Peace, who is both manifest and un-manifest, eternal; I surrender to Narayana (the consciousness of human beings), who is smaller than the smallest, and although existing everywhere, remains invisible to material eyes.

नमो वराय देवाय नमः सर्वसहाय च ।
प्रपद्ये देवदेवेशमणीयांसमणोः सदा ॥ ५६ ॥

namo varāya devāya namaḥ sarvasahāya ca |
prapadye devadeveśamaṇīyāṁsamaṇoḥ sadā || 56 ||

56. I bow to the Helper of All, I bow to God, I bow to His boon; I surrender to the Lord, God of all gods, who is always equal to the Supreme Jewel.

एकाय लोकतत्त्वाय परतः परमात्मने ।
नमः सहस्रशिरसे अनन्ताय महात्मने ॥ ५७ ॥

ekāya lokatattvāya parataḥ paramātmane |
namaḥ sahasraśirase anantāya mahātmane || 57 ||
57. To the Supreme Soul, and again superior, to the One Principle of the worlds, I bow to He who has a thousand heads, who is infinite, to the Great Soul.

त्वामेव परमं देवमृषयो वेदपारगाः ।
कीर्तयन्ति च यं सर्वे ब्रह्मादीनां परायणम् ॥ ५८ ॥

tvāmeva paramaṁ devamṛṣayo vedapāragāḥ |
kīrtayanti ca yaṁ sarve brahmādīnāṁ parāyaṇam || 58 ||
58. The gods and rishis sing the praises of He who alone is the Master of the Vedas (all wisdom), the Supreme of all, the highest goal of the creator and others.

नमस्ते पुण्डरीकाक्ष भक्तानामभयप्रद ।
सुब्रह्मण्य नमस्तेऽस्तु त्राहि मां शरणागतम् ॥ ५९ ॥

namaste puṇḍarīkākṣa bhaktānāmabhayaprada |
subrahmaṇya namaste-stu trāhi māṁ śaraṇāgatam || 59 ||
59. I bow before the One with lotus eyes, whose name gives devotees freedom from fear. With this excellent recitation which protects me, I bow, I who have taken His refuge.

पुलस्त्य उवाच

pulastya uvāca
Pulastya said:

भक्तिं तस्यानुसञ्चिन्त्य नागस्यामोघसंभवः ।
प्रीतिमानभवद् विष्णुः शङ्खचक्रगदाधरः ॥ ६० ॥

bhaktiṁ tasyānusañcintya nāgasyāmoghasaṁbhavaḥ |
prītimānabhavad viṣṇuḥ śaṅkhacakragadādharaḥ || 60 ||

60. Thus searching in thoughts of devotion, the most excellent gave birth to the infallible. Vishnu, who holds the conch, discuss, and club is the Beloved.

सांनिध्यं कल्पयामास तस्मिन् सरसि केशवः ।
गरुडस्थो जगत्स्वामी लोकाधारस्तपोधनः ॥ ६१ ॥

sāṁnidhyaṁ kalpayāmāsa tasmin sarasi keśavaḥ |
garuḍastho jagatsvāmī lokādhārastapodhanaḥ || 61 ||

61. Keshava (who is creation, preservation, and transformation), seated upon Garuda (His divine eagle), is within the thoughts of the mind, the Master of the perceivable universe, who supports the worlds with the generosity of His purifying austerities.

ग्राहग्रस्तं गजेन्द्रं तं तं च ग्राहं जलाशयात् ।
उज्जहाराप्रमेयात्मा तरसा मधुसूदनः ॥ ६२ ॥

grāhagrastaṁ gajendraṁ taṁ taṁ ca grāhaṁ jalāśayāt |
ujjahārāprameyātmā tarasā madhusūdanaḥ || 62 ||

62. The crocodile had seized Gajendra, and the crocodile pulled him below the water. Then that Immeasurable Soul, the Destroyer of Too Much, speedily delivered Him (Gajendra).

स्थलस्थं दारयामास ग्राहं चक्रेण माधवः ।
मोक्षयामास नागेन्द्रं पाशेभ्यः शरणागतम् ॥ ६३ ॥

sthalasthaṁ dārayāmāsa grāhaṁ cakreṇa mādhavaḥ |
mokṣayāmāsa nāgendraṁ pāśebhyaḥ śaraṇāgatam || 63 ||

63. Situated in that place, Madhava (who is always sweet), killed the crocodile with His discuss, and liberated from bondage the King of elephants, who had taken refuge in Him.

स हि देवलशापेन हूहूर्गन्धर्वसत्तमः ।
ग्राहत्वमगमत् कृष्णाद् वधं प्राप्य दिवं गतः ॥ ६४ ॥

sa hi devalaśāpena hūhūrgandharvasattamaḥ |
grāhatvamagamat kṛṣṇād
vadhaṁ prāpya divaṁ gataḥ || 64 ||

64. The (Gandarva) Celestial Singer Hu Hu was most virtuous and respectable. The curse of the pious man (Deval Rishi) made him into a crocodile, from which he gave up this darkness and attained the light.

गजोऽपि विष्णुना स्पृष्टो जातो दिव्यवपुः पुमान् ।
आपद्विक्तौ युगपद् गजगन्धर्वसत्तमौ ॥ ६५ ॥

gajo-pi viṣṇunā spṛṣṭo jāto divyavapuḥ pumān |
āpadviktau yugapad gajagandharvasattamau || 65 ||

65. Even an elephant touched by Vishnu gave birth to divinity embodied in a living entity. Liberated from his difficulties, the elephant immediately became a most venerable and respectable Gandarva (again).

प्रीतिमान् पुण्डरीकाक्षः शरणागतवत्सलः ।
अभवत्त्वथ देवेशस्ताभ्यां चैव प्रपूजितः ॥ ६६ ॥

prītimān puṇḍarīkākṣaḥ śaraṇāgatavatsalaḥ |
abhavattvatha deveśastābhyāṁ caiva prapūjitaḥ || 66 ||

66. The beloved with lotus eyes who gives only kindness to those who take refuge; at the time of non-existence, He alone is worshiped by the gods.

इदं च भगवान् योगी गजेन्द्रं शरणागतम् ।
प्रोवाच मुनिशार्दूल मधुरं मधुसूदनः ॥ ६७ ॥

idaṁ ca bhagavān yogī gajendraṁ śaraṇāgatam |
provāca muniśārdūla madhuraṁ madhusūdanaḥ || 67 ||

67. People in union (yogis) take refuge in the King of elephants. Thus the wise muni Shardula (most eminent) described the Supreme Divinity and the sweetness of He who slays Too Much.

श्रीभगवानुवाच

śrībhagavānuvāca
The Supreme Divinity said:

ये मां त्वां च सरश्चैव ग्राहस्य च विदारणम् ।
गुल्मकीचकरेणूनां रूपं मेरोः सुतस्य च ॥ ६८ ॥

ye māṁ tvāṁ ca saraścaiva grāhasya ca vidāraṇam |
gulmakīcakareṇūnāṁ rūpaṁ meroḥ sutasya ca || 68 ||
68. Killing the crocodile in the lake saved the commander of the herd of female elephants (Gajendra), who appeared like the form of the astrological houses revolving around the (central axis) of Mount Meru (like the planets revolving around the Sun).

अश्वत्थं भास्करं गङ्गां नैमिषारण्यमेव च ।
संस्मरिष्यन्ति मनुजाः प्रयताः स्थिरबुद्धयः ॥ ६९ ॥

aśvatthaṁ bhāskaraṁ gaṅgāṁ naimiṣāraṇyameva ca |
saṁsmariṣyanti manujāḥ
prayatāḥ sthirabuddhayaḥ || 69 ||
69. Beside a fig tree, looking at the sun, on the bank of the Ganges, or also in a sacred grove or forest; humans who remember and make efforts with a controlled intellect,

कीर्तयिष्यन्ति भक्त्या च श्रोष्यन्ति च शुचिव्रताः ।
दुःस्वप्नो नश्यते तेषां सुस्वप्नश्च भविष्यति ॥ ७० ॥

kīrtayiṣyanti bhaktyā ca śroṣyanti ca śucivratāḥ |
duḥsvapno naśyate teṣāṁ susvapnaśca bhaviṣyati || 70 ||
70. will sing and listen to this pure worship with devotion, and destroy bad dreams, and the bad dreams will become good dreams.

मात्स्यं कौर्मं च वाराहं वामनं तार्क्ष्यमेव च ।
नारसिंहं च नागेन्द्रं सृष्टिप्रलयकारकम् ॥ ७१ ॥

mātsyaṁ kaurmaṁ ca vārāhaṁ
vāmanaṁ tārkṣyameva ca |
nārasiṁhaṁ ca nāgendraṁ sṛṣṭipralayakārakam || 71 ||

71. He incarnated as a fish, a tortoise, a boar, a dwarf, and even as a bird; half-man/half-lion, and the king of snakes, and He is the Cause of creation and dissolution too.

एतानि प्रातरुत्थाय संस्मरिष्यन्ति ये नराः ।
सर्वपापैः प्रमुच्यन्ते पुण्यं लोकमवाप्नुयुः ॥ ७२ ॥

etāni prātarutthāya saṁsmariṣyanti ye narāḥ |
sarvapāpaiḥ pramucyante
puṇyaṁ lokamavāpnuyuḥ || 72 ||

72. Those humans who remember this (story) in the early morning, erase (expunge) all sin (confusion) and spread merit (goodness) in the world.

पुलस्त्य उवाच

pulastya uvāca

Pulastya said:

एवमुक्त्वा हृषीकेशो गजेन्द्रं गरुडध्वजः ।
स्पर्शयामास हस्तेन गजं गन्धर्वमेव च ॥ ७३ ॥

evamuktvā hṛṣīkeśo gajendraṁ garuḍadhvajaḥ |
sparśayāmāsa hastena gajaṁ gandharvameva ca || 73 ||

73. In this way the King of elephants united with the Controller of the senses, who has Garuda (the eagle) on his banner. From the mere touch of His hand, the elephant even became a Gandarva (celestial singer).

ततो दिव्यवपुर्भत्वा गजेन्द्रो मधुसूदनम् ।
जगाम शरणं विप्र नारायणपरायणः ॥ ७४ ॥

tato divyavapurbhatvā gajendro madhusūdanam |
jagāma śaraṇaṁ vipra nārāyaṇaparāyaṇaḥ || 74 ||

74. Then the King of elephants appeared in a divine beautiful body and approached the Slayer of Too Much. The twice-born (man of wisdom) took refuge in Narayana (the consciousness of human beings), the highest goal.

ततो नारायणः श्रीमान् मोक्षयित्वा गजोत्तमम् ।
पापबन्धाच्च शापाच्च ग्राहं चाद्भुतकर्मकृत् ॥ ७५ ॥

tato nārāyaṇaḥ śrīmān mokṣayitvā gajottamam |
pāpabandhācca śāpācca grāhaṁ cādbhutakarmakṛt || 75 ||

75. Then the respected Narayana (the consciousness of human beings) bestowed liberation upon the most excellent of elephants, and the crocodile was freed from his curse and from his bondage to sin (confusion), and from the amazing actions he had performed.

ऋषिभिः स्तूयमानश्च देवगुह्यपरायणैः ।
गतः स भगवान् विष्णुर्दुर्विज्ञेयगतिः प्रभुः ॥ ७६ ॥

ṛṣibhiḥ stūyamānaśca devaguhyaparāyaṇaiḥ |
gataḥ sa bhagavān viṣṇurdurvijñeyagatiḥ prabhuḥ || 76 ||

76. The rishis sing with their complete minds about this secret (hidden) goal of the gods; moving towards and going to the Lord, the Supreme Divinity, Vishnu, who is difficult to know.

गजेन्द्रमोक्षणं दृष्ट्वा देवाः शक्रपुरोगमाः ।
ववन्दिरे महात्मानं प्रभुं नारायणं हरिम् ॥ ७७ ॥

gajendramokṣaṇaṁ dṛṣṭvā devāḥ śakrapurogamāḥ |
vavandire mahātmānaṁ
prabhuṁ nārāyaṇaṁ harim || 77 ||

77. The gods perceive the power of the liberation of the King of elephants, who goes before all, and the great souls offer their prayers to Lord Narayana (the consciousness of human beings), Hari (gross, subtle, and causal bodies).

महर्षयश्चारणाश्च दृष्ट्वा गजविमोक्षणम् ।
विस्मयोत्फूल्लनयनाः संस्तुवन्ति जनार्दनम् ॥ ७८ ॥

maharṣayaścāraṇāśca dṛṣṭvā gajavimokṣaṇam |
vismayotphūllanayanāḥ saṁstuvanti janārdanam || 78 ||

78. The great rishis perceive the feet of the elephant who had been liberated. Their eyes blossom with wonder, when they sing the praises of the Lord of all beings born.

प्रजापतिपतिर्ब्रह्मा चक्रपाणिविचेष्टितम् ।
गजेन्द्रमोक्षणं दृष्ट्वा इदं वचनमब्रवीत् ॥ ७९ ॥

prajāpatipatirbrahmā cakrapāṇiviceṣṭitam |
gajendramokṣaṇaṁ dṛṣṭvā idaṁ vacanamabravīt || 79 ||

79. The Lord of the Lord of all beings born, the Creator, who has a discuss in His hand, makes efforts for those who perceive (listen, grok) these words I have spoken about the liberation of the King of elephants.

य इदं शृणुयान्नित्यं प्रातरुत्थाय मानवः ।
प्राप्नुयात् परमां सिद्धिं दुःस्वप्नस्तस्य नश्यति ॥ ८० ॥

ya idaṁ śṛṇuyānntityaṁ prātarutthāya mānavaḥ |
prāpnuyāt paramāṁ siddhiṁ
duḥsvapnastasya naśyati || 80 ||

80. Whichever human being will continually repeat this story or listen to it in the early morning, will attain the highest perfection, and destroy all bad dreams.

गजेन्द्र मोक्षणं पुण्यं सर्वपापप्रणाशनम् ।
कथितेन स्मृतेनाथ श्रुतेन च तपोधनः ।
गजेन्द्रमोक्षणेनेह सद्यः पापात् प्रमुच्यते ॥ ८१ ॥

gajendra mokṣaṇaṁ puṇyaṁ sarvapāpapraṇāśanam |
kathitena smṛtenātha śrutena ca tapodhanaḥ |
gajendramokṣaṇeneha sadyaḥ pāpāt pramucyate || 81 ||

81. This story of the liberation of the King of elephants has such merits that it destroys all sin. Remembering the Lord by means of listening to this story, one attains the wealth of spiritual austerities. By means of this story of the liberation of the King of elephants, one will become liberated from all sin (confusion).

एतत् पवित्रं परमं सुपुण्यं
संकीर्तनीयं चरितं मुरारेः ।
यस्मिन् किलोक्ते बहुपापबन्धना-
ल्लभ्येत मोक्षो द्विरदेन यद्वत् ॥ ८२ ॥

etat pavitraṁ paramaṁ supuṇyaṁ
saṁkīrtanīyaṁ caritaṁ murāreḥ |
yasmin kilokte bahupāpabandhanā-
llabhyeta mokṣo dviradena yadvat || 82 ||

82. One gains pure, supreme, excellent merits by singing this saga of Murari (Krishna as the slayer of the demon Mura, who encompasses, surrounds us). From there, verily it is said that one gains liberation from the bondage to many sins, just as (in the same way as) did the elephant.

अजं वरेण्यं वरपद्मनाभं
नारायणं ब्रह्मनिधिं सुरेशम् ।
तं देवगुह्यं पुरुषं पुराणं
वन्दाम्यहं लोकपतिं वरेण्यम् ॥ ८३ ॥

ajaṁ vareṇyaṁ varapadmanābhaṁ
nārāyaṇaṁ brahmanidhiṁ sureśam |
taṁ devaguhyaṁ puruṣaṁ purāṇaṁ
vandāmyahaṁ lokapatiṁ vareṇyam || 83 ||

83. I laud in praise the Highest, Unborn, who has a lotus in His naval, Giver of Boons, Narayana (the consciousness of human beings), the discipline of the Creator, Lord of the gods. He is the secret of the gods, the full, complete, and perfect consciousness, most Ancient, the Highest Lord of the Worlds.

पुलस्त्य उवाच

pulastya uvāca

Pulastya said:

एतत् तवोक्तं प्रवरं स्तवानां
स्तवं मुरारेर्वरनागकीर्तनम् ।
यं कीर्त्य संश्रुत्य तथा विचिन्त्य
पापापनोदं पुरुषो लभेत ॥ ८४ ॥

etat tavoktaṁ pravaraṁ stavānāṁ
stavaṁ murārervaranāgakīrtanam |
yaṁ kīrtya saṁśrutya tathā vicintya
pāpāpanodaṁ puruṣo labheta || 84 ||

84. In this way the invocation of this hymn of praise was made. Singing this brings the benefits of Murari (Krishna, slayer of the demon Mura, who encompasses, surrounds us). Whoever will sing or listen to this without other thoughts, that individual will gain freedom from all sin (confusion).

इति श्रीवामनपुराणे वामनप्रादुर्भावे गजेन्द्रमोक्षः समाप्तः

iti śrīvāmanapurāṇe vāmanaprādurbhāve gajendramokṣaḥ samāptaḥ

Thus ends the story about the Liberation of the King of Elephants from the Respected Vaman Purana.

अथ सत्यनारायण व्रतकथा प्रारभ्यते
atha satyanārāyaṇa vratakathā prārabhyate

अथ प्रथमोऽध्यायः
atha prathamo-dhyāyaḥ

व्यास उवाच
vyāsa uvāca

\- 1 -

एकदा नैमिषारण्ये ऋषयः शौनकादयः ।
प्रपच्छुर्मुनयः सर्वे सूतं पौराणिकं खलु ॥
ekadā naimiṣāraṇye ṛṣayaḥ śaunakādayaḥ |
prapacchurmunayaḥ sarve
sūtaṁ paurāṇikam khalu ||

ऋषयः ऊचुः
ṛṣayaḥ ūcuḥ

\- 2 -

व्रतेन तपसा किंवा प्राप्यते वाञ्छितं फलम् ।
तत्सर्वं श्रोतुमिच्छामः कथयस्व महामुनि ॥
vratena tapasā kiṁvā prāpyate vāñchitaṁ phalam |
tatsarvaṁ śṛotumicchāmaḥ kathayasva mahāmuni ||

सूत उवाच
sūta uvāca

- 3 -

नारदेनैव संपृष्टो भगवान् कमलापतिः ।
सुरर्षये यथेवाह तच्छृणुध्वं समाहितः ॥

nāradenaiva saṁpṛṣṭo bhagavān kamalāpatiḥ |
surarṣaye yathevāha tacchṛṇudhvaṁ samāhitaḥ ||

- 4 -

एकदा नारदो योगी परानुग्रहकाङ्क्षया ।
पर्यटन विविधाल्लोकान् मर्त्यलोकमुपागतः ॥

ekadā nārado yogī parānugrahakāṅkṣayā |
paryaṭana vividhāllokān martyalokamupāgataḥ ||

- 5 -

ततो दृष्ट्वा जनान् सर्वान्नानाक्लेशसमन्वितान् ।
नानायोनिसमुत्पन्नान्क्लिश्य मानान् स्वकर्मभिः ॥

tato dṛṣṭvā janān sarvān nānākleśasamanvitān |
nānāyonisamutpannānkliśya mānān svakarmabhiḥ ||

- 6 -

केनोपायेन चैतेषां दुःखनाशो भवेद् ध्रुवम् ? ।
इति सञ्चिन्त्यमनसाविष्णुलोकं गतस्तदा ॥

kenopāyena caiteṣāṁ duḥkhanāśo bhaved dhruvam? |
iti sañcintyamanasāviṣṇulokaṁ gatastadā ||

- 7 -

तत्र नारायणं देवं शुक्लवर्णंचतुर्भुजम् ।
शंखचक्रगदापद्मवनमालाविभूषितम् ॥

tatra nārāyaṇaṁ devaṁ śuklavarṇaṁ caturbhujam |
śaṁkhacakragadāpadmavanamālāvibhūṣitam ||

दृष्ट्वा तं देवदेवेश स्तुति समुपचक्रमे ।

dṛṣṭvā taṁ devadeveśa stuti samupacakrame |

नारद उवाच

nārada uvāca

- 8 -

नमो वाङ्मनसातीतरूपायाऽनन्तशक्तये ॥

namo vāṅmanasātītarūpāyā-nantaśaktaye ||

- 9 -

आदिमध्यान्तहीनाय निर्गुणाय गुणात्मने ।
सर्वेषामादिभूतायभक्तानामार्तिनाशिने ॥

ādimadhyāntahīnāya nirguṇāya guṇātmane |
sarveṣāmādibhūtāyabhaktānāmārtināśine ||

- 10 -

श्रुत्वा स्तोत्रं ततो विष्णुर्नारद प्रत्यभाषत ।

śrutvā stotraṁ tato viṣṇurnārada pratyabhāṣata |

श्रीभगवानुवाच

śrībhagavān uvāca

किमर्थमागतोऽसित्वं किं ते मनसि वर्त्तते ॥

kimarthamāgato-sitvaṁ kiṁ te manasi varttate ||

कथयस्व महाभाग तत्सर्वं कथयामिते ।

kathayasva mahābhāga tatsarvaṁ kathayāmite |

नारद उवाच

nārada uvāca

- 11 -

मर्त्यलोके जनाः सर्वे नानाक्लेशसमन्विताः ।
नानायोनिसमुत्पन्नाः पचयन्ते पापकर्मभिः ॥

martyaloke janāḥ sarve nānākleśasamanvitāḥ |
nānāyonisamutpannāḥ pacayante pāpakarmabhiḥ ||

- 12 -

तत्कथं समयेन्नाथ लघूपायेन तद्वद ।
श्रोतुमिच्छामि तत्सर्वं कृपाऽस्ति यदि ते मयि ॥

tatkathaṁ samayennātha laghūpāyena tadvada |
śrotumicchāmi tatsarva kṛpā-sti yadi te mayi ||

श्रीभगवानुवाच

śrībhagavān uvāca

- 13 -

साधुपृष्टं त्वया वत्स लोकनुग्रहकाङ्क्षया ।
यत्कृत्वामुच्यते मोहात्तच्छृणुष्व वदामिते ॥

sādhupṛṣṭaṁ tvayā vatsa lokanugrahakāṇkṣayā |
yatkṛtvāmucyate mohāttacchṛṇuṣva vadāmite ||

- 14 -

व्रतमस्ति महापुण्यं स्वर्गे मर्त्ये च दुर्लभम् ।
तवस्नेहान्मया विप्र ! प्रकाशः क्रियतेऽधुना ॥

vratamasti mahāpuṇyaṁ
svarge martye ca durlabham |
tavasnehānmayā vipra ! prakāśaḥ kriyate-dhunā ||

- 15 -

सत्यनारायणस्यैकं व्रतं सम्यग्विधानतः ।
कृत्वा सद्यः सुखं भुक्त्वा चान्ते मोक्षमवाप्नुयात् ॥

satyanārāyaṇasyaikam vrataṁ samyagvidhānataḥ |
kṛtvā sadyaḥ sukhaṁ bhuktvā
cānte mokṣamavāpnuyāt ||

तच्छ्रुत्वा भगवद्वाक्यं नारदोमुनिरब्रवीत् ।

tatchru tvā bhagavadvākyaṁ nāradomunirabravīt |

नारद उवाच

nārada uvāca

\- 16 -

किं फलं ? किं विधानं च ? कृतं केन च तद्व्रतम् ॥

kim phalaṁ ? kim vidhānaṁ ca ?
kṛtaṁ kena ca tadvratam ||

तत्सर्वं विस्तराद् ब्रूहि कदा कार्यव्रतं प्रभो ? ।

tatsarvaṁ vistarād brūhi kadā kāryavrataṁ prabho? |

श्रीभगवानुवाच

śrībhagavān uvāca

\- 17 -

दुःखशोकादिशमनं धन-धान्यप्रवर्धनम् ॥

duḥkhaśokādiśamanaṁ dhana-dhānyapravardhanam ||

\- 18 -

सौभाग्यसन्ततिकरं सर्वत्र विजयप्रदम् ।

यस्मिन्कस्मिन्दिने मर्त्यो भक्तिश्रद्धासमन्वितः ॥

saubhāgyasantatikaraṁ sarvatra vijayapradam |
yasminkasmindine martyo bhaktiśraddhāsamanvitaḥ ||

\- 19 -

सत्यनारायणं देवं यजेच्चैव निशामुखे ।

ब्राह्मणैर्बान्धवैश्चैव सहितो धर्मतत्परः ॥

satyanārāyaṇaṁ devaṁ yajeccaiva niśāmukhe |
brāhmaṇairbāndhavaiścaiva sahito dharmatatparaḥ ||

\- 20 -

नैवेद्यं भक्तितो दद्यात् सपादं भक्ष्यसंयुतम् ।

रम्भाफलं घृतं क्षीरं गोधूमस्य च चूर्णकम् ॥

naivedyaṁ bhaktito dadyāt sapādaṁ bhakṣyasaṁyutam |
rambhāphalaṁ ghṛtaṁ kṣīraṁ
godhūmasya ca cūrṇakam ||

- 21 -

अभावे शालिचूर्णं वा सर्करां च गुडं तथा ।
सपादं सर्वभक्ष्याणि चैकीकृत्य निवेदयेत् ॥

abhāve śālicūrṇaṁ vā sarkarāṁ ca guḍaṁ tathā |
sapādaṁ sarvabhakṣyāṇi caikīkṛtya nivedayet ||

- 22 -

विप्राय दक्षिणां दद्यात्कथां श्रुत्वा जनैः सह ।
ततश्च बन्धुभिः सार्धं विप्रांश्च प्रतिभोजयेत् ॥

viprāya dakṣiṇāṁ dadyātkathāṁ śrutvā janaiḥ saha |
tataśca bandhubhiḥ sārdhaṁ viprāṁśca pratibhojayet ||

- 23 -

प्रसादं भक्षयेद्भक्त्या नृत्यगीतादिकं चरेत् ।
ततश्चस्वगृहं गच्छेत्सत्यनारायणं स्मरन् ॥

prasādaṁ bhakṣayedbhaktyā nṛtyagītādikaṁ caret |
tataścasvagṛhaṁ gacchetsatyanārāyaṇaṁ smaran ||

- 24 -

एवं कृते मनुष्याणां वंछासिद्धिर्भवेद् ध्रुवम् ।
विशेषतः कलियुगे नान्योपायोऽस्ति भूतले ॥

evaṁ kṛte manuṣyāṇāṁ vaṁchāsiddhirbhaved dhruvam |
viṣeṣataḥ kaliyuge nānyopāyo-sti bhūtale ||

इति श्रीस्कन्दपुराणे रेवाखण्डे श्रीसत्यनारायणव्रतकथायां
प्रथमोऽध्यायः

iti śrīskandapurāṇe revākhaṇḍe
sṛīsatyanārāyaṇavratakathāyāṁ prathamo-dhyāyaḥ

Chapter 1

One day the highly learned sage and great story teller, Sūta Paurāṇika, came to the forest retreat of Naimiṣāraṇya, where the Ṛṣi Śaunakā was practicing tapasyā along with many other munis. Seeing the arrival of Sūta, the munis offered him a seat with great delight and anticipation. When he was comfortably composed, they asked him this question: "By what spiritual discipline can people of the Kali Yuga develop their devotion to God?"

Sūta responded, "One time Nārada Muni asked this same question of Lord Viṣṇu, and I will share with you the answer he received. Nārada had been touring the earth, and he was filled with extreme compassion for the plight of mankind, who were constantly being perplexed with various difficulties because of their bondage to egotism and attachment. Thereafter, Nārada went to Vaikuṇṭa, the home of Lord Viṣṇu, and sang a great hymn of praise.

Viṣṇu, being pleased with his devotion, requested, "What is the purpose of your visit here? What is the cause of your anxiety, Nārada, and what can I do to relieve you of your burden? Please tell me all of this."

Nārada replied, "Oh Lord, I have just come from the world of mortals, where I saw all life suffering constant difficulties, taking birth time and time again in various wombs because of their foolish karma born of ignorant attachments. They are having such difficulty speaking and acting in truth, and almost all are addicted to telling lies. As a result they are never at peace, and are always perplexed by anxiety. Being moved to compassion for them, Oh Lord, I have come to request that you teach a simple discipline, the practice of which will make their miseries come to an end. Lord, please consent to teach me."

The Compassionate Lord began to describe the worship of Lord Nārāyaṇa, the Consciousness of Eternal Truth, the worship of which, when conducted with complete efficiency, grants comfort, pleasure, and liberation, otherwise known as self-realization. It destroys pain, grief, anxiety and suffering, and blesses the participants with health, wealth and all kinds of prosperity; success in every endeavor for the entire family.

This pūjā can be observed on any day with full faith and devotion, and is especially efficacious on the Full Moon. Inviting Brahmiṇs, friends, relatives and neighbors, with a mind filled with piety and intense resolve, the devotees should prepare the special offering of sapāda bhakṣya, (a porridge made of wheat flour, bananas, ghee, milk and honey), and with a pure heart, offer it to the deity. Everyone should partake of this prasād when the worship is complete prior to taking their meals.

Performing the worship, Homa (fire sacrifice), and singing this narration of my glories, feeding the guests and offering gifts to the wise and learned, all should sing the glories of the names of God in an atmosphere of piety and festivity, and rejoice in the vow to make Truth one's highest deity. Those who will do so in the Kali Yuga will attain to perfection, and will dwell in peace and prosperity without a doubt. Now go Nārada, and teach the discipline of worship throughout the world.

Here ends the First Chapter.
Śrī Satya Nārāyaṇa Bhagavān ki jai!

अथ द्वितीयोऽध्यायः
atha dvitīyo-dhyāyaḥ

सूत उवाच
sūta uvāca

\- 1 -

अथान्यत्संप्रवक्ष्यामि कृतं येन पुरा द्विज ।
कश्चित् काशीपुरे रम्ये ह्यासीद्विप्रोऽतिनिर्धनः ॥
athānyatsaṁpravakṣyāmi kṛtaṁ yena purā dvija |
kaścit kāśīpure ramye hyāsīdvipro-tinirdhanaḥ ||

\- 2 -

क्षुत्तृंभ्यां व्याकुलो भूत्वा नित्यं बभ्राम भूतले ।
दुःखितं ब्राह्मणं दृष्ट्वा भगवान् ब्राह्मणप्रियः ॥
kṣuttṛṁbhyāṁ vyākulo bhūtvā
nityaṁ babhrāma bhūtale |
duḥkhitaṁ brāhamaṇaṁ dṛṣṭvā
bhagavān brāhamaṇapriyaḥ ||

\- 3 -

वृद्धब्राह्मणरूपस्तं प्रपच्छ द्विजमादरात् ।
किमर्थ भ्रमसे विप्र मही नित्यं सुदुःखितः ॥
vṛddhabrāhmaṇarūpastaṁ prapaccha dvijamādarāt |
kimartha bhramase vipra
mahī nityaṁ suduḥkhitaḥ ||

\- 4 -

तत्सर्वं श्रोतुमिच्छामि कथ्यतां द्विजसत्तम ।
tatsarvaṁ śrotumicchāmi kathyatāṁ dvijasattama |

ब्राह्मण उवाच
brāhamaṇa uvāca

ब्राह्मणोऽतिदरिद्रोऽहं भिक्षार्थं वै भ्रमे महीम् ॥
brāhmaṇo-tidaridro-haṁ
bhikṣārthaṁ vai bhrame mahīm ॥

उपायं यदि जानासि कृपया कथय प्रभो ।
upāyaṁ yadi jānāsi kṛpayā kathaya prabho ।

वृद्धब्राह्मण उवाच
vṛddhabrāhmaṇa uvāca

- 5 -

सत्यनारायणो विष्णुर्वाञ्छितार्थफलप्रदः ॥
satyanārāyaṇo viṣṇurvāñchitārthaphalapradaḥ ॥

- 6 -

तस्य त्वं पूजनं विप्र कुरुष्व व्रतमुत्तमम् ।
यत्कृत्वा सर्वदुःखेभ्यो मुक्तो भवति मानवः ॥
tasya tvaṁ pūjanaṁ vipra kuruṣva vratamuttamam ।
yatkṛtvā sarvaduḥkhebhyo mukto bhavati mānavaḥ ॥

- 7 -

विधानं च व्रतस्यापि विप्रायाभाष्य यत्नतः ।
सत्यनारायणो वृद्धस्तत्रैवान्तरधयित ॥
vidhānaṁ ca vratasyāpi viprāyābhāṣya yatnataḥ ।
satyanārāyaṇo vṛddhastatraivāntaradhayita ॥

- 8 -

तद्व्रतं संकरिष्यामि तदुक्तं ब्राह्मणेन वै ।
इति सञ्चिन्त्य विप्रोऽसौ रात्रौ निद्रां न लब्धवान् ॥
taddratam saṁkariṣyāmi taduktaṁ brāhamaṇena vai ।
iti sañcintya vipro-sau rātrau nidrāṁ na labdhavān ॥

\- 9 -

ततः प्रातः समुत्थाय सत्यनारायाणव्रतम् ।
करिष्य इति संकल्प्य भिक्षार्थमगमद् द्विजः ॥

**tataḥ prātaḥ samutthāya satyanārāyāṇavratam |
kariṣya iti saṁkalpya bhikṣārthamagamad dvijaḥ ||**

\- 10 -

तस्मिन्नेव दिने विप्रः प्रचुर द्रव्यमाप्तवान् ।
तैनेव बन्दुभि सार्धं सत्यस्य व्रतमाचरत् ॥

**tasminneva dine vipraḥ pracura dravyamāptavān |
taineva bandubhi sārdhaṁ satyasya vratamācarat ||**

\- 11 -

सर्वदुःखविनिर्मुक्तः सर्वसम्पत्समन्वितः ।
बभूव स द्विज श्रेष्ठो व्रतस्यास्य प्रभावतः ॥

**sarvaduḥkhavinirmuktaḥ sarvasampatsamanvitaḥ |
babhūva sa dvija sreṣṭho vratasyāsya prabhāvataḥ ||**

\- 12 -

ततः प्रभृति काले च मासिमासिव्रतं कृतम् ।
एवं नारायणस्येदं व्रतं कृत्वा द्विजोत्तमः ॥

**tataḥ prabhṛti kāle ca māsimāsivrataṁ kṛtam |
evaṁ nārāyaṇasyedaṁ vrataṁ kṛtvā dvijottamaḥ ||**

\- 13 -

सर्वपापविनिर्मुक्तो दुर्लभं मोक्षमाप्तवान् ।
व्रतमस्य यदा विप्राः पृथिव्यां संचरिष्यति ॥

**sarvapāpavinirmukto durlabhaṁ mokṣamāptavān |
vratamasya yadā viprāḥ pṛthivyāṁ saṁcariṣyati ||**

\- 14 -

तदनैकं सर्वदुःखं च मनुजस्य विनस्यति ।
एवं नारायणेनोक्त नारदाय महात्मने ॥

**tadanaikam sarvaduḥkhaṁ ca manujasya vinasyati |
evaṁ nārāyaṇenokta nāradāya mahātmane ||**

मया तत्कथितं विप्राः किमन्यत्कथयामि च ।
mayā tatkathitaṁ viprāḥ kimanyatkathayāmi ca |

ऋषय उचुः
ṛṣaya ucuḥ

\- 15 -

तस्माद्विप्रच्छ्रुतं केन पृथिव्यां चरितं मुने ॥
tasmādvipracchrutaṁ kena pṛthivyāṁ caritaṁ mune ||

तत्सर्वं श्रोतुमिच्छामः श्रद्धास्माकं प्रजायते ।
tatsarvaṁ śrotumicchāmaḥ śraddhāsmākaṁ prajāyate |

सूत उवाच
sūta uvāca

\- 16 -

शृणुध्वं मुनयः सर्वे व्रतं येन कृतं भुवि ।
एकदा स द्विजवरो यथाविभवविस्तरैः ॥
śṛṇudhvaṁ munayaḥ sarve vrataṁ yena kṛtaṁ bhuvi |
ekadā sa dvijavaro yathāvibhavavistaraiḥ ||

\- 17 -

बन्धुभिः स्वजनैः सार्धं व्रतं कर्तुं समुद्यतः ।
एकमिन्नन्तरे कश्चित् काष्ठक्रेता समागतः ॥
bandhubhiḥ svajanaiḥ sārdhaṁ
vrataṁ kartuṁ samudyataḥ |
ekaminnantare kaścit kāṣṭhakretā samāgataḥ ||

\- 18 -

बहिः काष्ठं च संस्थाप्य विप्रस्य गृहमाययौ ।
तृष्णया पीडितात्मा च दृष्ट्वा विप्रं कृतव्रतम् ॥
bahiḥ kāṣṭhaṁ ca saṁsthāpya viprasya gṛhamāyayau |
tṛṣṇayā pīḍitātmā ca dṛṣṭvā vipra kṛtavratam ||

- 19 -

प्रणिपत्य द्विजं प्राह किमिदं क्रियते त्वया ।
कृते किं फलमाप्नोति विस्तराद्वद मे प्रभो ॥

**praṇipatya dvijaṁ prāha kimidam kriyate tvayā |
kṛte kiṁ phalamāpnoti vistarādvada me prabho ||**

विप्र उवाच

vipra uvāca

- 20 -

सत्यनारायणस्येदं व्रतं सर्वेप्सितप्रदम् ।
तस्य प्रसादान्मे सर्वं धन-धान्यादिकं महत् ॥

**satyanārāyaṇasyedaṁ vrataṁ sarvepsitapradam |
tasya prasādānme sarvaṁ dhana-dhānyādikaṁ mahat ||**

- 21 -

तस्मादेतद् व्रतं ज्ञात्वा काष्ठक्रेताऽतिहर्षितः ।
पपौ जलं प्रसादं च भुक्त्वा स नगरं ययौ ॥

**tasmādetad vrataṁ jñātvā kāṣṭhakretā-tiharṣitaḥ |
papau jalaṁ prasādaṁ ca bhuktvā sa nagaraṁ yayau ||**

- 22 -

सत्यानारायणं देवं मनसा चिन्तयन्निति ।
काष्ठं विक्रयतो ग्रामे प्राप्स्यते चाद्य यद्धनम् ॥

**satyānārāyaṇaṁ devaṁ manasā cintayanniti |
kāṣṭhaṁ vikrayato grāme prāpsyate cādya yaddhanam ||**

- 23 -

तेनैव सत्यदेवस्य करिष्ये व्रतमुत्तमम् ।
इति सञ्चिन्त्य मनसा काष्ठं कृत्वा तु मस्तके ॥

**tenaiva satyadevasya kariṣye vratamuttamam |
iti sañcintya manasā kāṣṭhaṁ kṛtvā tu mastake ||**

\- 24 -

जगाम नगरे रम्ये धनिनां यत्र संस्थितिः ।
तद्दिने काष्ठमूल्यं च द्विगुणं प्राप्तवानसौ ॥

jagāma nagare ramye dhaninām̐ yatra sam̐sthitiḥ |
taddine kāṣṭhamūlyam̐ ca dviguṇam̐ prāptavānasau ||

\- 25 -

ततः प्रसन्न हृदयः सुपक्वं कदलीफलम् ।
सर्करां घृतदुग्धे च गोधूमस्य च चूर्णकम् ॥

tataḥ prasanna hṛdayaḥ supakvam̐ kadalīphalam |
sarkarām̐ ghṛtadugdhe ca godhūmasya ca cūrṇakam ||

\- 26 -

कृत्वैकत्र सपादं च गृहीत्वा स्वगृहं ययौ ।
ततो बन्धून् समाहूय चकार विधिना व्रतम् ॥

kṛtvaikatra sapādam̐ ca gṛhītvā svagṛham̐ yayau |
tato bandhūn samāhūya cakāra vidhinā vratam ||

\- 27 -

तद्व्रतस्य प्रभावेण धन-पुत्रान्वितोऽभवत् ।
इह लोके सुखं भक्त्वा चान्ते सत्यपुरं ययौ ॥

tadvratasya prabhāveṇa dhana-putrānvito-bhavat |
iha loke sukham̐ bhaktvā cānte satyapuram̐ yayau ||

इति श्रीस्कन्दपुराणे रेवाखण्डे श्रीसत्यनारायणव्रतकथायां
द्वितीयोऽध्यायः

iti śrīskandapurāṇe revākhaṇḍe
sṛīsatyanārāyaṇavratakathāyām̐ dvitīyo-dhyāyaḥ

Chapter 2

Sūta told the assembly of sādhus that he would narrate the story of an old Brahmiṇ who lived in the city of Kaśī, (now called Benāris), whose life was changed as a consequence of performing the Satya Nārāyaṇa Pūjā. That Brahmiṇ was so poor that he spent his entire life begging alms throughout the city, and he never had time for his worship.

One day the Lord came to him in the form of an old Brahmiṇ priest, and asked him the cause of his plight. Finding a sympathetic ear, the Brahmiṇ proceeded to narrate his life story, whereupon he requested from the priest some knowledge of a way to end his miserable condition. The priest suggested that he worship the Supreme Lord, the Consciousness of Eternal Truth, with one pointed devotion, and that Lord Satya Nārāyaṇa, being pleased, would put an end to his difficulties. As soon as you make a Saṅkalpa or firm determination to perform such a pūjā, and to always speak and act in Truth, the Lord, Himself, will provide all that is needed.

Taking the instructions of the method of performance, the old Brahmiṇ was extremely happy, and could hardly sleep because of his excitement. The next day when he went out as usual to beg, much to his surprise he received so much food and other articles, that he was able to perform the pūjā with ease. He invited many people, and performed the pūjā with such humility and devotion, that the Lord was pleased with him. By the Lord's grace, he became wealthy both spiritually and materially, and performing the pūjā every month, he inspired many people to serve God and to live in Peace. Ultimately he attained liberation.

Whoever will observe this pūjā just as God explained it to Nārada, will be relieved from all pain, and will attain Peace and Prosperity. **Śṛī Satya Nārāyaṇa Bhagavān ki jai!**

At the request of the ṛṣis, Sūta narrated another story of a man who observed this vow of worship. Once there was a woodcutter who made his living selling wood for fuel. One day as he was out selling his wood, he passed by the home of the Brahmiṇ, from which he heard the chanting of mantras from the pūjās and the singing of songs.

Putting aside his bundle of firewood, he entered that home and joined in the devotional worship of the Lord. After the worship was complete, the woodcutter took instructions on the method and meaning of worship. He decided that if God would give him the means, he would certainly like to perform this worship. Calling out to God, asking for the means to perform His worship, the woodcutter lifted up his bundle and went into the bazaar.

Immediately wealthy people came to him in need of wood and purchased his entire supply. Thereupon he took the money and bought the necessary materials for worship and returned to his home. With great devotion he observed the vow of worship in every meticulous detail. Singing the glories of this narration, he made a vow to serve the Lord by speaking and acting in Truth. The Lord was pleased with his devotion, and in course of time he had noble sons, became a man of wealth, and ultimately attained to True Knowledge.

Here ends the Second Chapter.
Śrī Satya Nārāyaṇa Bhagavān ki jai!

अथ तृतीयोऽध्यायः

atha tṛtīyo-dhyāyaḥ

सूत उवाच

sūta uvāca

\- 1 -

पुनरग्रे प्रवक्ष्यामि श‍ृणुध्वं मुनिसत्तमाः ।
पुरा चोल्कामुखो नाम नृपश्चासीन्महामतिः ॥

**punaragre pravakṣyāmi śṛṇudhvaṁ munisattamāḥ |
purā colkāmukho nāma nṛpaścāsīnmahāmatiḥ ||**

\- 2 -

जितेन्द्रियः सत्यवादी ययौ देवालयं प्रति ।
दिने दिने धनं दत्वा स द्विजान् तोषयत् सुधीः ॥

**jitendriyaḥ satyavādī yayau devālayaṁ prati |
dine dine dhanaṁ datvā sa dvijān toṣayat sudhīḥ ||**

\- 3 -

भार्या तस्य प्रमुग्धा च सरोजवदना सती ।
भद्रशीलानदीतीरे सत्यस्य व्रतमाचरत् ॥

**bhāryā tasya pramugdhā ca sarojavadanā satī |
bhadraśīlānadītīre satyasya vratamācarat ||**

\- 4 -

एतस्मिन्नन्तरे तत्रसाधुरेकः समागतः ।
वाणिज्यार्थंबहुधनैरनेकैः परिपूरितः ॥

**etasminnantare tatrasādhurekḥa samāgataḥ |
vāṇijyārthaṁbhahudhanairanekaiḥ paripūritaḥ ||**

\- 5 -

नावं संस्थाप्य तत्तीरे जगाम नृपतिं प्रति ।
दृष्ट्वा स व्रतिनं भूपं प्रपच्छ विनयान्वितः ॥

**nāvaṁ saṁsthāpya tattīre jagāma nṛpatiṁ prati |
dṛṣṭvā sa vratinaṁ bhūpaṁ prapaccha vinayānvitaḥ ||**

साधुरुवाच

sādhuruvāca

- 6 -

किमिदं कुरुषे राजन् भक्ति युक्तेन चेतसा ।
प्रकाशं कुरु तत्सर्वं श्रोतुमिच्छामि साम्प्रतम् ॥

**kimidaṁ kuruṣe rājan bhakti yuktena cetasā |
prakāśaṁ kuru tatsarvaṁ śrotumicchāmi sāmpratam ||**

राजोवाच

rājovāca

- 7 -

पूजनं क्रियते साधो विष्णोरतुलतेजसः ।
व्रतं च स्वजनैः साधु पुत्राद्यावाप्तिकाम्यया ॥

**pūjanaṁ kriyate sādho viṣṇoratulatejasaḥ |
vrataṁ ca svajanaiḥ sādhu putrādyāvāptikāmyayā ||**

- 8 -

भूपस्य वचनं श्रुत्वा साधुः प्रोवाच सादरम् ।
सर्वं कथय मे राजन् करिष्येऽहं तवोदितम् ॥

**bhūpasya vacanaṁ śrutvā sādhuḥ provāca sādaram |
sarvaṁ kathaya me rājan kariṣye-haṁ tavoditam ||**

- 9 -

ममापि सन्ततिर्नास्ति ह्येतस्माज्ज्ञायते ध्रुवम् ।
ततोनिवृत्त्य वाणिज्यात् सानन्दोगृहमागतः ॥

**mamāpi santatirnāsti hyetasmājjāyate dhruvam |
tatonivṛttya vāṇijyāt sānandogṛhamāgataḥ ||**

- 10 -

भार्यायै कथितं सर्वं व्रतं सन्ततिदायकम् ।
तदा व्रतं करिष्यामि यदा मे सन्ततिर्भवेत् ॥

**bhāryāyai kathitaṁ sarvaṁ vrataṁ santatidāyakam |
tadā vrataṁ kariṣyāmi yadā me santatirbhavet ||**

- 11 -

इति लीलावतीं प्राह पती साधुः स सत्तमः ।
एकस्मिन्दिवसे तस्य भार्या लीलावती सती ॥

iti līlāvatīṁ prāha patnī sādhuḥ sa sattamaḥ |
ekasmindivase tasya bhāryā līlāvatī satī ||

- 12 -

भर्तृयुक्ताऽनन्दचित्ताऽभवद्धर्मपरायणा ।
गर्भिणी साऽभवत्तस्य भार्या सत्यप्रसादतः ॥

bhartṛyuktā-nandacittā-bhavaddharmaparāyaṇā
garbhiṇī sā-bhavattasya bhāryā satyaprasādataḥ ||

- 13 -

दशमे मासि वै तस्याः कन्यारत्नमजायत ।
दिने दिने सा ववृधे शुक्लपक्षे यथा शशी ॥

daśame māsi vai tasyāḥ kanyāratnamajāyata |
dine dine sā vavṛdhe śuklapakṣe yathā śaśī ||

- 14 -

नाम्ना कलावती चेति तन्नामकरणं कृतम् ।
ततो लीलावती प्राह स्वामिनं मधुरं वचः ॥

nāmnā kalāvatī ceti tannāmakaraṇaṁ kṛtam |
tato līlāvatī prāha svāminaṁ madhuraṁ vacaḥ ||

न करोषि किमर्थं वै पुरा संकल्पितं व्रतम् ।

na karoṣi kimarthaṁ vai purā saṁkalpitaṁ vratam |

साधुरुवाच

sādhuruvāca

- 15 -

विवाहसमये ह्यस्याः करिष्यामि व्रतं प्रिये ॥

vivāhasamaye hyasyāḥ kariṣyāmi vrataṁ priye ||

\- 16 -

इति भार्यो समाश्वास्य जगाम नगरं प्रति ।
ततः कलावती कन्या ववृधे पितृवेश्मनि ॥

**iti bhāryo samāśvāsya jagāma nagaraṁ prati |
tataḥ kalāvatī kanyā vavṛdhe pitṛveśmani ||**

\- 17 -

दृष्ट्वा कन्यां ततः साधुर्नगरे सखिभिः सह ।
मन्त्रयित्वा द्रुतं दूतं प्रेषयामास धर्मवित् ॥

**dṛṣṭvā kanyāṁ taṭha sādhurnagare sakhibhiḥ saha |
mantrayitvā drutaṁ dūtaṁ preṣayāmāsa dharmavit ||**

\- 18 -

विवाहार्थं च कन्याया वरं श्रेष्ठं विचारय ।
तेनाज्ञप्तश्च दूतोऽसौ काञ्चनं नगरं यथौ ॥

**vivāhārthaṁ ca kanyāyā varaṁ śreṣṭhaṁ vicāraya |
tenājñaptaśca dvato-sau
kāñcanaṁ nagaraṁ yathau ||**

\- 19 -

तस्मादेकं वणिक्पुत्रं समादायगतो हि सः ।
दृष्ट्वा तु सुन्दरं बालं वणिक्पुत्रं गुणान्वितम् ॥ ॥

**tasmādekaṁ vaṇikputraṁ samādāyagatohi saḥ |
dṛṣṭvā tu sundaraṁ bālaṁ
vaṇikputraṁ guṇānvitam ||**

\- 20 -

ज्ञातिभिर्बन्धुभिः सार्धं परितुष्टेन चैतसा ।
ददौ साधुः स पुत्राय कन्या विधिविधानतः ॥

**jñātibhirbandhubhiḥ sārdhaṁ parituṣṭena caitasā |
dadau sādhuḥ sa putrāya kanyā vidhividhānataḥ ||**

- 21 -

ततो भाग्यवशात्तेन विस्मृतं व्रतमुत्तमम् ।
विवाहसमये तस्यास्तेन रुद्रोऽभवत्प्रभुः ॥

tato bhāgyavaśāttena vismṛtaṁ vratamuttamam |
vivāhasamaye tasyāstena rudro-bhavatprabhuḥ ||

- 22 -

ततः कालेन नियतो निजकर्म विशारदः ।
वाणिज्यार्थं गतः सीघ्रं जामातृ सहिता वणिक ॥

tataḥ kālena niyato nijakarma viśāradaḥ |
vāṇijyārtham gataḥ sīghraṁ jāmātṛi sahitā vaṇika ||

- 23 -

रत्नसारपुरे रम्ये गत्वा सिन्धुसमीपतः ।
वाणिज्यमकरोच्छीघ्रं जामात्रा श्रीमतां सह ॥

ratnasārapure ramye gatvā sindhusamīpataḥ |
vāṇijyamakarocchīghraṁ jāmātrā śrīmatāṁ saha ||

- 24 -

तौ गतौ नगरे रम्ये चन्द्रकेतोर्नृपस्य च ।
एतस्मिन्नेव काले तु सत्यनारायणः प्रभुः ॥

tau gatau nagare ramye candraketornṛpasya ca |
etasminneva kāle tu satyanārāyaṇaḥ prabhuḥ ||

Chapter 3

Sūta continued his narration, "Oh great sages, listen to the story of the great King Ulkāmukha, who was both truthful and virtuous in his behavior. He and his wife prayed daily in the temple, worshipping the Supreme Lord and feeding the poor and hungry. One day, while they were performing the Satya Nārāyaṇa pūjā on the bank of the Bhadraśīlā River, a rich merchant by the name of Sādhu came to them. Seeing the royal couple deeply engrossed in devotion, Sādhu inquired about the nature of the worship they were performing. The king replied that anything a man wishes is fulfilled through the devoted performance of worship.

The merchant replied that he had no child, and he promised God that if he were blessed with a child, he will definitely perform the vow of worship for Satya Nārāyaṇa. The king informed him of the details of the pūjā, of the vow to speak and act in Truth. The merchant, Sādhu, returned to his home to tell his wife of his resolve to perform the Satya Nārāyaṇa pūjā as soon as God blesses them with a child.

By God's grace, his wife, Līlāvatī, gave birth to a baby girl, whom they named Kalāvatī. As the child was growing, Līlāvatī reminded her husband to perform the Satya Nārāyaṇa pūjā as per his promise to the Lord. But Sādhu replied that there was no hurry. The pūjā could be performed later when her marriage would be performed.

When Kalāvatī became of marriageable age, the merchant joyously celebrated her wedding. Once again his wife reminded him of his promise to perform the pūjā. But instead of performing the worship, he decided that his business was more important, and taking his new son-in-law with him and a large amount of money, he went to do business in the Kingdom of King Candraketu.

Śrī Satya Nārāyaṇa Bhagavān ki jai!

- 25 -

भ्रष्टप्रतिज्ञमालोक्य शापं तस्मै प्रदत्तवान् ।
दारुणं कठिनं चास्य महद्दुःखं भविष्यति ॥

bhraṣṭapratijñamālokya śāpaṁ tasmai pradattavān |
dāruṇaṁ kaṭhinaṁ cāsya mahadduḥkhaṁ bhaviṣyati

- 26 -

एकस्मिन्दिवसे राज्ञो धनमादाय तस्करः ।
तत्रैव चागतस्तौ च वणिजौ यत्र संस्थितौ ॥

ekasmindivase rājño dhanamādāya taskaraḥ |
tatraiva cāgatastau ca vaṇijau yatra saṁsthitau ||

- 27 -

तत्पश्चाद्धावकान्दुतान् दृष्ट्वा भीतेन चेतसा ।
धनं संस्थाप्य तत्रैव स तु शीघ्रमलक्षितः ॥

tatpaścāddhāvakāndutān dṛṣṭvā bhītena cetasā |
dhanaṁ saṁsthāpya tatraiva sa tu śīghramalakṣitaḥ ||

- 28 -

ततो दूताः समायाता यत्राऽऽस्ते सज्जनावणिक् ।
दृष्ट्वा नृपधनंतत्र वद्ध्वाऽऽनीतौ वणिक्सुतौ ॥

tato dūtāḥ samāyātā yatrā--ste sajjanāvaṇik |
dṛṣṭvā nṛpadhanaṁtatra vaddhvā--nītau vaṇiksutau ||

- 29 -

हर्षेण धावमानाश्च ऊचु नृपसमीपतः ।
तस्करौ द्वौ समानीतौ विलोक्याज्ञापय प्रभो ॥

harṣeṇa dhāvamānāśca ūcu nṛpasamīpataḥ |
taskarau dvau samānītau vilokyājñāpaya prabho ||

- 30 -

राज्ञाऽऽज्ञप्तास्ततः शीघ्रंदृढं बद्ध्वा तु तावुभौ ।

स्थापितौ द्वौ महादुर्गे कारागारेऽविचारतः ॥

rājñā--jñaptāstataḥ śighraṁ
dṛḍhaṁ baddhvā tu tāvubhau |
sthāpitau dvau mahādurge kārāgāre-vicārataḥ ||

- 31 -

मायया सत्यदेवस्य न श्रुतं कैस्तयोर्वचः ।

ततस्तयोर्धनं राज्ञा गृहीतं चन्द्रकेतुना ॥

māyayā satyadevasya na śrutaṁ kaistayorvacaḥ |
tatastayordhanaṁ rājñā gṛhītaṁ candraketunā ||

- 32 -

तच्छापाच्च तयोर्गेहे भार्या चैवातिदुःखिता ।

चौरेणापहृतं सर्वं गृहे यच्च स्थितं धनम् ॥

tacchāpācca tayorgehe bhāryā caivātiduḥkhitā |
caureṇāpahṛtaṁ sarvaṁ gṛhe yacca sthitaṁ dhanam ||

- 33 -

आधिव्याधिसमायुक्ता क्षुत्पिपासातिदुःखिता ।

अन्नचिन्तापरा भूत्वा बभ्राम च गृहे गृहे ॥

ādhivyādhisamāyuktā kṣutpipāsātiduḥkhitā |
annacintāparā bhūtvā babhrāma ca gṛhe gṛhe ||

- 34 -

कलावती तु कन्यापि बभ्राम प्रतिवासरम् ।

एकस्मिन् दिवसे याता क्षुधार्त्ता द्विजमन्दिरम् ॥

kalāvatī tu kanyāpi babhrāma prativāsaram |
ekasmin divase yātā kṣudhārttā dvijamandiram ||

- 35 -

गत्वाऽपश्यद् व्रतं तत्र सत्यनारायणस्यच ।

उपविश्य कथां श्रुत्वा वरं प्रार्थितवत्यपि ।

प्रसादभक्षणं कृत्वा ययौ रात्रौ गृहं प्रति ॥

gatvā-paśyad vrataṁ tatra satyanārāyaṇasyaca |
upaviśya kathāṁ śrutvā varaṁ prārthitavatyapi |
prasādabhakṣaṇaṁ kṛtvā yayau rātrau gṛhaṁ prati ||

- 36 -

माता कलावती कन्यां कथयामासः प्रेमतः ।

पुत्रि रात्रौ स्थिता कुत्र किं ते मनसि वर्त्तते? ॥

mātā kalāvatī kanyāṁ kathayāmāsaḥ premataḥ |
putri rātrau sthitā kutra kiṁ te manasi varttate? ||

- 37 -

कन्या कलावती प्राह मातरं प्रतिसत्वरम् ।

द्विजालये व्रतं मातर्दृष्टं वाञ्छितसिद्धिदम् ॥

kanyā kalāvatī prāha mātaraṁ pratisatvaram |
dvijālaye vrataṁ mātardṛṣṭaṁ vāñchitasiddhidam ||

- 38 -

तच्छ्रुत्वा कन्यकावाक्यं व्रतं कर्तुंसमुद्यता ।

सामुदा तु वणिग्भार्या सत्यनारायणस्य च ॥

tacchrutvā kanyakāvākyaṁ vrataṁ kartuṁsamudyatā |
sāmudā tu vaṇigbhāryā satyanārāyaṇasya ca ||

- 39 -

व्रतं चक्रे च वै साध्वी बन्धुभिः स्वजनैः सह ।

भर्तुजामातरौ क्षिप्रमागच्छेता स्वामाश्रमम् ॥

vrataṁ cakre ca vai sādhvī bandhubhiḥ svajanaiḥ saha |
bhartujāmātarau kṣipramāgaccheta svāmāśramam ||

- 40 -

अपराधं च मे भर्तुजामातुः क्षन्तुमर्हसि ।
व्रतेनानेन तुष्टोऽसौ सत्यनारायणः पुनः ॥

aparādhaṁ ca me bhartujāmātuḥ kṣantumarhasi |
vratenānena tuṣṭo-sau satynārāyaṇaḥ punaḥ ||

- 41 -

दर्शयामास स्वप्नं हि चन्द्रकेतुं नृपोत्तमम् ।
वन्दिनौ मोचयये प्रातर्वणिजौ नृपसत्तम ॥

darśayāmāsa svapnaṁ hi candraketuṁ nṛpottamam |
vandinau mocaye prātarvaṇijau nṛpasattama ||

- 42 -

देयं धनं च तत्सर्वं गृहीतं तत्त्वयाऽधुना ।
नोचेत्वां नाशयिष्यामि सराज्यं धनपुत्रकम् ॥

deyaṁ dhanaṁ ca tatsarvaṁ gṛhitaṁ tattvayā-dhunā |
nocetvāṁ nāśayiṣyāmi sarājyaṁ dhanaputrakam ||

- 43 -

एवमाभाष्य राजानं ध्यानगम्योऽभवत्प्रभु ।
ततः प्रभातसमये राजा च स्वजनैः सह ॥

evamābhāṣya rājānaṁ dhyānagamyo-bhavatprabhu |
tataḥ prabhātasamaye rājā ca svajanaiḥ saha ||

- 44 -

उपविश्य सभामध्ये प्राह स्वप्नं जनं प्रति ।
वद्धौ महाजनौ शीघ्रं मोचय द्वौ वणिक्सुतौ ॥

upaviśya sabhāmadhye prāha svapnaṁ janaṁ prati |
vaddhau mahājanau śīghraṁ mocaya dvau vaṇiksutau ||

- 45 -

इति राज्ञो वचः श्रुत्वा मोचयित्वा महाजनौ ।
समानीय नृपस्याग्रे प्रोचुस्ते विनयन्विताः ॥

iti rājño vacaḥ śrutvā mocayitvā mahājanau |
samānīya nṛpasyāgre procuste vinayanvitāḥ ||

- 46 -

आनीतौ द्वौ वणिक्पुत्रौ मुक्तौ निगडबन्धनात् ।
ततौ महाजनौ नत्वा चन्द्रकेतुं नृपोत्तमम् ॥

ānītau dvau vaṇikputrau muktau nigaḍabandhanāt |
tatau mahājanau natvā candraketuṁ nṛpottamam ||

- 47 -

स्मरन्तौ पूर्ववृत्तान्तं नोचतुर्भयविह्वलौ ।
राजा वणिक्सुतौ वीक्ष्य वचः प्रोवाचसादरम् ॥

smarantau pūrvavṛttāntaṁ nocaturbhayavihvalau |
rājā vaṇiksutau vīkṣya vacaḥ provācasādaram ||

- 48 -

दैवात्प्राप्तं महद्दुःखमिदानीं नास्ति वै भयम् ।
तदा निगडसंत्यागं क्षौरकर्माद्यकारयत् ॥

daivātprāptaṁ mahaḍuḥkhamidānīṁ nāsti vai bhayam |
tadā nigaḍasaṁtyāgaṁ kṣaurakarmā dyakārayat ||

- 49 -

वस्त्रालंकारकं दत्वा परितोष्यनृपश्च तो ।
पुरस्कृत्य वणिक्पुत्रौ वचसाऽतोषयद्भृशम् ॥

vastrālaṁkārakaṁ datvā paritoṣyanṛpaśca to |
puraskṛtya vaṇikputrau vacasā-toṣayadbhṛśam ||

- 50 -

पुरा नीतं तु यद् द्रव्यं द्विगुणीकृत्य दत्तवान् ।
प्रोवाचतौ ततो राजा गच्छेतां द्वौ निजाश्रमम् ॥

purā nītaṁ tu yad dravyaṁ dviguṇīkṛtya dattavān |
provācatau tato rājā gacchetāṁ dvau nijāśramam ||

- 51 -

राजानं प्रणिपत्याह गन्तव्यं त्वत्प्रसादतः ।
इत्युक्त्वा तो महावैश्यो जग्मतुः स्वगृहं प्रति ॥

rājānaṁ praṇipatyāha gantavyaṁ tvatprasādataḥ |
ityuktvā to mahāvaiśyo jagmatuḥ svagṛhaṁ prati ||

इति श्रीस्कन्दपुराणे रेवाखण्डे श्रीसत्यनारायणव्रतकथायां तृतीयोऽधयाय:

iti śrīskandapurāṇe revākhaṇḍe sṛīsatyanārāyaṇavratakathāyāṁ tṛtīyo-dhyāyaḥ

The Lord became angry due to this negligent behavior. At that time a robber was stealing some valuables from the king's treasury, and as the palace guards chased the fleeing thief, he threw the stolen goods near to where the merchant and his son-in-law were sitting, and ran from the scene. Finding the king's treasure in their possession, the two merchants were arrested and thrown into prison. Then the king's guards confiscated all the wealth they had in their ship, and because of God's anger no one would hear their defense.

At the same time, the merchant's home was robbed, and his wife and daughter, having nothing to eat, were forced to beg for their food. As they were out begging one day, Kalāvatī came to the home of that Brahmiṇ who was engaged in performing the Satya Nārāyaṇa pūjā. She sat there enraptured with devotion, and after the performance, she partook of the sapāda bhakṣya prasād. Returning home to her mother, Kalāvatī told of the divine experience she had shared by participating in the Satya Nārāyaṇa pūjā, whereupon her mother, Līlāvatī, explained that all of their calamities occurred as a consequence of their failure to perform that very same vow of worship.

Then Līlāvatī and Kalāvatī performed the worship with the greatest intensity of devotion, and prayed for God to return their husbands to them and to forgive all their wrongs. Just as they were praying, Lord Satya Nārāyaṇa appeared to the King Candraketu in a dream, telling him that the two merchants were not guilty, and instructing him to free them and return their wealth.

When the king arose from his sleep, he immediately sent for the two merchants to be brought from the prison. He returned their wealth to them, and honored them with many presents, whereupon they returned to their ship.

Here ends the Third Chapter.
Śrī Satya Nārāyaṇa Bhagavān ki jai!

अथ चतुर्थोऽध्यायः
atha caturtho-dhyāyaḥ

सूत उवाच
sūta uvāca

\- 1 -

यात्रां तु कृतवान् साधुर्मङ्गलायनपूर्विकाम् ।
ब्रह्मणेभ्यो धनं दत्वा तदा तु नगरं यथौ ॥
yātrāṁ tu kṛtavān sādhurmaṅgalāyanapūrvikām |
brahamaṇebhyo dhanaṁ datvā tadā tu nagaraṁ yathau ||

\- 2 -

कियद्दूरे गते साधौ सत्यनारायणः प्रभुः ।
जिज्ञासां कृतवान् साधो किमस्ति तव नौस्थितम् ? ॥
kiyaddūre gate sādhau satyanārāyaṇaḥ prabhuḥ |
jijñāsāṁ kṛtavān sādho kimasti tava nausthitam? ||

\- 3 -

ततौ महाजनौ मत्तो हेलया च प्रहस्यवै ।
कथं पृच्छसि भो दण्डिन् मुद्रां नेतुं किमिच्छसि ? ॥
tatau mahājanau matto helayā ca prahasyavai |
kathaṁ pṛcchasi bho daṇḍin
mudrāṁ netuṁ kimicchasi ? ||

\- 4 -

लता पत्रादिकं चैव वर्त्तते तरणौ मम ।
निष्ठुरं च वचः श्रुत्वा सत्यं भवतु ते वचः ॥
latā patrādikaṁ caiva varttate taraṇau mama |
niṣṭhuraṁ ca vacaḥ śrutvā satyaṁ bhavatu te vacaḥ ||

\- 5 -

एवमुक्त्वा गतः शीघ्रं दण्डी तस्य समीपतः ।
कियद्दूरं ततो गत्वा स्थितः सिन्धुसमीपतः ॥

evamuktvā gataḥ śīghraṁ daṇḍī tasya samīpataḥ |
kiyaddūraṁ tato gatvā sthitaḥ sindhusamīpataḥ ||

\- 6 -

गते दण्डिनिसाधुश्च कृतनित्यक्रियस्तदा ।
उत्थितां तरणीं दृष्ट्वा विस्मयं परमं ययौ ॥

gate daṇḍinisādhuśca kṛtanityakriyastadā |
utthitāṁ taraṇīṁ dṛṣṭvā vismayaṁ paramaṁ yayau ||

\- 7 -

दृष्ट्वा लतादिकं चैव मूर्च्छितो न्यपतद्भुविः ।
लब्धसंज्ञो वणिक्पुत्रस्ततश्चिन्तान्वितोऽभवत् ॥

dṛṣṭvā latādikaṁ caiva mūrcchito nyapatadbhuviḥ |
labdhasaṁjño vaṇikputrastataścintānvito-bhavat ||

\- 8 -

तदा तु दुहितुः कान्तो वचनं चेदमब्रवीत् ।
किमर्थं क्रियते शोकः शापो दत्तश्च दण्डिना ॥

tadā tu duhituḥ kānto vacanaṁ cedamabravīt |
kimarthaṁ kriyate śokaḥ śāpo dattaśca daṇḍinā ||

\- 9 -

शक्यते तेन सर्वं हि कर्तुं चात्र न संशयः ।
अतस्तच्छरणं यामो वाञ्छितार्थो भविष्यति ॥

śakyate tena sarvaṁ hi kartuṁ cātra na saṁśayaḥ |
atastaccharaṇaṁ yāmo vāñchitārtho bhaviṣyati ||

\- 10 -

जामातुर्वचनं श्रुत्वा तत्सकाशं गतस्तदा ।
दृष्ट्वा च दण्डिनं नत्वा भक्त्या प्रोवाच सादरम् ॥

jāmāturvacanaṁ śrutvā tatsakāśaṁ gatastadā |
dṛṣṭvā ca daṇḍinaṁ natvā bhaktyā provāca sādaram ||

- 11 -

क्षमस्व चापराधं मे यदुक्तं तव सन्निधौ ।
एवं पुनः पुनर्नत्वा महाशोकाकुलोऽभवत् ॥

kṣamasva cāparādhaṁ me
yaduktaṁ tava sannidhau |
evaṁ punaḥ punarnatvā mahāśokākulo-bhavat ||

- 12 -

प्रोवाच वचणं दण्डी विलपन्तं विलोक्य च ।
मारोदीः शृणु मद्वाक्यं मम पूजावहिर्मुखः ॥

provāca vacaṇaṁ daṇḍī vilapantaṁ vilokya ca |
mārodīḥ śṛṇu madvākyaṁ mama pūjāvahirmukhaḥ ||

- 13 -

ममाऽऽज्ञया च दुर्बुद्धेः लब्धं दुःखं मुहुर्मुहुः ।
तच्छ्रुत्वा भगवद्वाक्यं स्तुतिकर्तुंसमुद्यतः ॥

mamā-jñayā ca durbuddheḥ
labdhaṁ duḥkhaṁ muhurmuhuḥ |
tacchrutvā bhagavadvākyaṁ stutikartuṁsamudyataḥ ||

साधुरुवाच

sādhuruvāca

- 14 -

त्वन्मायामोहिताः सर्वे ब्रह्माद्यास्त्रिदिवौकसः ।
न जानन्ति गुणान् रूपं तवाश्चर्यमिदं प्रभो ॥

tvanmāyāmohitāḥ sarve brahmādyāstridivauksaḥ |
na jānanti guṇān rūpaṁ tavāścaryamidaṁ prabho ||

- 15 -

मूढोऽहं त्वां कथं जाने मोहितस्तव मायया ।
प्रसीद पूजयिष्यामि यथाविभवविस्तरैः ॥

mūḍho-haṁ tvāṁ kathaṁ jāne mohitastava māyayā |
prasīda pūjayiṣyāmi yathāvibhavavistaraiḥ ||

- 16 -

पुरा वित्तं च तत्सर्वं त्राहिमां शरणागतम् ।
श्रुत्वा भक्तियुतं वाक्यं परितुष्टो जनार्दनः ॥

purā vittaṁ ca tatsarvaṁ trāhimāṁ śaraṇāgatam |
śṛutvā bhaktyutaṁ vākyaṁ parituṣṭo janārdanaḥ ||

- 17 -

वरं च वाञ्छितं दत्त्वा तत्रैवांतर्दधे हरिः ।
ततौ नावं समारुह्य दृष्ट्वा वित्तप्रपूरिताम् ॥

varaṁ ca vāñchitaṁ datvā tatraivāṁtardadhe hariḥ |
tatau nāvaṁ samāruhya dṛṣṭvā vittaprapūritām ||

- 18 -

कृपया सत्यदेवस्य सफलं वाञ्छितं मम ।
इत्युक्त्वा स्वजनैः सार्धं पूजां कृत्वा यथाविधि ॥

kṛpayā satyadevasya saphalaṁ vānchitaṁ mama |
ityuktvā svajanaiḥ sārdhaṁ pūjāṁ kṛtvā yathāvidhi ||

- 19 -

हर्षेण चाभवत्पूर्णः सत्यदेव प्रसादतः ।
नावं संयोज्य यत्नेन स्वदेश गमनं कृतम् ॥

harṣeṇa cābhavatpūrṇaḥ satyadeva prasādataḥ |
nāvaṁ saṁyojya yatnena svadeśa gamanaṁ kṛtam ||

Chapter 4

Sūta continued his story: After they had traveled part of their journey, the Lord decided to test them. In the form of a monk he asked them, "What cargo do you have in your ship?"

Insolently they replied, "We have nothing in our ship but leaves and rubbish."

"So be it," replied the monk, and walked away.
When the merchants looked inside their ship they found that, in fact, there was nothing but leaves and rubbish. They cried in agony over their loss, whereupon the son-in-law suggested that their loss was caused by the insult to that great monk. They ran in search of him, and when they found him, they prayed for the restoration of their wealth.

The Lord in the form of that monk explained to them that they must fulfill their promise to God, without which there will be no end to their miseries. The merchants realized that all of their difficulties came as a consequence of their failure to perform the Satya Nārāyaṇa Worship by speaking and acting in Truth. Praying for forgiveness, they once again renewed their vow to perform the Satya Nārāyaṇa pūjā as soon as they returned to their home, and to always tell the truth. The monk blessed them, and returning to their ship they found all their wealth had been restored. So greatly did they praise God.

Śṛī Satya Nārāyaṇa Bhagavān ki jai!

- 20 -

साधुर्जामातरं प्राह पश्यरत्नपुरीं मम ।
दूतं च प्रेषयामास निजवित्तस्य रक्षकम्

sādhurjāmātaraṁ prāha paśyaratnapurīṁ mama |
dūtaṁ ca preṣayāmāsa nijavittasya rakṣakam ||

- 21 -

ततोऽसौ नगरं गत्वा साधुभार्यां विलोक्य च ।
प्रोवाच वाञ्छितं वाक्यं नत्वा बद्धांजलिस्तदा ॥

tato-sau nagaraṁ gatvā sādhubhāryāṁ vilokya ca |
provāca vāñchitaṁ vākyaṁ natvā baddhāṁjalistadā ||

- 22 -

निकटे नगरस्यैव जामात्रा सहितो वणिक् ।
आगतो बंधुवर्गैश्च वित्तैश्च बहुभिर्युतः ॥

nikaṭe nagarasyaiva jāmātrā sahito vaṇik |
āgato baṁdhuvargaiśca vittaiśca bahubhiryutaḥ ||

- 23 -

श्रुत्वा दूतमुखाद्वाक्यं महाहर्षवती सती ।
सत्यपूजां ततः कृत्वा प्रोवाच तनुजां प्रति ॥

śrutvā dūtamukhādvākyaṁ mahāharṣavatī satī |
satyapūjāṁ tataḥ kṛtvā provāca tanujāṁ prati ||

- 24 -

व्रजामि शीघ्रमागच्छ साधुसंदर्शनाय च ॥
इतिमातृवचः श्रुत्वा व्रतं कृत्वा समाप्य च ॥

vrajāmi śīghramāgaccha sādhusaṁdarśanāya ca ||
itimātṛvacaḥ śrutvā vrataṁ kṛtvā samāpya ca ||

- 25 -

प्रसादं च परित्यज्य गता सापि पतिं प्रति ।
तेन रुष्टः सत्यदेवो भर्तारं तरणिं तथा ॥

prasādaṁ ca parityajya gatā sāpi patiṁ prati |
tena ruṣṭaḥ satyadevo bhartāraṁ taraṇiṁ tathā ||

\- 26 -

संहृत्य च धनैः सार्द्धं जले तस्यावमज्ञयत् ।
ततः कलावती कन्या न विलोक्य निजं पतिम् ॥

saṁhṛtya ca dhanaiḥ sārddhaṁ jale tasyāvamajjayat |
tataḥ kalāvatī kanyā na vilokya nijaṁ patim ||

\- 27 -

शोकेन महता तत्र रुदती चापतद्भवि ।
दृष्ट्वा तथाविधं नावं कन्यां च बहुदुःखिताम् ॥

śokena mahatā tatra rudatī cāpatadbhavi |
dṛṣṭvā tathāvidhaṁ nāvaṁ kanyāṁ ca bahuduḥkhitām ||

\- 28 -

भीतेन मनसा साधुः किमाश्चर्यमिदं भवेत् ।
चिन्त्यमानाश्च ते सर्वे बभूवुस्तरिवाहकाः ॥

bhītena manasā sādhuḥ kimāścaryamidaṁ bhavet |
cintyamānāśca te sarve babhūvustarivāhakāḥ ||

\- 29 -

ततो लीलावती कन्यां दृष्ट्वा सा विह्वलाभवत् ।
विललापाति दुःखेन भर्तारं चेदमब्रवीत् ॥

tato līlāvatī kanyāṁ dṛṣṭvā sā vihvalābhavat |
vilalāpāti duḥkhena bhartāraṁ cedamabravīt ||

\- 30 -

इदानी नौकया सार्द्धं कथं सोऽभूदलक्षितः ।
न जाने कस्य देवस्य हेलया चैव सा हृता ॥

idānī naukayā sārddhaṁ kathaṁ-so-bhūdalakṣitaḥ |
na jāne kasya devasya helayā caiva sā hṛitā ||

\- 31 -

सत्यदेवस्य माहात्म्यं ज्ञातुं वा के न शक्यते ।
इत्युक्त्वा विललापैव ततश्च स्वजनैः सह ॥

satyadevasya māhātmyaṁ jñātuṁ vā ke na śakyate |
ityuktvā vilalāpaiva tataśca svajanaiḥ saha ||

- 32 -

तततो लीलावती कन्यां क्रोडे कृत्वा रुरोद ह ।
ततः कलावती कन्या नष्टे स्वामिनि दुःखिता ॥

**tato līlāvatī kanyāṁ kroḍe kṛatvā ruroda ha |
tataḥ kalāvatī kanyā naṣṭe svāmini duḥkhitā ||**

- 33 -

गृहोत्वा पादुके तस्यानुगंतुं च मनोदधे ।
कन्यायाश्चरितं दृष्ट्वा सभार्यः सज्जनो वणिक् ॥

**gṛhotvā pāduke tasyānugaṁtuṁ ca manodadhe |
kanyāyāścaritaṁ dṛṣṭvā sabhāryaḥ sajjano vaṇik ||**

- 34 -

अतिशोकेन संतप्तश्चिन्तयामास धर्मवित् ।
हृतं वा सत्यदेवेन भ्रान्तोऽहं सत्यमायया ॥

**atiśokena saṁtaptaścintayāmāsa dharmavit |
hṛtaṁ vā satyadevena bhrānto-haṁ satyamāyayā ||**

- 35 -

सत्यपूजां करिष्यामि यथाविभवविस्तरैः ।
इति सर्वान्समाहूय कथयित्वा मनोरथम् ॥

**satyapūjāṁ kariṣyāmi yathāvibhavavistaraiḥ |
iti sarvānsamāhūya kathayitvā manoratham ||**

- 36 -

नत्वा च दण्डवद्भूमौ सत्यदेवं पुनः पुनः ।
ततस्तुष्टः सत्यदेवो दीनानां परिपालकः ॥

**natvā ca daṇḍavadbhūmau satyadevaṁ punaḥ punaḥ |
tatastuṣṭaḥ satyadevo dīnānāṁ paripālakaḥ ||**

- 37 -

जगाद वचनं चैनं कृपया भक्तवत्सलः ।
त्यक्त्वा प्रसादं ते कन्या पतिं द्रष्टुं समागता ॥

**jagāda vacanaṁ cainaṁ kṛpayā bhaktavatsalaḥ |
tyaktvā prasādaṁ te kanyā patiṁ draṣṭuṁ samāgatā ||**

- 38 -

अतोऽदृष्टो भवत्तस्याः कन्यकायाः पतिर्ध्रुवम् ।
गृहं गत्वा प्रसादं च भुक्त्वा सायाति चेत्पुनः ॥

ato-dṛṣṭo bhavattasyāḥ kanyakāyāḥ patirdhruvam |
gṛhaṁ gatvā prasādaṁ ca bhuktvā sāyāti cetpunaḥ ||

- 39 -

लब्धभर्त्री सुता साधो भविष्यति न संशयः ।
कन्यका तादृशं वाक्यं श्रुत्वागगनमण्डलात् ॥

labdhabhartrī sutā sādho bhaviṣyati na saṁśayaḥ |
kanyakā tādṛśaṁ vākyaṁ śrutvāgaganamaṇḍalāt || |

- 40 -

क्षिप्रं तदा गृहं गत्वा प्रसादं च बुभोज सा ।
सा पश्चात् पुनरागत्य ददर्श सुजनं पतिम् ॥

kṣipraṁ tadā gṛhaṁ gatvā prasādaṁ ca bubhoja sā |
sā paścātpunarāgatya dadarśa sujanaṁ patim ||

- 41 -

ततः कलावती कन्या जगाद पितरं प्रति ।
इदानीं च गृहं याहि विलंबं कुरुषे कथम् ॥

tataḥ kalāvatī kanyā jagāda pitaraṁ prati
idānīṁ ca gṛhaṁ yāhi vilaṁbaṁ kuruṣe katham ||

- 42 -

तच्छ्रुत्वा कन्यका वाक्यं संतुष्टोऽभूद्वणिकसुताः ।
पूजनं सत्यदेवस्य कृत्वा विधिविधानतः ॥

tacchrutvā kanyakā vākyaṁ-saṁtuṣṭo-bhūdvaṇiksutāḥ |
pūjanaṁ satyadevasya kṛtvā vidhividhānataḥ ||

- 43 -

धनैर्वंधुगणैः सार्द्धं जगाम निजमंदिरम् ।
पौर्णमास्यां च संक्रांतौ कृतवान्सत्य पूजनम् ॥

dhanairvaṁdhugaṇaiḥ sārddhaṁ jagāma nijamaṁdiram |
paurṇamāsyāṁ ca saṁkrāṁtau kṛtavānsatya pūjanam ||

- 44 -

इह लोके सुखं भुक्त्वा चांते सत्यपुरं ययो ॥
iha loke sukhaṁ bhuktvā cāṁte satyapuraṁ yayo ||

इति श्रीस्कन्दपुराणे रेवाखण्डे श्रीसत्यनारायणव्रतकथायां चतुर्थोऽध्यायः
iti śrīskandapurāṇe revākhaṇḍe śrīsatyanārāyaṇavratakathāyāṁ caturtho-dhyāyaḥ

As soon as their ship came into their home port, they sent word to their wives of their arrival. Both Līlāvatī and Kalāvatī were busy performing the Satya Nārāyaṇa pūjā at the time, and hurriedly completing their worship, they ran to the dock to greet their husbands, forgetting to partake of the prasād.

When they reached the sea, they saw Sādhu, Līlāvatī's husband, but they couldn't find the ship or Kalāvatī's husband. In great despair, Kalāvatī prayed to Lord Satya Nārāyaṇa for forgiveness for any mistakes. In the midst of her prayer, she heard a voice that said that her problem was caused by her negligence of the prasād from the offering to the Lord. Hearing this, Kalāvatī immediately ran back to her home, ate the prasād, and returned once again to the dock at the sea. When she arrived, she found her husband and the ship, and all glorified the Lord Satya Nārāyaṇa. Śṛī Satya Nārāyaṇa Bhagavān ki jai!

Then they all returned home, and every month they performed the pūjā to Lord Satya Nārāyaṇa. They lived in peace and comfort throughout their lives, and ultimately attained to the Divine abode of Lord Satya Nārāyaṇa.

Here ends the Fourth Chapter
Śṛī Satya Nārāyaṇa Bhagavān ki jai!

पञ्चमोऽध्यायः

pañcamo-dhyāyaḥ

सूत उवाच

sūta uvāca

\- 1 -

अथान्यच्च प्रवक्ष्यामि शृणुध्वं मुनिसत्तमाः ।

आसीत्तुंगध्वजो राजा प्रजापालनतत्परः ॥

athānyacca pravakṣyāmi śṛṇudhvaṁ munisattmāḥ |
āsīttuṁgadhvajo rājā prajāpālanatatparaḥ ||

\- 2 -

प्रसादं सत्यदेवस्य त्यक्त्वा दुःखमवाप सः ।

एकदा स वनं गत्वा हत्वा बहुविधान्पशून् ॥

prasādaṁ satyadevasya tyaktvā duḥkhamavāpa saḥ |
ekadā sa vanaṁ gatvā hatvā bahuvidhānpaśūn ||

\- 3 -

आगत्य वटमूलं च दृष्ट्वा सत्यस्य पूजनम् ।

गोपाः कुर्वन्ति संतुष्टा भक्तियुक्ताः सबांधवाः ॥

āgatya vaṭamūlaṁ ca dṛṣṭvā satyasya pūjanam |
gopāḥ kurvanti saṁtuṣṭā bhaktiyuktāḥ sabāṁdhavāḥ ||

\- 4 -

राजा दृष्ट्वा तु दर्पेण न गत्वा न ननाम सः ।

ततो गोपगणाः सर्वे प्रसादं नृप सन्निधौ ॥

rājā dṛṣṭvā tu darpeṇa na gatvā na nanāma saḥ |
tato gopagaṇāḥ sarve prasādaṁ nṛpa sannidhau ||

\- 5 -

संस्थाप्य पुनरागत्य भक्त्वा सर्वे यथेप्सितम् ।

ततः प्रसादं संत्यज्य राजा दुःखमवाप सः ॥

saṁsthāpya punarāgatya bhaktvā sarve yathepsitam |
tataḥ prasādaṁ saṁtyajya rājā duḥkhamavāpa saḥ ||

- 6 -

तस्य पुत्रशतं नष्टं धनधान्यादिकं च यत् ।
सत्यदेवेन तत्सर्वं नाशितं मम निश्चितम् ॥

tasya putṛaśataṁ naṣṭaṁ dhanadhānyādikaṁ ca yat |
satyadevena tatsarvaṁ nāśitaṁ mama niścitam ||

- 7 -

अतस्तत्रैव गच्छामि यत्र देवस्य पूजनम् ।
मनसा तु विनिश्चिंत्य ययौ गोपालसन्निधौ ॥

atastatraiva gacchāmi yatra devasya pūjanam |
manasā tu viniścimtya yayau gopālasannidhau ||

- 8 -

ततोऽसौ सत्यदेवस्य पूजां गोपगणैः सह ।
भक्तिश्रद्धान्वितो भूत्वा चकार विधिना नृपः ॥

tato-sau satyadevasya pūjāṁ gopagaṇaiḥ saha |
bhatiśraddhānvito bhūtvā cakāra vidhinā nṛpaḥ ||

- 9 -

सत्यदेवप्रसादेन धनपुत्रन्वितोऽभवत् ।
इहलोके सुखं भुक्त्वा चांते सत्यपुरं ययौ ॥

satyadevaprasādena dhanaputranvito-bhavat |
ihaloke sukhaṁ bhuktvā cāṁte satyapuraṁ yayau ||

- 10 -

य इदं कुरुते सत्य व्रतं परमदुर्लभम् ।
श‍ृणोति च कथां पुण्यां भक्तियुक्तः फलप्रदाम् ॥

ya idaṁ kurute satya vrataṁ paramadurlabham |
sṛnoti ca kathāṁ puṇyāṁ bhaktiyuktaḥ phalapradām ||

- 11 -

धनधान्यादिकं तस्य भवेत्सत्यप्रसादतः ।
दरिद्रो लभते वित्तं बद्धो मुच्येत बन्धनात् ॥

dhanadhānyādikaṁ tasya bhavetsatyaprasādataḥ |
daridro labhate vittaṁ baddho mucyeta bandhanāt ||

- 12 -

भीतो भयात्प्रमुच्येत सत्यमेव न संशयः ।

ईप्सितं च फलं भुक्त्वा चांते सत्यपुरं ब्रजेत् ॥

bhīto bhayātpramucyeta satyameva na saṁśayaḥ |
īpsitaṁ ca phalaṁ bhuktvā cāṁte satyapuraṁ brajet ||

- 13 -

इति बः कथितं विप्राः सत्यनारायण व्रतम् ।

यत्कृत्वा सर्वदुःखेभ्यो मुक्तो भवति मानवः ॥

iti baḥ kathitaṁ viprāḥ satyanārāyaṇa vratam |
yatkṛtvā sarvaduḥkhebhyo mukto bhavati mānavaḥ ||

- 14 -

विशेषतः कलियुगे सत्यपूजा फलप्रदा ।

केचित्कालं वदिष्यंति सत्यमीशं तमेव च ॥

viśeṣataḥ kaliyuge satyapūjā phalapradā |
kecitkālaṁ vadiṣayaṁti satyamīśaṁ tameva ca ||

- 15 -

सत्यनारायणं केचित्सत्यदेवं तथा परे ।

नानारूपधरो भूत्वा सर्वेषामीप्सितप्रदः ॥

satyanārāyaṇaṁ kecitsatyadevaṁ tathā pare |
nānārūpadharo bhūtvā sarveṣāmīpsitapradaḥ ||

- 16 -

भविष्यति कलौ सत्यव्रतरूपी सनातनः ।

श्रीविष्णुना धृतं रूपं सर्वेषामीप्सितप्रदम् ॥

bhaviṣyati kalau satyavratarūpī sanātanaḥ |
śrīviṣṇunā dhṛtaṁ rūpaṁ sarveṣāmīpsitapradam ||

- 17 -

य इदं पठते नित्यं शृणोति मुनिसत्तमाः ।

तस्य नश्यंति पापानि सत्यदेवप्रसादतः ॥

ya idaṁ paṭhate nityaṁ śṛṇoti munisattamāḥ |
tasya naśyaṁti pāpāni satyadevaprasādataḥ ||

\- 18 -

व्रतं यैस्तु कृतं पूर्वं सत्यनारायणस्यच ।
तेषां त्वपरजन्मानि कथयामि मुनीश्वराः ॥

vrataṁ yaistu kṛtaṁ pūrvaṁ satyanārāyaṇasyaca |
teṣāṁ tvaparajanmāni kathayāmi munīśvarāḥ ||

\- 19 -

शतानन्दो महाप्राज्ञः सुदामा ब्राह्मणोह्यभूत् ।
तस्मिञ्जन्मनि श्रीकृष्णं ध्यात्वा मोक्षमवापह ॥

śatānando mahāprājñaḥ sudāmā brāhamaṇohyabhūt |
tasmiñjanmani śrīkṛṣṇaṁ dhyātvā mokṣamavāpaha ||

\- 20 -

काष्ठभारवहो भिल्लो गुहराजो बभूवह ।
तस्मिञ्जन्मनि संसेव्य श्रीरामं मोक्षं जगामवै ॥

kāṣṭhabhāravaho bhillo guharājo babhūvaha |
tasmiñjanmani saṁsevya śrīrāmaṁ mokṣaṁ jagāmavai ||

\- 21 -

उल्कामुखो महाराजो नृपो दशरथोऽभवत् ।
श्रीरङ्गनाथं संपूज्य श्रीवैकुण्ठं तदागमत् ॥

ulkāmukho mahārājo nṛpo daśaratho-bhavat |
śrīraṅganāthaṁ saṁpūjya śrīvaikuṇṭhaṁ tadāgamat ||

\- 22 -

धार्मिकःसत्यसंधश्च साधुर्मोरध्वजोऽभवत् ।
देहार्धं क्रकचैश्छित्त्वा दत्त्वा मोक्षमवापह ॥

dhārmikaḥsatyasaṁdhaśca sādhurmoradhvajo-bhavat |
dehārdhaṁ krakacaiśchittvā dattvā mokṣamavāpaha ||

\- 23 -

तुङ्गध्वजो महाराजः स्वायंभुवोऽभवत्किल ।
सर्वान्भागवतान्कृत्वा श्रीवैकुण्ठं तदाऽगमत् ॥

tuṅgadhvajo mahārājaḥ svāyaṁbhuvo-bhavatkila |
sarvānbhāgavatānkṛtvā śrīvaikuṇṭhaṁ tadā-gamat ||

इति श्रीस्कन्दपुराणे रेवाखण्डे सत्यनारायणव्रतकथायां पञ्चमोऽध्यायः

iti śrīskandapurāṇe revākhaṇḍe satyanārāyaṇavratakathāyāṁ pañcamo-dhyāyaḥ

Chapter 5

Sūta told another story of a king who went to the forest to hunt. His name was King Tuṁgadvaja. After killing many animals, the king rested under the shade of a tree. Nearby he saw some village children busily engaged in devotional worship to Lord Satya Nārāyaṇa. The King did not participate in the worship, nor even did he go to show his respect. Even at the completion, when the children brought the king an offering of the prasād from their pūjā, the King refused to eat it.

When he returned to his home, he found that his sons had died in battle, and that his city had become occupied by enemies. His wealth and store of grains had been destroyed, his position had been usurped, and all his worldly possessions and power were taken from him. He decided to return to the forest where the Lord was being worshipped by the cow-herding boys. He helped them organize another pūjā, and with great faith and devotion they propitiated the Lord. Thereafter he partook of the prasād, and the Lord was pleased with him. His lost sons, treasury, and kingdom were all restored to him, and he enjoyed comfort on the earth and ultimately rose to the realm of Truth. **Śṛī Satya Nārāyaṇa Bhagavān ki jai!**

This is the story of the Vow of Truth. Whoever listens to it's recitation with devotion, will be blessed with health, wealth, peace and the cessation of all disturbances.

God is One. Some call Him the Lord of Time, some the Lord of Truth. Some call Him the God who is Truth, while others say the Consciousness of Truth. Wearing various forms with various names, there is only One God who grants peace and bliss to all. Oh Munis, whoever will continually recite this story with pure devotion or listen to it with unconditional faith, whoever will continually remember the vow to speak and act in Truth, will find the destruction of all sin as the prasād of the Lord of Truth.

The poor Brahmiṇ of Kaśī was reborn as Sudāmā, who received liberation by the blessings of Śrī Kṛṣṇa. The wood cutter reincarnated as Guha, who served Lord Rāma with great devotion. King Ulkāmukha was reborn as King Daśaratha, who worshipped Śrī Raṅganātha and ascended to Vaikuṇṭha. The truthful and righteous Sādhu became the businessman Moradhvaja who attained liberation by offering his body to the brahmiṇs. The great King Tuṅgadhvaja was reborn as Manu, the giver of the law.

Here ends the Fifth Chapter

Śṛī Satya Nārāyaṇa Bhagavān ki jai!

जय जगदीश हरे

Jaya Jagadīśa Hare

Victory to Hari, the Lord of the Universe!

\- 1 -

जय जगदीश हरे, भक्त जनन के सङ्कट
क्षणमें दूर करे, ॐ जय जगदीश हरे

jaya jagadīśa hare, bhakta janana ke saṅkaṭa
kṣaṇameṁ dūra kare, oṁ jaya jagadīśa hare

Victory to Hari, the Lord of the Universe, who in but a moment removes all the difficulties of devotees. Victory to Hari, the Lord of the Universe.

\- 2 -

जो ध्यावे फल पावे, दुःख बिनसे मनका
सुख सम्पति घर आवे, कष्ट मिटे तनका
ॐ जय जगदीश हरे

jo dhyāve phala pāve, duḥkha binase manakā
sukha sampati ghara āve, kaṣṭa miṭe tanakā
oṁ jaya jagadīśa hare

Whoever will meditate will receive fruit, all pain will be removed from the mind. Comfort and wealth will come to your home, and all problems will be removed from your body. Victory to Hari, the Lord of the Universe.

\- 3 -

माता पिता तुम मेरे, शरणा गहूँ किसकी
तुम बिना और न दूजा, आस करूँ जिसकी
ॐ जय जगदीश हरे

mātā pitā tuma mere, śaraṇā gahūṁ kisakī
tuma binā aura na dūjā, āsa karuṁ jisakī
oṁ jaya jagadīśa hare

You are my Mother and Father, whoever takes refuge in you like this; beyond you there is no other. Fulfill my longing. Victory to Hari, the Lord of the Universe.

\- 4 -

तुम पूरण परमात्मा, तुम अन्तर्यामी
पारब्रह्म परमेश्वर, तुम सबके स्वामी
ॐ जय जगदीश हरे

tuma pūraṇa paramātmā, tuma antaryāmī
pārabrahma parameśvara, tuma sabake svāmī
oṁ jaya jagadīśa hare

You are the Supreme Soul from ancient times, you are the Soul within as well. You are the Supreme Divinity and the Lord Supreme. You are everything, oh Master. Victory to Hari, the Lord of the Universe.

\- 5 -

तुम करुणा के सागर, तुम पालन कर्ता
मैं सेवक तुम स्वामी, कृपा करो भर्ता
ॐ जय जगदीश हरे

tuma karuṇā ke sāgara, tuma pālana kartā
maiṁ sevaka tuma svāmī, kṛpā karo bhartā
oṁ jaya jagadīśa hare

You are the ocean of compassion. You are the Protector as well. I am your servant, oh Master. Please give me your grace, oh Beloved. Victory to Hari, the Lord of the Universe.

\- 6 -

तुम हो एक अगोचर, सबके प्राणापति
किस विधि मीलहँ दयामय, तुमको मैं कुमति
ॐ जय जगदीश हरे

tuma ho eka agocara, sabake prāṇāpati
kisa vidhi mīlahuṁ dayāmaya, tumako maiṁ kumati
oṁ jaya jagadīśa hare

You are the One Imperceivable, the Lord of all life. How shall I receive your compassion, because I manifest bad behavior. Victory to Hari, the Lord of the Universe.

\- 7 -

दीन बन्धु दुःख हर्ता, तुम रक्षक मेरे
आपने हात उठाओ, द्वार परा तेरे
ॐ जय जगदीश हरे

dīna bandhu duḥkha hartā, tuma rakṣaka mere
āpane hāta uṭhāo, dvāra parā tere
oṁ jaya jagadīśa hare

You take away the pain from the afflicted, you are my Protector. Please raise your hands, and open the door to your perception. Victory to Hari, the Lord of the Universe.

- 8 -

विषय विकार मिटाओ, पाप हरो देवा
श्रद्धा भक्ति बढाओ, सन्तन की सेवा
ॐ जय जगदीश हरे

viṣaya vikāra miṭāo, pāpa haro devā
śraddhā bhakti baḍhāo, santana kī sevā
oṁ jaya jagadīśa hare

Take away all other thoughts, oh Lord who takes away sin. Increase my faith and devotion as a loving service to your children. Victory to Hari, the Lord of the Universe.

प्रणाम्

praṇām

शान्ताकारं भुजग-शयनं पद्मनाभं सुरेशम्।
विश्वाधारं गगन-सदृशं मेघवर्णं शुभाङ्गम् ॥

śāntākāraṁ bhujaga-śayanaṁ
padmanābhaṁ sureśam
viśvādhāraṁ gagana-sadṛśaṁ
meghavarṇaṁ śubhāṅgam

The Cause of Peace is lying on a snake, from whose navel sprang the lotus. He is the Lord of Gods, who supports the universe, appearing as the sky, and is dark as a cloud, with a beautiful body.

लक्ष्मीकान्तं कमलनयनं योगिभिर्ध्यान-गम्यम्।
वन्दे विष्णुं भव-भय-हरं सर्वलोकैकनाथम् ॥

lakṣmīkāntaṁ kamalanayanaṁ
yogibhirdhyāna-gamyam
vande viṣṇuṁ bhava-bhaya-haraṁ sarvalokaikanātham

The Lord of Lakṣmī, with lotus eyes, is realized by Yogis in meditation. We worship Viṣṇu, who removes the fear of existence and who is Master of the all of the worlds.

त्वमेव माता च पिता त्वमेव त्वमेव बन्धुश्च सखा त्वमेव।
त्वमेव विद्या द्रविणं त्वमेव त्वमेव सर्वम् मम देवदेव ॥

tvameva mātā ca pitā tvameva
tvameva bandhuśca sakhā tvameva
tvameva vidyā draviṇaṁ tvameva
tvameva sarvam mama deva deva

You alone are Mother and Father, you alone are friend and relative. You alone are knowledge and wealth, Oh my God of Gods, you alone are everything.

कायेन वाचा मनसेन्द्रियैर्वा बुद्ध्यात्मानवप्रकृतस्वभावत् ।
करोमि यद्यत् सकलम् परस्मै नारायणायेति समर्पयामि ॥

kāyena vācā manasendriyairvā
buddhyātmā nava prakṛta svabhavat
karomi yadyat sakalam parasmai
nārāyaṇāyeti samarpayāmi

Body, speech, mind, the five organs of knowledge (five senses) and the intellect; these nine are the natural condition of human existence. In their highest evolution, I move beyond them all, as I surrender completely to the Supreme Consciousness.

ॐ पापोऽहं पापकर्माहं पापात्मा पापसम्भव ।
त्राहि मां पुण्डरीकाक्षं सर्वपापहरो हरिः ॥

oṁ pāpo-haṁ pāpakarmāhaṁ
pāpātmā pāpasambhava
trāhi māṁ puṇḍarīkākṣaṁ sarvapāpa haro hariḥ

oṁ I am of sin, confusion, duality; my actions are of duality; this entire existence is of duality. Oh Savior and Protector, Oh Great Consciousness, take away all sin, confusion, duality.

ॐ मन्त्रहीनं क्रियाहीनं भक्तिहीनं सुरेश्वरि ।
यत्पूजितं मया देवि परिपूर्णं तदस्तु मे ॥

oṁ mantrahīnaṁ kriyāhīnaṁ
bhaktihīnaṁ sureśvari
yatpūjitaṁ mayā devi paripūrnaṁ tadastu me

oṁ I know nothing of mantras. I do not perform good conduct. I have no devotion, Oh Supreme Goddess. But Oh my God, please accept the worship that I offer.

त्वमेव प्रत्यक्षम् ब्रह्माऽसि ।
त्वामेव प्रत्यक्षम् ब्रह्म वदिष्यामि ।
ऋतम् वदिष्यामि, सत्यम् वदिष्यामि ।
तन मामवतु, तद वक्तारमवतु ।
अवतु माम्, अवतु वक्तारम् ॥

tvameva pratyakṣam brahmā-si
tvāmeva pratyakṣam brahma vadiṣyāmi
ṛtam vadiṣyāmi, satyam vadiṣyāmi
tana māmavatu, tada vaktāramavatu
avatu mām, avatu vaktāram

You alone are the Perceivable Supreme Divinity. You alone are the Perceivable Supreme Divinity, so I shall declare. I shall speak the nectar of immortality. I shall speak Truth. May this body be your instrument. May this mouth be your instrument. May the Divine always be with us. May it be thus.

ॐ सह नाववतु सह नौ भुनक्तु । सह वीर्यं करवावहै ।
तेजस्विनावधीतमस्तु । मा विद्विषावहै ॥

oṁ saha nāvavatu, saha nau bhunaktu
saha vīryam karavāvahai tejasvināvadhītamastu
mā vidviṣāvahai

oṁ May the Lord protect us. May the Lord grant us enjoyment of all actions. May we be granted strength to work together. May our studies be thorough and faithful. May all disagreement cease.

ॐ असतो मा सद् गमय । तमसो मा ज्योतिर्गमय ।
मृत्योर्मा अमृतं गमय ॥

oṁ asatomā sad gamaya tamasomā jyotirgamaya
mṛtyormā amṛtaṁ gamaya

oṁ From untruth lead us to Truth. From darkness lead us to the Light. From death lead us to Immortality.

ॐ सर्वेषां स्वस्तिर्भवतु । सर्वेषां शान्तिर्भवतु । सर्वेषां पूर्णं भवतु । सर्वेषां मङ्गलं भवतु सर्वे भवन्तु सुखिनः । सर्वे सन्तु निरामयाः । सर्वे भद्राणि पश्यन्तु । मा कश्चिद् दुःख भाग्भवेत् ॥

oṁ sarveṣāṁ svastir bhavatu sarveṣāṁ śāntir bhavatu sarveṣāṁ pūrṇaṁ bhavatu sarveṣaṁ maṅgalaṁ bhavatu sarve bhavantu sukhinaḥ
sarve santu nirāmayāḥ sarve bhadrāṇi paśyantu mā kaścid duḥkha bhāgbhavet
oṁ May all be blessed with the highest realization. May all be blessed with Peace. May all be blessed with Perfection. May all be blessed with Welfare. May all be blessed with comfort and happiness. May all be free from misery. May all perceive auspiciousness. May all be free from infirmities.

गुरुर्ब्रह्मा गुरुर्विष्णुः गुरुर्देवो महेश्वरः ।
गुरुः साक्षात् परं ब्रह्म तस्मै श्रीगुरवे नमः ॥

gurur brahmā gururviṣṇuḥ gururdevo maheśvaraḥ
guruḥ sākṣāt paraṁ brahma tasmai śrīgurave namaḥ
The Guru is Brahmā, Guru is Viṣṇu, Guru is the Lord Maheśvara. The Guru is actually the Supreme Divinity, and therefore we bow down to the Guru.

ॐ ब्रह्मार्पणं ब्रह्म हविर्ब्रह्माग्नौ ब्रह्मणा हुतम् ।
ब्रह्मैव तेन गन्तव्यं ब्रह्मकर्मसमाधिना ॥

oṁ brahmārpaṇaṁ brahma havir
brahmāgnau brahmaṇā hutam
brahmaiva tena gantavyaṁ
brahmakarma samādhinā
oṁ The Supreme Divinity makes the offering; the Supreme Divinity is the offering; offered by the Supreme Divinity, in the fire of the Supreme Divinity. By seeing the Supreme Divinity in all actions, one realizes that Supreme Divinity.

ॐ पूर्णमदः पूर्णमिदं पूर्णात् पूर्णमुदच्यते ।
पूर्णस्य पूर्णमादाय पूर्णमेवावशिष्यते ॥

oṁ pūrṇamadaḥ pūrṇamidaṁ
pūrṇāt pūrṇamudacyate
pūrṇasya pūrṇamādāya pūrṇamevāva śiṣyate
oṁ That is whole and perfect; this is whole and perfect. From the whole and perfect, the whole and perfect becomes manifest. If the whole and perfect issue forth from the whole and perfect, even still only the whole and perfect will remain.

ॐ शान्तिः शान्तिः शान्तिः

oṁ śāntiḥ śāntiḥ śāntiḥ
oṁ Peace, Peace, Peace

The Pronunciation of Saṁskṛta Transliteration

a	organ, sum
ā	father
ai	ai sle
au	sauerkraut
b	but
bh	abhor
c	church
ḍ	dough
d	dough (slightly toward the th sound of though)
ḍh	adh ere
dh	adhere
e	prey
g	go
gh	doghouse
ḥ	slight aspiration of preceding vowel
h	hot
i	it
ī	police
j	jump
jh	lodgehouse
k	kid
kh	workhorse
l	lug
ṁ	resonant nasalization of preceding vowe
m	mud
ṅ	sing
ṇ	under
ñ	piñata
n	no
o	no
p	pub
ph	uphill
ṛ	no English equivalent; a simple vowel r , such as appears in many Slavonic languages
r	room
ś	shawl (pronounced with a slight whistle; German sprechen)
ṣ	shun
s	sun
ṭ	tomato
t	water
ṭh	Thailand
u	push

ū rude
v vodka (midway between w and v)
y yes

www.ingramcontent.com/pod-product-compliance
Lightning Source LLC
Chambersburg PA
CBHW021052080526
44587CB00010B/217
* 9 7 8 1 8 7 7 7 9 5 5 1 0 *